国家自然科学基金项目 (71573036/G031202)、(70973016/G312) 专项资助

基于循环型农业的
涉农企业行为选择及影响因素研究

尚 杰 王 鸿 著

科 学 出 版 社
北 京

内 容 简 介

我国正处于循环型农业发展的初级阶段,需要农户、涉农企业、政府及非政府组织等行为主体的大力参与。涉农企业既是大部分农产品的提供者,又是绝大多数污染物的直接生产者,在构造循环型农业产业链、推动农业标准化生产发展、促进区域生态经济良性循环、加快农业科学技术创新等方面发挥着关键作用,是发展农业循环经济的一个重要战略切入点。本书系统地研究了基于循环型农业视角的涉农企业行为选择及影响因素。在相关理论研究基础上,确立了涉农企业在发展循环型农业过程中的地位和作用,分别从减量化、再利用、再循环的视角研究了涉农企业在要素投入、延伸农业产业链、农业废弃物处理方面的行为选择及影响因素,在此基础上对基于循环型农业的涉农企业行为绩效进行综合评价,结合涉农企业与其他行为主体之间的博弈分析,提出相应的激励与约束机制。

本书适合研究和实践循环型农业的科研工作者和相关涉农企业人员参考阅读。

图书在版编目(CIP)数据

基于循环型农业的涉农企业行为选择及影响因素研究/尚杰,王鸿著. — 北京:科学出版社,2017.8

ISBN 978-7-03-054123-9

Ⅰ.①基… Ⅱ.①尚… ②王… Ⅲ.①农业企业-企业行为-研究-中国 Ⅳ.①F324

中国版本图书馆CIP数据核字(2017)第192473号

责任编辑:李 敏 杨逢渤/责任校对:赵桂芬
责任印制:张 伟/封面设计:无极书装

科学出版社 出版
北京东黄城根北街 16 号
邮政编码:100717
http://www.sciencep.com

北京京华虎彩印刷有限公司 印刷
科学出版社发行 各地新华书店经销
*
2017年8月第 一 版 开本:720×1000 1/16
2018年1月第二次印刷 印张:12 1/2
字数:250 000

定价:88.00元
(如有印装质量问题,我社负责调换)

前　言

进入 20 世纪以来，经济的高速增长使工业化、城镇化及人口都得到快速发展，这一发展造成对资源的巨大需求及大量消耗，导致资源基础的削弱、退化及枯竭，对生态环境造成极大的破坏。相对于资本与劳动，自然资源已经成为最为稀缺的生产要素。党的十八大报告指出：大力推进生态文明建设，着力推进绿色发展、循环发展与低碳发展，形成节约资源和保护环境的空间格局、产业结构、生产方式、生活方式，从源头上扭转生态环境恶化趋势。作为生态文明建设的重要组成部分，循环型农业是社会经济可持续发展的根本保证与优先领域。在循环型农业发展中，农户、涉农企业、政府及非政府组织等都是发展农业循环经济的重要行为主体。涉农企业既是大部分农产品的提供者，又是绝大多数污染物的直接生产者，在构造循环型农业产业链、推动农业标准化生产发展、促进区域生态经济良性循环、加快农业科学技术创新等方面发挥着关键作用，是发展农业循环经济的一个重要战略切入点。涉农企业如何发展循环型农业是一个值得深入思考的课题。具体来说，本书得出如下研究成果：

1）基于减量化视角的研究表明，在单要素投入下，土地利润率、资本收益率、劳动工资率的提高都将刺激涉农企业选择减量化投入行为；在多要素投入下，涉农企业可以在土地（或劳动）与资本要素保持一定比例的条件下，通过实现一定土地利润率或者资本收益率才能选择减量化投入行为，并可以通过资本在循环型与一般生产方式间的流动，刺激涉农企业选择减量化投入行为。通过对 149 家种植业涉农企业的实证分析发现，涉农企业的组织形式、净利润、研发资金投入、研发人员比例、节水灌溉面积比例、耕地面积、单位面积农业用电量投入、单位面积劳动投入量、涉农企业管理层对循环型农业的认知、涉农企业管理层对当地资源状况的满意度等都分别通过了 1%、5%、10% 显著性水平的检验，表明上述变量都是影响涉农企业减量化投入行为选择的主要因素，不同因素的影响程度、作用方向各不相同。

2）基于再利用视角的研究表明，在单要素条件下，地方政府可以采用审核和惩罚机制刺激涉农企业再利用行为选择，并以现金或"声誉"补贴技术创新成本差异的方式，刺激涉农企业在再利用行为过程中选择"激进型"战略类型；在多要素条件下，涉农企业在再利用行为选择过程中可以选择加大对小企业的并购行为,将企业做大做强;降低再利用行为选择过程中的投入成本,加快推广精深加工等再利用技术,提高再利用行为选择过程中企业控制自身行为的能力。通过对 162 家加工类涉农企业的实证分析发现,涉农企业的所有制类型、资产总额、净利润、新产品产值、包装物回收利用情况、深加工产品产值比例、涉农企业管理层对再利用政策的满意度等变量都分别通过了 1%、5%、10% 显著性水平的统计检验,表明上述因素都是影响涉农企业再利用行为选择的主要因素,不同因素的影响程度、作用方向各不相同。

3) 基于再循环视角的研究表明,在单要素条件下,涉农企业将在利润增加的情况下选择农业废弃物资源化行为,利润增加量等于销售收入中农业废弃物资源化收益与污染治理总成本之差,同时在农业废弃物资源化总成本不变的情况下,农业废弃物资源化的比例越高,其利润增加额越大。在多要素条件下,涉农企业选择农业废弃物资源化行为的条件是,生产行为产生的边际收入与农业废弃物资源化产生的边际收入之和,等于涉农企业生产行为发生的边际成本和废弃物资源化边际成本及污染治理边际成本之和,同时还要满足农业废弃物资源化的边际收入等于新资源、废弃物资源化与污染治理边际成本之和。通过对 149 家种植业涉农企业的实证分析发现,涉农企业的组织形式、净利润、资产总额、秸秆生产量、秸秆转化有机肥数量、秸秆还田面积比例、秸秆废弃情况、涉农企业管理层对循环型农业认知、涉农企业管理层对当地资源状况的满意度、涉农企业管理层对资源化政策的满意度等都分别通过了 1%、5%、10% 显著性水平的统计检验,表明上述变量都是影响涉农企业再循环行为选择的主要因素,不同因素的影响程度、作用方向各不相同。

4) 在对我国涉农企业发展现状分析的基础上,明确了基于循环型农业的涉农企业行为绩效的概念,通过问卷调查对黑龙江省 39 家龙头涉农企业基于循环型农业的行为绩效进行实证研究,分析了影响涉农企业行为绩效偏低的影响因素,包括企业规模、技术创新、资源投入及产业布局等。主要结论如下:涉农企业的技术创新能力在一定程度上能够反映其发展循环型农业的行为绩效,是影响涉农企业行为绩效的正相关因素;企业规模是影响涉农企业发展循环型农业行为绩效的重要因素,但不是唯一因素;涉农企业的行业和产品差异程度也是考量其行为绩效的影响因素;种植业涉农企业比较关注循环型农业的发展,对其他涉农企业起到一个很好的引领和示范作用;较大规模涉农企业在资源投入方面的粗放问题还有待改善。

5) 运用博弈理论分析了涉农企业与农户、地方政府之间以及涉农企业之间在发展循环型农业过程中的博弈关系,即利益均衡过程。与农户订立契约时的博弈,涉农企业必须激励农户种植绿色农产品,保证在同等条件下种植绿色农产品的农户能够获得更高的报酬;双方在履行契约时的博弈,即订单农业在绿色农产品收获时是选择履约还是违约,结果主要与市场和契约价格、违约金大小及承担违约责任概率等因素密切相关。在涉农企业与地方政府之间，主要是在政策扶持、技术支持、项目宣传、资金补贴、实施与监督、奖励及惩罚等方面展开博弈行为。涉农企业的行为选择取决于地方政府对清洁生产给予政策支持、减免税收和资金补贴的概率和幅度。涉农企业之间的静态博弈，将围绕共同投资、争取政府扶持等方面展开博弈行为，将出现"囚徒困境""智猪博弈""斗鸡博弈"等困局；动态博弈中，一方面，通过吸引外地涉农企业投资本地循环型农业，与本地涉农企业之间产生竞争，使各自绿色农产品的产量决策相互作用从而产生一个位于竞争和垄断均衡之间的结果；另一方面，由于小规模涉农企业往往根据龙头涉农企业的决策制订自身的产量及生产行为决策，因而选择清洁生产的龙头涉农企业在发展循环型农业过程中，可以起到一个很好的引领和示范作用。上述行为主体之间的博弈分析，进一步阐明了循环型农业的发展程度与效果取决于涉农企业、地方政府与农户等微观行为主体行为方式的选择。

6) 制度是人际交往中的规则及社会组织的结构和机制。在制度安排上，地方政府可以按照一定的目的及程序有意识地创造一系列的经济、政治规则及契约等法律法规，以及由这些规则构成的社会等级结构，为涉农企业发展循环型农业在市场环境和法律保障方面提出良好的激励与约束机制。基于委托－代理理论，构建了基于循环型农业视角的地方政府与涉农企业委托－代理模型及涉农企业行为激励模型，由此提出税费改革、财政扶持、产权制度改革、科技创新、改善农产品供应链关系管理、加强循环型农业基础设施建设等一系列激励机制，以及提出对涉农企业施行环境会计核算体系、改革资源价格政策、提高或增设相关税费、培育健康的市场运行机制、行政强制等一系列约束机制，以激励和引导涉农企业发展循环型农业。

本书的可能创新点主要在于以下几个方面：

1) 研究视角的创新。在发展循环型农业过程中，地方政府、农户、涉农企业都是重要的行为主体。以往的研究中，很多学者对企业发展循环经济的行为进行了深入的研究和探讨，但大多限于工业企业；对循环型农业微观行为主体的研究，鲜有对涉农企业行为进行深入及量化研究。涉农企业在发展循环型农业进程中起着承上启下、引领和示范作用。在社会主义新农村建设及当前农业供给侧结构性改革的形势下，引导涉农企业发展循环型农业，是实现农业可持续发展的重要途径。本书从涉农企业这一微观视角去认识发展循环型农业，对两者的关系及涉农企业如何发展循环型农业进行全新的研究，有利于全面系统地思考循环型农业与涉农企业的协同发展。

2) 研究内容的创新。针对以往相关的研究注重理论而缺少实际借鉴意义的情况，根据循环型农业的减量化、再利用、再循环（3R）原则，分别从 3R 视角，对涉农企业在要素投入、延伸农业产业链、农业废弃物处理的行为选择和影响因素进行实证分析。在此基础上，对涉农企业行为绩效进行综合评价，从中找出影响涉农企业发展循环型农业效率偏低的因素。

3) 研究方法的创新。在对上述内容的研究过程中，对基于循环型农业视角的涉农企业行为选择进行多方位的计量与数理统计研究。一方面，采用数学语言描述涉农企业行为现象，目的在于通过数学工具对涉农企业的行为选择进行演绎推理，从中得到某种有经济意义的结论；另一方面，通过调查问卷和综合评价分析方法对影响涉农企业发展循环型农业的因素进行实证分析，从而为构建涉农企业行为的激励与约束机制奠定基础。

涉农企业发展循环型农业的行为选择及影响因素是一个崭新的研究领域，虽然本书对涉农企业行为进行了系统的研究，但由于资料的有限性和认识的局限性，以及时间和精力的限制，本书还存在一定的不足之处，主要包括：①本书实地调研数据主要是黑龙江省涉农企业，所得的结论是否适用于东北其他两省和全国其他地区，有待于进一步的验证；②本书的实证分析和研究对象界定于种植业和加工业涉农企业，限于篇幅和精力的原因，对其他类型的涉农企业在发展循环型农业的行为选择及影响因素未进行研究，这也是有待进一步研究的课题。

但可以确定的是，本书的研究不仅能够为涉农企业发展循环型农业的行为选择提供必要的指导，还能够为各级政府制订及落实促进循环型农业发展的政策制度及长远发展规划提供科学的参考依据，以期实现我国农业的可持续发展。

本书是国家自然科学基金项目"基于要素禀赋与政府规制的区域环保产业竞争力研究"（70973016/G312）、"种植大户化肥施用行为与农业面源污染控制：影响机理与政策模拟研究"（71573036/G031202）的主要研究成果。本书相关研究由尚杰主持完成，其中第 3 ~第 7 章由王鸿完成。全书由尚杰、王鸿针对结题评审意见进行了为期半年的修改、统稿、审定等一系列工作。

需要特别说明的是，本书在创作和论证过程中，得到了很多专家和学者的指点、启迪、关心和帮助。他们分别是佟光霁教授、孙正林教授、陈红教授、王红姝教授、徐建中教授、孙冰教授，在此一并感谢！感谢朱丽娟博士、苏晋博士、朱美荣博士、孙尧博士、乔朋华博士的热情帮助！本书进行了多处的现场调研，在此还要感谢黑龙江省农业委员会相关同志所提供的帮助。本书的出版也得到了东北林业大学、齐齐哈尔大学各位领导的鼎力支持！此外，本书参考了大量专家和学者的研究成果，在此作者对提及和未提及的、为本书做出贡献的所有人员表示感谢！

虽然本书作者尽了最大努力，但由于能力和水平有限，以及上述研究范围的局限，书中不免有缺憾之处，恳请读者批评指正，以便今后与同行一起去完善此类研究。

尚 杰 王 鸿

2017 年 6 月

目　　录

1 绪 论

1.1 研究背景

进入 20 世纪以来，经济的高速增长使工业化、城镇化及人口都得到了快速发展，这一发展造成对资源的巨大需求及大量消耗，导致资源基础的削弱、退化及枯竭，对生态环境造成极大的破坏。由全世界 30 多个知名科学家、经济学及社会学家于 1968 年组成的"罗马俱乐部"，其宗旨是促进与传播对人类资源与环境困境的理解，集中探讨了人类当时生存的困境与出路，认为"环境污染"是人类生存面临的五大严重问题之一。1972 年，罗马俱乐部发表了著名的《增长的极限》，第一次向人们展示了在一个有限的星球上追求经济与社会增长所产生的严重后果。同年 6 月，联合国人类环境会议举行，指出"保护和改善人类环境是关系全世界人民幸福和经济发展的重要问题"。1987 年，世界环境与发展委员会（WCED）在东京召开的环境特别会议上发表了著名的《我们共同的未来》一文，首次提出了"可持续发展观"，环境问题已经引起人们越来越多的关注。经济增长是否不受环境的约束，持续并快速的经济增长和环境保护之间是否存在平衡等都是在人类发展过程中必然遇到的问题。而作为人类生存最基本的生产活动——农业，则是社会经济可持续发展的重要组成部分，是实施可持续发展战略的根本保证与优先领域。将循环经济理论应用于农业领域即发展循环型农业尤显重要及紧迫。

（1）发展循环型农业是保护人类生态环境、实现可持续发展的根本策略

纵观农业发展的历史，人类农业生产主要经历了古代的原始农业、近代的传统农业和 20 世纪 40 年代后期开始的现代农业三个阶段。根据可持续发展的理念，以 20 世纪 70 年代为节点，可以将现代农业分为"石油农业"时期和"生态农业"时期。"石油农业"是在世界农业发展史上继传统农业之后的一个重要阶段，其基本内涵是对农业生产采取企业化、集中式的经营管理方式，通过大量消耗以石油为代表性的能源和原料，得到高产量、高效益的结果。这一农业生产方式，对农业生产效率和粮食单产面积的提高，以及解决人口急剧增长与粮食需求快速增长这一矛盾都产生过极其重要的作用。但也曾因一度出现的全球性石油危机与生态环境日益恶化对人类的生存产生威胁。因而，"石油农业"在经济、技术、生态上都存在一定的弊端和潜在威胁。实践证明，"石油农业"不适宜人类的农业生产之路。

"生态农业"是以多学科基础理论为支撑，为保证在农业生产发展过程中实现经济、社会和生态效益协调发展而形成的一种综合生态农业体系。它以尊重生态的自然规律和经济规律为前提，按照系统论的思想组织和实施农业生产。强调的是要实现农业生态系统的物质、能量与价值之间的良性循环及发展，突出的是农业生产组织行为对环境的影响，但它忽略了农业经济发展的重要性。近年来，又陆续出现了绿色农业、有机农业、低碳农业等几种不同的农业发展模式。而循环型农业与上述农业发展模式存在着诸多联系，但也存在着明显的不同。循环型农业（circular agriculture）是循环经济理念在农业领域的运用，它与上述农业模式最大的不同是把 3R[①]原则贯穿农业生产过程的始终（图 1-1）。

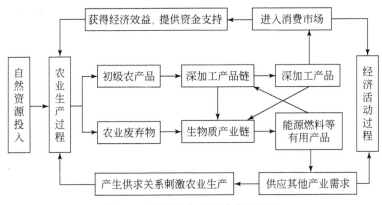

图 1-1　循环型农业反馈式流程图

循环型农业是在生产过程中，在节约资源和保护环境的前提下获取人类社会所需要绿色农产品的经济体系。它侧重资源的有限性，强调要循环利用环境所提供的资源；倡导企业实行清洁生产及消费者实行绿色消费，从而尽可能地减少农业生产及消费对环境造成的不良影响，最终使生态环境及生物种群都保持相对稳定和协调的状态；强化农业产业链的延伸和农业产业系统之间的联系，实行农业产业化经营，通过要素耦合等方式与其他相关产业协调发展。总之，循环型农业是实现农业可持续发展的有效途径与模式。通过发展循环型农业，

---

① 3R 即 reducing（减量化）、reusing（再利用）、recycling（再循环）。

可以进一步保护耕地、水、林地等稀缺的自然资源，扼制掠夺性的"石油农业"，珍惜有限的环境容量，防止生态环境日益恶化；进一步优化农业生产过程中的投入产出结构，提高农业劳动生产率；真正处理好发展农业与自然资源、生态环境的关系，促进人与自然的和谐发展，逐步实现农业生产生态、经济及人类社会的可持续发展。

(2) 涉农企业是发展循环型农业的重要行为主体

农户、涉农企业、政府及非政府组织等都是发展农业循环经济的重要行为主体。涉农企业既是大部分农产品的提供者，又是绝大多数污染物的直接生产者，它的行为对转变整个农业发展模式具有非常重要的意义，在发展循环型农业过程中起着举足轻重的作用，是发展农业循环经济的一个重要战略切入点。

第一，涉农企业构造了循环型农业产业链，推动农业相关产业的发展和壮大。循环型农业产业链是通过农产品交换和循环利用、要素耦合、产业链接等方式形成相互依存、紧密联系、协调发展的农业产业化网络体系，它由种植业、林业、渔业、畜牧业和农产品加工业、农产品的贸易服务业及消费领域所组成。涉农企业构成了循环型农业产业链的重要一环，通过对各类农产品、林产品、水产品及其加工后的副产品进行成分分析，多级重复和循环利用投入的资源要素，进行系列开发、反复和深度加工，形成涉农企业资源循环利用、清洁生产以及农业产业链的整合与延伸，推动循环型农业的发展。加强循环型农业产业链的整合思路、途径和模式，既可以满足当代人资源的需求，还能够为后代人的需求提供充足的物质保证；既可以拓展农业产业化经营领域，是广大农村地区经济持续增长的源泉，还可以壮大区域经济，通过增加附属工厂、扩展经营范围等来容纳更多的农村剩余劳动力，拓展农民的就业空间；通过增加农产品的附加值来提高涉农企业的收入和利润，是发展循环型农业的重要切入点。

第二，涉农企业在发展循环型农业过程中能够推动农业标准化生产的发展。涉农企业连接农产品的产前、产后两个市场。产前是指涉农企业能够对农产品形成选择作用，对农户种植所使用化肥、农药等农业标准化生产的有效实施有着较好的促进作用，有利于农户增收和农业标准化的普及；产后是指涉农企业可以满足市场逐步增长起来的质量安全需求，具有消费导向作用。可见，涉农企业不仅是发展循环型农业的主要推动力，更是衔接农户和市场的重要渠道，对有效推动农业标准化生产和提高农产品质量安全起着非常重要的作用。

第三，涉农企业能够推动区域生态经济的良性循环。涉农企业在保护和改善生态环境、推动区域生态经济的良性循环方面也发挥着日益重要的作用。涉农企业主要是以生物有机体作为劳动对象，不仅利用自然界与生物界，还要依据系统内外环境的生态及经济条件来生产各种农产品,同时适时地增加物质及能量的投入,以满足社会物质的需要,并实施科学化管理、集约化经营,促使农业生态环境的不断改善,形成有利于农业稳定发展的生态基础和资源基础,使涉农企业达到内外系统的协调和统一。

第四,涉农企业在发展循环型农业过程中能够加快农业科学技术的创新。企业发展循环经济的支柱主要是科学技术的创新。农业发展循环经济的可能性和效益(包括经济效益、环境效益和社会效益)的好坏,涉农企业的科学技术创新能力及技术支持体系起到很关键的作用。涉农企业的技术创新体现在不断地将以信息技术及生物技术为基础的现代高新技术融入循环型农业中,形成企业核心竞争力。在农业技术的创新和扩散方面,涉农企业克服农户小规模经营的不利条件,有利于科学技术的推广和普及。同时,科技创新也成为涉农企业加速发展、提高经济效益的重要支撑。

第五,发展循环型农业的涉农企业盈利能力还可以体现区域循环型农业发展的进程。涉农企业假定分为两种,一种是发展循环型农业的涉农企业,另一种是一般涉农企业。生产要素(如资本、劳动力、自然资源等)可以在两种类型企业之间自由地流动,生产要素的长期积累可以决定企业的规模及盈利能力。在这种情况下,需要政府制订相应的政策以吸引生产要素向发展循环型农业的企业流动,以实现本地区循环型农业"量"上的积累和扩张。

总之,发展循环型农业离不开涉农企业的参与,涉农企业在发展循环型农业过程中起到了引领和示范作用。在社会主义新农村建设步伐不断加快的形势下,在当前农业供给侧结构性改革进行的关键时刻下,引导涉农企业发展循环型农业,是实现农业可持续发展的重要途径。同时,循环型农业也为涉农企业提供了新的发展机遇。涉农企业在发展循环型农业过程中,要谋求新的发展思路,谋求新的利润增长点,在发展循环型农业、造福人类的同时也提升了企业自身的核心竞争力。

(3) 发展循环型农业是我国破解农业资源约束、构建和谐农村的必然选择

传统农业是一种直线型农业,它从大自然中索取能源与物质,又将生产的废弃物直接丢弃给大自然。而循环型农业所倡导的是一种农业经济与生态系统和谐发展的经济模式,在循环型农业发展过程中,能源与物质得到合理、循环、持久的利用,对自然界及生态系统的负面影响降到最低。

通过发展循环型农业,可以缓解人类对农产品日益增长的需求和农业资源相对紧张的矛盾,可以减轻或避免生态环境的污染和破坏,可以实现经济、环境、社会的协调发展。因此,循环型农业是我国农业发展的客观需要。中华人民共和

国成立以来，特别是十一届三中全会以来，我国农业生产得到了长足的发展，取得了世界公认的成就，成为我国在全面建设小康社会、社会主义新农村的重要物质基础。目前，我国农业生产的增长方式还是以付出资源及生态环境为代价的，是不可持续的发展，农业经济发展还处于不和谐的状态中。这迫切要求改革农业经济的发展模式，将环境纳入农业经济发展的内生增长因素，选择一种新型的农业经济增长模式，使之与环境协调、和谐发展。发展循环型农业是我国破解农业资源约束、构建和谐农村的必然选择。2006年中央一号文件正式提出"加快发展循环型农业"这一战略号召，指出农业发展要加快开发资源节约型与环境保护型技术，要大力发展节约型农业，要大力防治农业面源污染；2007年中央一号文件强调要鼓励生态农业、循环农业的发展，根据条件还可以进行有机农业的发展；2010年中央一号文件进一步提出要加强治理农业面源治理，大力发展循环农业、生态农业；2012年中央一号文件提出发展循环型农业的具体措施，包括要大力推进农业清洁生产，对农户合理使用化肥和农药加以引导，加强农村生态保护工程建设，如沼气工程和小水电代燃料工程等；2015年中央一号文件提出，做强农业，必须尽快从以追求产量、依赖资源消耗的粗放经营为主转到以追求数量质量效益并重为主上来，要注重提高竞争力、农业技术创新及可持续性集约发展，坚持发展产出高效、产品安全、资源节约、环境友好的现代农业。上述中央一号文件的出台，表明中央政府发展循环型农业的决心，显示我国发展循环型农业的紧迫性。

目前，我国尚处于循环型农业发展的起步阶段。在发展农业循环经济的过程中，政府的财税政策和资金支持力度不大，发展循环农业的法规体系不健全，地方政府的认识程度和自主性有很大的差异；各地区的发展很不均衡，发展循环型农业的效益还未显现；对循环型农业理论还存在一些重要的认识误区；循环型农业技术研发滞后，作为农业循环经济的行为主体并未普遍、充分地认识到发展循环型农业的必要性，市场拉动力不强，循环型农业的发展至今还没有成为行为主体的自觉选择。发展可持续性农业，既关系到经济、资源与环境，更关系到国家的资源战略与安全问题。必须大力发展循环型农业才能实现农业生产的增长方式由粗放型向集约型转变，促进农业综合与协调发展。

1.2 研究的目的与意义

1.2.1 研究的目的

本书的研究目的是利用农业生态经济理论、外部性理论、利益最大化理论、计划行为理论（theory of reasoned action，TPB）、博弈论等已有的研究成果，分别从减量化、再利用、再循环等视角，对涉农企业在要素投入、延伸农业产业链、农业废弃物处理的行为选择及影响因素进行深入分析；在此基础上，对基于循环型农业的涉农企业行为绩效进行综合评价，进一步找出影响涉农企业发展循环型农业效率低下的因素；利用博弈理论，通过建立演化博弈模型，分析涉农企业与农户、地方政府之间以及涉农企业之间的博弈关系。通过上述理论与实证研究，构建并优化基于循环型农业的涉农企业行为激励机制和约束机制，为下一步政府制订关于循环型农业以及激励和引导涉农企业发展循环型农业的政策等提供建议和参考依据，以加快我国循环型农业的发展进程。

1.2.2 研究的意义

（1）研究的理论意义

循环型农业在我国起步较晚，很多研究领域尚为空白，现有一些研究成果也存在或多或少的缺憾之处。在这种情况下，需要循环型农业理论研究的学者相互借鉴，以推动我国循环型农业理论研究。本书通过实证分析研究了基于3R视角的涉农企业行为选择及影响因素，在此基础上，对基于循环型农业的涉农企业行为绩效进行量化分析与综合评价，为我国循环型农业和涉农企业行为理论研究、为政府了解和优化涉农企业发展循环型农业的行为选择提供可借鉴的理论支撑。

（2）研究的现实意义

本书有目的、有范畴地总结和研究现实中关于循环型农业和涉农企业的问题，形成科学的指导循环型农业发展及全部农业活动的理论思想，为解决发展循环型农业的现实问题提供有效的理论工具与方法手段。

1）为涉农企业在发展循环型农业过程中的行为选择提供指导意见。涉农企业作为发展循环型农业的主导力量，其行为选择对发展循环型农业能够产生重要的影响。因此，通过对基于3R视角的涉农企业行为选择及影响因素进行理论与实证分析，以及对涉农企业行为绩效的综合评价，对涉农企业在发展循环型农业过程中如何减少要素的投入、如何延伸农业产业链、怎样进行农业废弃物的处理、如何利用绿色技术为企业增收节支，同时承担起资源和环境责任起到了重要的指导作用。

2）为正确处理涉农企业在发展循环型农业过程中与农户、政府之间的关系提供参考。本书利用博弈理论对涉农企业与农户、政府之间以及涉农企业之间的博弈关系进行了分析。这些行为主体既是发展循环型农业的实践者，也是受益者，同时还是相关义务的承担者。如何协调它们的交易和决策行为以及主体之间合作竞争关系从而达到共赢，如何促使各方行为主体积极发展循环型农业，通过本书将产生一个很好的指导作用。

1.3 国内外研究现状及评述

可持续发展是人类社会经济发展的战略决策，而循环经济与循环型农业是可持续发展及可持续农业的必然选择。本书分别就可持续发展及可持续农业理论、企业行为理论、循环经济和循环型农业等相关理论的国内外现状进行了深入的研究。

1.3.1 国外研究现状

1.3.1.1 关于可持续发展及可持续农业理论的研究

（1）关于可持续发展理论的研究

20 世纪以来，一些发达国家开始积极探索循环经济，缓解经济发展和自然资源、生态环境之间的矛盾，开始走可持续的经济发展之路，一些学者也开始对可持续发展进行积极有益的探索和研究。可持续发展是基于经济学、生态学、人口承载力、人地系统等理论发展起来的思想，该思想的提出是人类社会发展观的重大进步。这一概念最早在斯德哥尔摩举行的联合国人类环境研讨会上（1972 年）进行了正式的讨论和界定。美国农业科学家莱斯特·布朗对农业生产可持续发展进行了较早思考，于 1981 年在其 *Building a Sustainable Society* 一书中，系统阐述了"可持续发展观"理论。

在新古典经济学中，投入的生产要素仅包含资本 K 和劳动力 L，却忽略了自然资源的消耗及环境退化对产量的影响[1]。随着社会经济快速发展，全球性的资源短缺、环境日益恶化、经济滑坡及生存危机等重大的社会发展问题给人类带来了一些理性思考，财富被重新认识和理解，而资本的内涵同时也发生了变化。世界环境与发展委员会第一次阐述了可持续发展的概念，提出可持续发展是一种全新的发展战略与思想，其目的是保证人类社会能够拥有长期可持续性发展的能力，确保自然环境与生态的安全、自然资源的稳定，以避免人类社会发展和经济发展产生大起大落的波折。进一步来讲可持续发展是指"不仅能满足当代人的物质需求，又不能对后代人的需求能力构成威胁"的发展[2]，要把环境当作资本看待，认为环境和生物圈都是最基本的资本，也是不可替代的资本，一旦枯竭，就没有办法能保持经济稳定、快速增长。该解释侧重强调经济发展与生态环境之间的紧密关系，要求经济、社会、环境和资源四者之间要协调发展，既要达到发展经济的目的，更要保护好自然资源和生态环境，使子孙后代得以生存的环境永续发展，能够安居乐业。

1992年6月，联合国世界环境与发展大会通过了《21世纪议程》等5个条约，参会各国一致认为要把"可持续发展"作为全球人类社会共同的未来长期发展战略，人类与自然应该和谐一致，需要坚持可持续发展并为子孙后代提供良好的生存与发展空间；人类应珍惜稀缺、珍贵的资源与环境，做到有偿地向大自然索取。这一战略思想标志着可持续发展思想从理论走向实践，标志着努力实现可持续发展逐渐成为国际社会的共识，从此进入一个崭新的人类发展时代。

(2) 关于可持续农业理论的研究

随着农业生态环境的日益恶化，发展可持续农业无论对发达国家还是发展中国家都是尤显迫切和重要。世界各国的理论界首先对可持续农业的定义进行了积极有益的探讨。Douglass 对农业的可持续性提出了环境重要性、食物充足性和社会公平性三个层面的定义 [3]；1985 年通过的《可持续农业研究教育法》中最早正式提出"可持续性农业"（sustainable agriculture）一词；美国内布拉斯加州合作推介组织认为可持续农业是"体现一种经营战略的结果"，它能够帮助生产者选择生产品种，通过确定土壤肥力采取耕作方式、种植制度、轮作和病虫害防治的方法。他们认为可持续农业的目的在于减少投入、降低成本、减少对生态环境的压力，保证生产盈利、生态环境的可持续发展。该定义侧重强调人类的农业生产要根据自然条件选择合适的生产方式以保护环境和发展经济，具有很强的实际操作性，但理论性或者说哲学性不强 [4]。

联合国粮食及农业组织 (FAO) 认为可持续农业是采取某种保护与管理自然资源、实行技术与体制改革、满足当代及后代对产品需求的农业发展方式 [5]。这种可持续的农业，既能保护耕地、水及动植物等资源，又不会造成环境的退化 [6]。同时，这种发展在技术上是能够实现、经济上是持续发展的，能被社会接受。该定义全面概括了可持续农业所采取的方式、途径及发展可持续农业的目的，具有很强的指导意义。

1.3.1.2　关于企业行为理论的研究

企业行为是受外部刺激与内部结构交互作用、为实现一定经营目标做出的行为反应，是产业组织理论的研究范畴 [7]。亚当·斯密用"经济人"假设来分析厂商行为 [8]，是最早研究企业行为理论的经济学家；科斯则通过"交易费用理论"解释了企业产生及存在原因及企业扩展的边界问题，他认为基于企业组织形式所产生的交易费用低于市场组织形式下的交易费用是企业存在的主要原因[9]。交易费用理论使企业行为的分析解释更加符合现实，进一步扩展了人们对企业及企业行为理论的认识和看法；冯·诺依曼证明了博弈论的基本原理，将2人博弈推广到n人博弈，并将博弈理论应用到经济领域，利用博弈理论对企业行为进行了研究，从而奠定了这一学科的基础与理论体系[10]；吉恩·泰勒尔（Jean Tirole）应用博弈论使企业行为的研究更加理论化，他对原本经验主义的企业行为进行了实验分析，该理论运用经验统计工具、逻辑演练、数学理论模型等分析企业行为，并运用博弈论分析企业之间关联交易限制、战略合作及不确定性条件下等企业行为理论分析的多个层面，进而为企业行为理论研究开启一个崭新的视角[11]。

上述研究以成熟及完善的市场经济为前提，并且在研究过程中依赖于一个隐含的假定，即企业行为对社会上其他人的福利不会产生影响，也就是说企业不承担所谓的社会成本。显然，在实际情况中，这个假设是不成立的。不仅如此，对企业行为的初期研究过多地侧重于企业的绩效评价，却忽视了对应承担生态和环境责任的企业行为研究。

在应承担生态和环境责任的企业行为方面，国外学者从各利益相关者的环境偏好、政府规制、企业自愿规制三个方面对企业行为的影响因素进行了深入研究。

有学者认为，企业作为在经济社会中占据主导地位的微观经济行为主体，同时也是对环境造成影响的直接行为者，其行为会受到来自不同领域、具有不同利益相关者的影响甚至者约束。Hoffillan对企业行为的利益相关者进行了分析，他认为政府及管制机构、股东、客户、供应商、员工、金融机构、社区、社会团体、非政府组织、竞争者及媒体等都是最有可能影响企业环境行为的利益相关者，因为这些利益相关者的决策可能会以某种方式影响企业行为[12]；Green 和 Robinson 认为绿色消费者对生态保护意识逐渐强化，企业如果不重视其产品的环保功能，一定会遭受消费者的抵制或者排斥[13]；Drobny 认为社会行为良好的企业更能营造一种积极有利的舆论，提高消费者对企业的评价，改善消费者对企业的态度[14]；Lafferty 和 Goldsmith 指出企业如果具有积极的生态环境行为，消费者则愿意给予企业品牌正相关的评价影响[15]；Bhattacharya 和 Sen 认为对于企业所从事的社会公益事业，消费者愿意支付更高的价格予以支持[16]；Mohr 和 Webb 指出企业如果履行积极的环境和慈善等社会责任，则将对消费者的购买意愿产生正相关的积极影响[17]。

企业愿意履行环境责任还源于政府环境规制的引导和约束行为。Delmas 和 Michael 认为对企业施以绿色管理行为的推动力主要是以政府管制为特征的强制力[18]；Goulder 和 Mathai 指出环境规制对企业在控制污染、降低排放、激励企业技术创新等行为具有积极的正相关影响[19]，这一因素同时可以提高企业的资源生产力及生产效率，在环境规制下使企业在产生较高的污染治理成本时，通过科技创新来补偿服从环境规制所产生的成本，以研发出更清洁的生产技术，既满足政府的环境规制，同时获得先导优势，提高市场竞争力；但也有学者的研究结果表明政府环境规制对企业环境行为的选择并不是最主要的，如 López-Gamero 的研究结果显示，对企业选择积极主动的友好环境行为影响最为显著的因素是市场导向的环境管制，而非强制性环境管制政策因素 [20]。

企业还会以"自愿规制"的行为来承担生态环境责任。Potoski 和 Prakash 认为来自各利益相关主体（如银行和保险公司等）的压力促使企业选择"自我规制"行为，同时他们愿意以成本的降低获得价格竞争优势这一行为来考虑自愿选择环境规制行为 [21]；Segerson 和 Miceli 指出企业愿意以环境标准的严格制订获得竞争优势，进而走在环境规制的前面 [22]；此外，不同的行业选择环境行为的主动性和积极性的程度也不同，Zeng 等的研究指出，包括石油、煤炭、化工、造纸等环境敏感性的行业，更倾向于主动选择环境友好型的发展战略，因为这类企业对资源环境的依赖性更大 [23]。

因此，企业应尽的生态责任和环境责任，不仅是社会责任，还包括渗透到企业经营与管理的各个环节。必须重视生态与环境责任影响企业行为的全面因素，还要强调不良的企业行为对生态与环境产生的负面影响。

1.3.1.3 关于循环经济和循环型农业的理论研究

20 世纪 60 年代，人类的生产行为对生态环境的破坏已经到了极其严重的程度，各国呼吁人类应更多地关注生态环境问题并要对环境加以保护。美国生物学家蕾切尔·卡尔逊（Rachel Carson）于 1962 年出版了著名的《寂静的春天》，这是最早及最具代表性的宣传环保意识的著作。该著作第一次向人类揭示了环境污染对人类社会与生态环境所造成的巨大破坏。它的出版对人类社会环保意识的形成产生了积极的影响，也推动了公众参与环保运动的进程。

"循环经济"（circular economy）一词是美国经济学家鲍尔丁在 20 世纪 60 年代在其发表的《宇宙飞船经济观》一文中首先提出的，他认为人类发展只有实施以资源循环利用为核心的循环经济，地球才能够得以长期存在。他的理论最有价值之处是在资源投入、产品消费与废弃的全过程中，在人类、资源及技术的大系统内，"要把传统的以资源消耗为核心的线性增长经济，转变为以资源循环利用为核心的循环经济"。鲍尔丁的"宇宙飞船理论"被认为是循环经济的思想萌芽与源头。从此，各国学者对循环经济的理论探讨一直在继续。英国环境经济学家 Pearce 和 Turner 首次对"循环经济"的概念进行了界定，指出循环经济是对物质闭环流动型经济的简称，是以资源的高效与循环利用为核心，依照自然生态系统中资源循环与能量流动方式运行的经济模式[24]。而循环经济引起人们的广泛关注是在 1992 年联合国环境与发展大会上，通过宣言正式提出社会发展必须坚持可持续原则。由查阅的文献可知，这一时期，从可持续发展理念出发，人们逐步认识到人类社会发展与环境政策必须遵循的准则，即以从源头预防及全程治理来替代末端治理。在不断探索、研究及总结的基础上，各国学者提出了以资源利用最大化与排放物最小化为核心，逐渐形成将资源减量化与循环利用、清洁生产和可持续消费等融为一体的发展战略——循环经济。

德国在世界各国发展循环经济的实践方面堪称世界之最，既是实践循环经济最早的国家，还是世界上循环经济发展水平最高的国家之一，在理论和实践方面都独树一帜，是世界循环经济的领跑者。1972 年德国颁布《废弃物处理法》、1991 年通过《包装条例》、1994 年颁布《循环经济和废物管理法》，这些法案的制订和实施对德国循环经济的发展起到积极的促进作用。

目前，循环经济理念已经得到世界越来越多国家的重视，许多国家，尤其是发达国家已经把发展循环经济作为人类社会、经济与环境协调发展的重要途径。当然，由于循环经济理念最早形成在生态学界与环境学界，因此，主流经济学界对该理论的经济学基础未曾有过多和完整的研究及论证，该理论的经济学基础研究还相对比较薄弱。

国外很早就将循环经济理念应用于农业生产，但是国外的学者并没有提出"循环型农业"这一概念，而是以可持续农业、生态农业等形式出现的，研究角度侧重于从减量化、废物再利用、再循环、清洁生产和零排放等方面进行了描述及研究。而对农业循环经济的发展水平，各国学者采用不同的方法进行评价。Worthington 和 Hurley 采用产品物质流分析（MFA）[25]、Ausubel 采用投入产出分析[26]、Ree 采用生命周期评价（LCA）[27]、Hoffrén 采用生态效率法（EE）[28]、Masui 等采用生态足迹法（EF）[29] 分别通过所建立的农业循环经济评价指标体系进行分析和评价研究。

1.3.2　国内研究现状

和国外学者相比，我国的学者对循环型农业的基础研究更加贴近实践，具体如下。

1.3.2.1　关于可持续发展和可持续农业理论的研究

（1）关于可持续发展理论

中国的可持续发展思想，早于西方国家几千年的时候就形成了。早在古文明时代，中国就有了朴素的可持续发展思想。《吕氏春秋》中有"竭泽而渔，岂不获得，而明年无鱼；焚薮而田，岂不获得，而明年无兽"，这里包含了持续利用自然资源的思想；儒家创始人孔丘在《论语·述而》中提出，"子钓而不纲，弋不射宿"，体现了懂得爱护动物、滋养环境资源的含义。

我国学者对可持续发展理论的研究起步较晚，始于 20 世纪 90 年代，并在 90 年代中期以后掀起热潮。对可持续发展理论的研究，主要如下：

曾珍香等认为可持续发展既要求经济、社会与自然生态等系统之间和谐发展，还要求在满足人类需求的前提下把眼前与长远利益、局部与全局利益有机统一起来，是一种研究人类发展的理想模式[30]；方磊和方日强则提出可持续发展是一种以人与自然和谐相处为特征、以公平为基础、以科技创新为经济增长主要支撑点的人类发展模式[31]；牛文元比较全面地归纳了可持续发展的内涵，认为可持续发展揭示了"发展、协调、持续"的系统本质、"动力、质量、公平"的有机统一、"和谐、稳定、安全"的人文环境、"速度、质量、效益"的绿色运行[32]；曾贤刚和周海林从包括内容的角度对可持续发展进行了解释，即可持续发展主要包括可持续经济、可持续社会与可持续环境三个方面的有机统一，不但要求人类在社会发展中注重经济效率，更要注重环境和社会效率，最终实现人类社会的全面发展目标[33]；刘卫先认为可持续发展思想要求对自然资源的利用进行限制，这种限制一是体现在自然资源的经济性价值方面，是指对自然资源开发利用的限制；二是体现在自然资源的生态性价值方面，是指对自然资源生态完好性的保护[34]；陈晓红和程鑫指出可持续发展的实现要求有强大产业支撑，这类产业必须以资源节约与环境友好为目标，具体包括环保性、低耗性、循环型、高科技等产业，对实现我国经济社会的可持续发展具有重大意义[35]。

总结国内学者对可持续发展理论的研究，提出可持续发展最本质的创新，是从价值观、发展观上强调人与自然关系的协调。因此，大多学者认为可持续发展理论的核心，一是协同，即经济、社会与环境协同发展；二是公平，包括人类与其他生物之间、不同地区之间、自然资源与物质财富分配等之间的公平。但上述学者对该领域的研究仍基本处于对国外学者理论的引进阶段，这也在一定程度上限制了我国可持续发展的实施。对于怎样吸收与领会可持续发展理论的精髓与实质，使我国走上适合中国国情的可持续发展道路，20 世纪 90 年代以来成为理论界、学术界各位学者探讨和研究的热点，也是国家制订可持续发展战略考虑的重要领域。

（2）关于可持续农业理论

有学者认为发展中国家的可持续农业是在不损害或者保证甚至提高农业生产所依赖资源承载力的基础上，满足人类社会物质需求不断增长的农业系统。还有学者认为农业可持续发展的实质就是保护和提高资源基础及满足人类需要相结合，同时建立起生态上合理、经济上可行、社会上可接受的农业发展模式。

可持续性农业是在总结生物农业、生态农业、有机农业、自然农业、石油农业等现代替代农业模式的基础上发展起来的。可见，可持续农业是一种兼顾经济、生态、社会的综合化和多样化发展体系。齐晓辉认为可持续农业是一种经济上可行、生态上合理、社会上适宜的农业发展模式，能够有效维持土地、水、动植物等自然资源的平衡，并实现经济、社会与环境的协调发展[36]，其基本思想是要求农业发展既要满足当代人需求又不能破坏人类的生存环境；高鹏和刘燕妮认为农业可持续发展的内涵包括持续（指永续和持久发展）、公平（包含代内和代际公平）、高效（指高效、优质和低耗）和多重（包含经济、环境、生态和资源等多重目标）四个方面[37]；周苏娅指出滞后和缺位的农业制度、资源的硬性约束、科技创新能力的不足、发展缓慢的农业产业集群以及政府调控行为的滞后等都是制约我国农业可持续发展的因素[38]；段研磊指出可持续农业的目标是追求农业的永续发展，不但追求农业生产在一定时期内能够获得较高效益，还要求在后续生产过程中具备发展循环经济的空间[39]；辛岭和胡志全对我国农业可持续发展水平进行了评价，评价结果表明我国可持续农业发展水平存在明显的地域差别，东部和中部地区要高于西部地区，其中影响可持续农业发展水平最重要的因素是资源减量化投入水平[40]。

1994 年 3 月，我国政府出台的《中国 21 世纪议程》中指出农业是国民经济发展的基础。因此，可持续农业是可持续发展的根本保证和优先领域。1998 年10 月，中国共产党十五届三中全会通过了关于农村改革的重大决定，提出要把"促进农业稳定、持续增长与发展"作为我国实现跨世纪发展战略的重要保证，在我国农业实施可持续发展的战略中，具有很重要的标志性作用。

1.3.2.2 关于企业行为理论研究

我国早期的学者对企业行为理论进行过较深入的研究。一些学者认为，企业行为是当企业受到外部经济环境刺激时所产生的一种反应。胡永明认为企业行为实质是企业为实现一定的经营目标，在受到外部环境结构刺激及企业内部结构交互作用所做出的现实反应[41]；尉安宁等强调企业的行为模式是整个经济体制模式的标志，是基于企业是现代经济活动中的微观行为主体和基本单位，是介于个人利益与社会利益的中间层次。企业行为不但是微观经济组织结构的产物，还是政府宏观经济调节的结果[42]；孙祁祥则论述了企业行为出现不合理的诱因。他认为企业行为是企业的行为目标、行为手段和行为环境综合作用的结果。在经济改革中企业行为手段的不合理是由于企业行为目标、行为环境造成的[43]。要想有效地制约企业行为的不合理性，一定要从校正企业行为的经营目标、改善企业行为的外部环境两方面入手，具体包括企业产权结构的改革、约束机制的建立、政府行为的规范及市场机制的强化[44, 45]；胡永明和陆宏伟也分析了企业行为问题的原因。他们认为考察企业行为问题，如果仅从宏观控制某些环节上的失误，或是从企业内部财产的"两权分离"所造成的内在约束机制的不完善着眼是远远不够的，而是必须联系企业经营活动所追求的目标和企业经济活动的生态环境，详尽地分析企业某些不合理行为形成的根本原因、条件及具体过程[46]。

一些学者对如何引导企业行为、企业行为如何因应环境责任进行了研究。钟茂初和闫文娟从政府规制的视角，梳理了生态环境责任对企业行为的影响，认为通过政府规制行为使企业加大科研投入，以研发清洁生产等高新技术，这样可以全部或部分地补偿遵循政府规制所发生的成本，也可看作是企业提高盈利能力并最终赢得市场竞争优势的重要举措或行为[47]；赵晓丽等建立了钢铁和电力企业的结构方程模型，发现行政性环境管制政策对企业行为调整的促进作用要小于市场导向的环境管制。其中，对企业战略行为及生产决策行为影响更大的是市场导向的环境管制政策，对企业技术进步影响更大的则是行政性环境管制政策[48]。以上研究表明对于企业战略及技术进步的影响，既要积极发挥市场导向环境管制的作用，还要注重协调市场导向与行政性环境管制的关系。

对我国的经济学界来说，通过对企业行为的研究把经济学理论引入更深层次的经济实践之中，使经济学理论与实践同时具有了全新的意义。但纵观以往相关理论的研究成果，尚有不足需要在以后的研究中予以校正。一是以往的研究大多是带有规范色彩的研究，缺乏扎实的实证研究与分析；二是研究的视野还不够广泛。在对企业行为的研究中，各位学者研究的内容主要局限于企业的经济行为，并不是企业的全部行为，因为企业行为远不仅仅指经济行为这一项内容。同时对企业经济行为的研究还仅局限于经济学的研究，缺乏管理学等其他学科角度的审视。

1.3.2.3 循环经济和循环型农业发展中的企业行为理论研究

农户、涉农企业、政府、非政府组织等都是发展循环型农业的重要行为主体。他们的行为直接影响着循环农业发展的进程。我国关于循环型农业主体行为的理论虽然还很不深入，但至少指出这些行为主体对循环型农业的影响，也初步为行为主体如何发展循环型农业提出一些策略和优化设计。

一些学者指出企业在循环经济发展中的重要作用。刘勇指出企业是区域经济的微观行为主体之一，通过对企业发展循环经济行为的分析评价，一方面有利于针对性地对企业行为进行规制，另一方面还有利于明确实施循环经济的微观主体行为，从而促进整体区域循环经济的发展[49]；陈勇认为作为社会化分工体系中关键组成部分的企业，在发展循环经济中具有生产者与消费者的双重角色定位，其行为既取决于对企业经济利益的追求，还取决于地方政府的规制[50]；王兴琼认为企业行为关系着循环经济能否实施的成败，通过加强对企业行为在循环经济视角下的研究，对推动和促进循环经济发展有着重要而现实的意义[51]；佘元冠和王蒙通过建立企业循环经济评价指标体系，对循环经济发展水平进行评价，评价模型显示，企业规模能够对循环经济发展程度与水平产生重要影响，并且循环经济试点企业优于非试点企业[52]；苗泽华和李香丽认为工业化是我国市场经济发展的必由之路，而企业作为市场竞争主体，在发展循环经济过程中，通过生态和社会责任的履行，发挥着不可或缺的作用[53]；陈翔和肖序通过实证模型对我国造纸及纸制品业发展循环经济效率进行分析和测度，实证结果显示，对循环经济效率影响最为明显的是产业发展水平和产业规模[54]。

1.3.2.4 关于影响企业发展循环经济和循环型农业因素分析的研究

优化我国企业发展循环经济的行为，需要从外部经济环境与企业内部因素两个方面引导和制约企业的经济行为和社会行为。赵峰指出企业是实施循环经济的重要微观行为主体，企业在没有受到外力作用下不会改变传统经济发展模式的运行惯性[55]；严炜认为中小企业是市场经济中重要的微观行为主体，更是科技创新的主力军，而营造一个良好的技术创新环境是促进企业发展循环经济的重要因素[56]；王敏等认为企业构成发展循环经济的小循环，可以通过提高资源利用率、废弃物的循环利用、延长产业链等途径发展循环经济[57]；李烨等以 PRS[即压力（press）、状态（state）、反应（response）] 概念模型为基本原理，建立了企业循环经济评价指标的层次结构模型，模型结果显示，企业需要寻求有效途径最大可能地减少资源消耗，实现生产与经济效率的提高，保护生态环境，同时实现经济效益和环境效益的提高，促进社会经济可持续发展[58]。

关于影响企业发展循环型农业的因素分析，王晶等对企业的生产函数运用定性与定量分析方法进行改进研究，结果表明，企业行为最优化条件如果考虑资源环境的约束，企业行为就会受到单位产品的资源消耗量、废弃物资源化、污染物排放量等条件的影响[59]；王志刚等通过建立企业与其他行为主体的博弈模型，认为影响企业发展循环型农业的关键因素分别是收益、政府激励机制、企业间的技术创新联盟、契约价格及违约成本等[60]；范瑾通过建立因子分析的数学模型，认为绿色农产品的消费水平、资源减量化投入状况、资源循环利润率等都是影响涉农企业发展循环型农业的影响因素[61]。

此外，其他一些学者对循环型农业的其他理论也进行了比较深入的研究。例如，尹昌斌和周颖[62]、韩玉等[63]、王志刚等[64]对循环型农业的基本含义进行了阐述；

唐华俊[65]、李后建[66]、袁明宝等[67]对循环型农业的特征进行了概括；李波等[68]、魏佰刚和韩洁[69]对我国发展环农业的制约因素进行了分析；周颖等[70]、孙佩元等[71]、王雪[72]等对循环型农业的发展模式、郭晓鸣等[73]、周文晓等[74]、翁伯琦等[75]、吴群[76]对循环型农业发展的思路和对策等都进行了有益的研究和探讨。

通过上述学者的研究，对循环型农业形成基本的认识，一是循环型农业是一个不断创新和完善、持续发展的过程；二是循环型农业是一种"经济高效、生态健康、产品安全、技术先进、社会接受"的发展模式；三是循环型农业的发展不能照搬照抄，要因地制宜；四是在发展循环型农业时，不能简单地"为循环而循环"，造成循环"不减量、不节约、不经济"的负面后果。

1.3.3　国内外研究评述

通过对上述国内外文献的整理可以发现，关于可持续农业、循环型农业等理论的研究主要有以下特点：

从研究的内容看，对于可持续农业与循环型农业的研究，不但涵盖了宏观研究，还包括了不同学科理论的微观研究；既包含基础理论的研究，也包括具体实践技术与实证分析方法的研究；不但有国际性的研究，还有针对不同国家或地区的理论研究，逐步呈现出一个不同学科、不同层次、不同专业交叉配合的循环农业理论研究网络；从研究的范围看，不但包括种植业、林业、畜牧业、渔业及农产品加工业等在内的所有农业领域，也包括经济、环境、社会、技术、资源、生态等许多领域，因此，有必要加强各学科、各专业、各部门的综合研究与合作。目前，包括发达国家和发展中国家在内，都强调发展可持续农业与循环型农业要与农村的综合发展紧密相连，都认为农村的经济发展是发展可持续农业的前提条件。研究表明，只有把农村的经济、资源、生态环境协调发展起来，才能促进可持续农业与循环型农业的发展。同时，提高现代农业科技水平对发展可持续农业和循环型农业起着关键作用。特别是发展中国家，在汲取本国传统农业生产技术精华的情况下，还要扩大现代农业科技特别是农业生物技术的广泛应用，以促进可持续农业与循环型农业的发展。当前，该领域的研究，正在由基础理论向实践操作方向转变，促进各国和各地区从战略设想转向实践操作，逐步呈现出不同经济、社会和生态环境条件下的循环型农业发展模式。

国内外关于企业行为理论的研究，主要有以下特点：

大多数学者都认为企业行为是企业为实现一定的经营目标受外部结构和内部结构交互作用影响所做出的现实反应。很多学者认为应该探讨企业行为关于生态环境责任的系统性理论，即求解约束条件改变下的目标函数最大值问题，包括因环境规制而形成的企业生产函数最大值、因消费者环境偏好而形成的企业价格函数、因环境影响因素而形成的竞争博弈策略模型。在分析企业因环境因素而产生的企业行为时，大多数学者认为把环境作为生产要素纳入新古典企业生产函数中的本质，是把环境要素对企业生产行为的影响作为一种有价值的生产投入要素，并且在市场经济均衡中能够确定环境要素的价格，但是现有的理论中还没有上升到研究"环境要素价格"这一理论高度。总结现有文献，很多学者认为企业受制于环境规制的自愿行为，是其在新背景下、新形势下基于竞争视角博弈策略的一种行为选择，是不同行为主体相互之间博弈均衡的结果，也是产业组织的新形式。因此，进一步的研究还要将环境投入要素纳入企业价格与生产函数中，重新分析并构建注重生态环境的、多种形式的企业行为博弈模型。

从国内外研究现状的分析中能够发现，国内外学者对可持续发展和可持续农业、循环型农业、企业行为等基础理论有较深入的研究，大多学者都认识到发展循环型农业的关键是将农业生态环境成本和效益也纳入农业经济增长机制，绝不能单纯追求产量的增长。我国学者还通过分析和研究提出我国当前发展循环型农业的相关对策，包括制定法律、政策等配套措施、编制农业生态保护综合规划、完善外部环境等。但从国内外文献的查阅中看，虽然对循环经济发展中企业行为的研究较多，但有深度的研究较少；而对循环型农业行为主体的研究尚不多见，鲜有针对涉农企业在发展循环型农业过程中的行为研究，尤其是缺少一个相对系统和完整的基础理论框架。由于只是单纯研究环境投入要素对企业行为在某一方面所带来的影响，从而不能够对环境投入要素对企业行为影响的机理和机制进行深刻分析。

1.4　研究的主要内容

发展循环型农业，要紧紧围绕减量化、再利用、再循环原则，需要农户、涉农企业、地方政府及中介组织等行为主体积极选择 3R 行为。其中，涉农企业既是大部分农产品的提供者，又是绝大多数污染物的直接生产者，它的行为选择在循环型农业发展中起着举足轻重的作用，是发展农业循环经济的一个重要战略切入点。本书将从经济学的视角研究涉农企业行为如何推进循环型农业的发展，主要包括：

第一，主要介绍本书的研究背景、目的和意义。通过查阅大量文献，分析国内外关于循环型农业及企业行为选择理论的研究动态及发展趋势，在此基础上进一步明确研究方法及本书研究对象的界定，构建研究框架。

第二，相关概念的界定，并确定本书的理论基础。阐述本书对涉农企业、企业行为、循环型农业、3R 原则、农业产业链、农业废弃物等概念内涵的理解，明确本书对这些概念的界定；通过相关概念的准确理解和界定，可以确定本书的研究问题及研究范畴；根据本书涉及的内容，借鉴国外相关领域的理论研究，确定本书的理论基础，包括农业生态经济理论、外部性理论、利益最大化理论、TPB 理论、博弈论等；在此基础上，阐述上述基础理论对涉农企业发展循环型农业行为选择研究的指导。

第三，基于减量化视角，在分析我国涉农企业要素利用现状的基础上，采用数理经济模型演绎推理的方法，对种植业涉农企业在要素投入方面的行为选择进行分析；通过调查问卷以 149 家种植业涉农企业为研究对象，对影响其在减量化投入行为选择的因素进行实证分析和研究。

第四，基于再利用视角，在分析我国涉农企业农业产业链现状的基础上，通过采用数理经济模型演绎推理的方法，对加工业涉农企业在延伸农业产业链的行为选择进行分析；通过调查问卷以 162 家加工业涉农企业为研究对象，对影响其再利用行为选择的因素进行实证分析和研究。

第五，基于再循环视角，在分析我国涉农企业农业废弃物处理现状的基础上，采用数理经济模型演绎推理的方法，对涉农企业在农业废弃物处理方面的行为选择进行分析；通过调查问卷以 149 家种植业涉农企业为研究对象，对影响其再循环行为选择的因素进行实证分析和研究。

第六，在上述分析的基础上，通过问卷调查及模型构建对黑龙江省 39 家龙头涉农企业在循环型农业发展中的行为绩效进行实证研究，分析影响涉农企业行为绩效偏低的影响因素，包括企业规模、技术创新、资源投入及产业布局等。从中概括出可以借鉴的涉农企业基于循环型农业视角的一般规律。

第七，基于博弈理论，对涉农企业与农户、地方政府之间以及涉农企业之间的合作与博弈关系进行了分析，建立合作竞争机制和演化博弈模型，从中发现影响循环型农业发展的关键因素。

第八，根据委托－代理理论，构建地方政府与涉农企业的基于循环型农业的委托－代理模型和涉农企业行为激励模型。在此基础上，对涉农企业在发展循环型农业过程中的激励与约束机制进行设计及优化，从涉农企业的视角加快我国循环型农业的发展进程。

1.5　研究方法和技术路线

1.5.1　研究方法

（1）定性分析与定量分析相结合的方法

关于循环型农业的经济活动不但有质量的规定，还有数量的度量，是质量与数量的结合。因此，在研究基于循环型农业的涉农企业行为选择的课题中，应将定性与定量方法结合起来，如在对影响涉农企业发展循环型农业的因素进行定性分析的基础上，再用实证分析来揭示被隐藏起来的一般规律性，以全面地把握和总结涉农企业行为在循环农业发展过程中外在表象与内在规律。定性与定量分析相结合将贯穿于整个研究之中。

（2）文献综述与实际调研相结合的方法

本书首先对国内外可持续农业、循环经济、循环型农业、涉农企业及企业行为等文献进行梳理和分析，在充分了解国内外研究成果的基础上，重点关注循环型农业及涉农企业行为方面的文献，为本书的研究奠定良好的理论基础。在不同资源禀赋、生产力水平、人力资源状况下，不同国家、地区的涉农企业发展农业循环经济的行为模式不尽相同，单纯从基础理论研究不能获得充分的反映。因此，本书在文献研究的基础上，通过实地调研获得大量统计资料，借助一定数量分析方法，对其行为选择进行描述、分析判断和验证，使研究结果尽可能地翔实。

（3）归纳与演绎推理相结合的方法

归纳是从众多类似的事物或现象中总结共性和规律性的部分；演绎推理就是将归纳出的客观规律运用于事务现象进行分析，从中发现和总结新的规律。在涉农企业行为研究中，必须首先进行仔细地研究，总结出其共性，抽象出一般规律。但是由于不同地区的经济基础、经济环境、所处阶段等均不同，发展循环型农业的一般规律不可能完全照搬，因此必须运用演绎推理的方法，将一般规律与实际情况结合起来，探索符合实际的客观发展规律。

（4）数理经济模型分析法

数理经济模型是指采用数学语言描述经济现象，目的在于通过数学工具对经济问题进行演绎推理，从中得到某种有经济意义的结论。这种方法在揭示事物发展的规律上具有很强的解释力和说服力。本书构建了相关的数理经济模型，包括涉农企业基于减量化、再利用、再循环的涉农企业行为选择模型；涉农企业与地方政府、农户等行为主体之间的博弈模型；地方政府与涉农企业的委托－代理模型等。通过这些数理经济模型的构建，可以描述和揭示涉农企业基于循环型农业的行为轨迹及基本规律。

1.5.2 研究的技术路线

本书技术路线如图 1-2 所示。

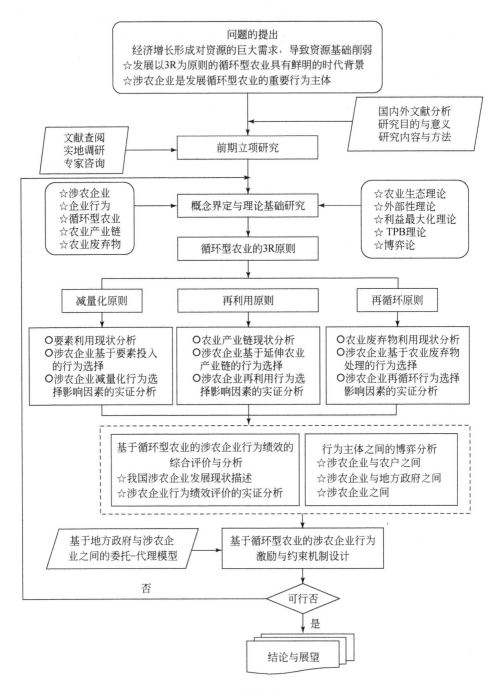

图 1-2 技术路线图

1.6　研究对象的界定及数据来源

1.6.1　研究对象的界定

涉农企业可以从产业结构、社会再生产、组织形式、企业形式和规模等不同的角度进行分类。其中，从产业结构的角度来看，涉农企业广泛涉及第一、第二及第三产业，主要包括农产品生产企业、农产品加工企业、农机具制造业企业、农资企业、农业休闲旅游业企业、农产品流通企业 6 种类型。不同类型的涉农企业，其生产经营范围、企业性质、产品特性、企业的行为选择都具有很大的不同。由于篇幅有限，本书研究的范畴界定在生产和加工类涉农企业，后续的研究中，均以这两类涉农企业为例，通过实地调研对其基于 3R 视角发展循环型农业的行为选择和影响因素进行分析与评价，以获得涉农企业在发展循环型农业过程中的行为优化信息。研究对象进行上述界定，是基于以下考虑：

1）生产类涉农企业是循环型农业产业链的关键一环，是推动农业相关产业发展和壮大的主力军。循环型农业产业链是通过农产品交换和循环利用、要素耦合、产业链接等方式形成相互依存、紧密联系、协调发展的农业产业化网络体系，它的核心环节是种植业、林业、渔业和畜牧业及农产品加工业。2015 年全国主要农作物秸秆理论资源量为 10.4 亿 t，可收集资源量为 9.0 亿 t，畜禽粪便超过 20 亿 t，生产类涉农企业是这两类农业废弃物主要生产者，但利用率不足 60%。秸秆的随处堆放或就地焚烧，既浪费了资源又污染了环境。农作物秸秆和畜禽粪便含有大量的有机物，蕴含着极大的发展前景。

2）加工类涉农企业在循环型农业发展中能够推动农业标准化生产和农业产业链的延伸。加工类涉农企业连接农产品的产前、产后两个市场，一方面可以对农产品形成选择作用，对农户实行农业标准化生产的有效实施有着较好的促进作用；另一方面还可以满足市场逐步增长起来的质量安全需求，具有消费导向作用。因此，这类涉农企业是衔接农户和市场的重要渠道，对有效推动农业标准化生产和提高农产品质量安全起着非常重要的作用。此外，加工类涉农企业能够对各类农产品、林产品、水产品及其加工后的副产品进行成分分析，多级重复和循环利用投入的资源要素，进行系列开发、反复和深度加工，延伸农业产业链，实现不断增值。

3）生产类和加工类涉农企业能够有效地推动区域生态经济的良性循环。这两类涉农企业主要是以生物有机体作为劳动对象，不仅利用自然界，还依据系统内外环境的生态及经济条件来生产各种产品，实施科学化管理、集约化经营，促使农业生态环境的不断改善，并对改善农村土壤结构、保护耕地及农产品的品质和安全等方面都发挥着极其重要的作用。

1.6.2　数据来源

本书所引用数据来源于《中国农村统计年鉴》(2015 年)、《中国统计年鉴》(2004 ~ 2015 年)、《黑龙江垦区统计年鉴》(2015 年)、《2015 年中国水资源公报》、《2015 年中国国土资源公报》、《中国统计摘要》(2015 年)、《中国基本单位统计年鉴》(2015 年) 等。

实证分析运用的数据主要是来自对涉农企业实地调研获取的数据。

(1) 324 家涉农企业的选取原则

研究涉及的区域主要是东北地区的黑龙江省。黑龙江省是全国最大的农业大省之一，截至 2014 年年底，全省已有各类涉农企业近万家。数据来源于 2015 年 2 ~ 5 月开展的一项黑龙江省涉农企业发展循环型农业调查结果所建立的数据库，本次调查涉及哈尔滨、齐齐哈尔、牡丹江、佳木斯、大庆、绥化、七台河、鹤岗、黑河、双鸭山、鸡西、伊春、大兴安岭、农垦总局、绥芬河、抚远 16 个地区的涉农企业，最终回收并有效的问卷分别是种植业涉农企业 149 家、加工业涉农企业 162 家、其他涉农企业 13 家，共计 324 家。

(2) 数据获取方式及内容

确定调查区域，拟定调查方案，具体如下。

1) 确定调研总体。主要以黑龙江省 16 个地区为核心，对影响涉农企业发展循环型农业的行为选择及因素进行分析。

2) 问卷设计。经过多次讨论、调查、测试后定稿。在深入研究相关文献的基础上，将调查内容确定在影响涉农企业发展循环型农业的行为选择及相关因素上，包括涉农企业的自然状况、生产经营状况、科技水平、要素投入、再利用情况、再循环情况、管理层对循环型农业的认知等信息。具体内容包括：

涉农企业的基本状况，包括企业从业人数、实际与设计生产能力、成立时间、所在行业类型、组织形式、注册资金、耕地、占地及厂房面积等信息。

生产经营状况，包括涉农企业年末资产数额、净利润、资产负债率、销售利润率、产值、产量、农业废弃物总量及处理等信息。

涉农企业科技水平情况，包括年度研发费用、新产品产值、新材料投入、科技人员数量、完成的科研项目等信息。此外，还包括涉农企业关于减量化技术、再利用技术、再循环技术的利用情况。

涉农企业管理层对循环型农业相关知识的了解和认知,包括:您知道循环型农业吗?您了解或掌握循环型农业的相关知识吗?您认为有必要发展循环型农业吗?发展循环型农业有助于企业发展和环境保护吗?您的企业发展循环型农业了吗?

涉农企业管理层对当地资源状况及地方政府循环型农业相关政策的满意度,包括:您认为当地资源状况怎么样?当地资源状况能够满足企业生产发展的需要吗?您对企业生产所需的原材料供应状况满意吗?企业生产原材料是就近采购还是远程异地采购?您了解地方政府制订的关于发展循环型农业的政策吗?您对这些政策满意吗?您认为这些政策对发展循环型农业有什么影响?有助于发展循环型农业吗?您认为地方政府还应制订哪些发展循环型农业的政策?

(3)问卷调查范围

在调研涉农企业数量的选取上,依据所在地区 2014 年度农林牧渔业总产值来确定,这样确定主要是考虑到生产产值高的地区涉农企业发展状况也会较好。2014 年度黑龙江省各地区农林牧渔业总产值,分别是哈尔滨 1089.51 亿元、农垦总局 945.74 亿元、绥化 790.76 亿元、齐齐哈尔 516.41 亿元、佳木斯 382.91 亿元、大庆 357.3 亿元、牡丹江 320.28 亿元、黑河 218.38 亿元、双鸭山 180.46 亿元、鸡西 167.90 亿元、伊春 154.95 亿元、大兴安岭 104.27 亿元、鹤岗 50.04 亿元、七台河 41.24 亿元、抚远 28.80 亿元、绥芬河 1.64 亿元[77]。根据上述数据信息,结合笔者掌握的各涉农企业的信息,分别确定各地区调研企业的数量,见表 1-1。问卷具体发放情况是:哈尔滨 56 家,农垦总局 71 家,绥化 47 家,齐齐哈尔 44 家,佳木斯 29 家,大庆 28 家,牡丹江 20 家,黑河、双鸭山、鸡西、伊春各 17 家,大兴安岭、鹤岗、七台河各 13 家,抚远、绥芬河各 6 家,共计 414 家;依据企业规模等自然状况因素来确定调研的具体涉农企业,同时要求被调研企业的选择具有一定的代表性和广泛性;依据涉农企业按产业结构的分类,问卷发放行业的情况是:种植业 194 份、加工业 200 份、其他 20 份,共计 414 份。

(4)建立数据库

调研结束后,整理调研问卷,并及时将数据录入数据库,该数据库即为研究的基础数据。共发出调查问卷 414 份,回收情况为:种植业 167 份、加工业 184 份、其他 16 份,共计 367 份,回收率是 88.65%。在剔除一些遗漏关键性信息与矛盾的信息后,最终得到有效调查问卷 324 份作为本书分析的样本及依据,具体情况是:种植业 149 份、加工业 162 份、其他 13 份,共计 324 份,问卷有效率是 88.28%,见表 1-1。

表1-1 调研区域及问卷发放回收情况

序号	地区	种植业			加工业			其他		
		发放	回收	有效	发放	回收	有效	发放	回收	有效
1	哈尔滨	23	20	19	31	29	24	2	1	1
2	农垦总局	41	38	31	27	26	23	3	3	2
3	齐齐哈尔	22	19	18	20	17	16	2	2	1
4	牡丹江	8	5	5	10	9	9	2	2	1
5	佳木斯	12	9	7	16	14	13	1	1	1
6	大庆	14	12	11	12	10	10	2	1	1
7	绥化	25	23	21	21	19	17	1	1	2
8	七台河	4	3	3	8	7	7	1	1	1
9	鹤岗	6	6	5	6	6	6	1	1	1
10	鸡西	6	5	5	10	10	10	1	1	1
11	黑河	7	5	4	9	8	7	1	0	0
12	双鸭山	8	6	6	8	7	6	1	0	1
13	伊春	8	6	5	8	8	5	1	0	0
14	大兴安岭	5	5	5	7	6	5	1	0	0
15	绥芬河	3	3	2	3	3	2	0	0	0
16	抚远	2	2	2	4	4	2	0	0	0
合计		194	167	149	200	184	162	20	16	13

数据来源：根据调研数据整理。

2 概念界定与理论基础

2.1 相关概念界定

2.1.1 涉农企业

2.1.1.1 涉农企业的概念

关于涉农企业（agriculture-related enterprises）的概念，学者从各自研究的不同视角给出了不同的界定。Davis 和 Goldberg 将农业企业定义为"农业综合企业"，是指以农业生产部门为核心，涉及农业产前部门（农业生产资料的生产与供应）和农业产后部门（农牧产品的加工、保鲜、存储、运输和销售）的企业。在发达的市场经济下，这种农业企业的出现，意味着工商资本已大量渗透到农业领域[78]。Henry 认为农业企业是特指在农业生产领域中，制造、储藏、加工和销售农业生产资料及农牧产品的企业[79]。联合国粮食及农业组织则指出农业企业是"田间"与"餐桌"之间的联系纽带，通过农业生产资料的投入、种养殖、农牧产品的生产、加工、存储、销售等方式把农业与消费者联结起来，是农牧产品价值链非农联系环节。

学术界目前将涉农企业界定为狭义和广义两种解释：狭义的涉农企业即直接进行农业生产的企业，仅包括种植业与畜牧业两大类，是指通过人工养殖与种植，利用动物与植物生理机能，以取得农产品的社会生产部门。广义的涉农企业是针对于光远的"十字形农业"提出的，是指利用包括土地、技术、劳动力、资本、信息等生产要素投入，通过现代化的企业生产经营方式，从事农业生产资料和农牧产品的生产、加工、销售、研发、服务等活动的企业，泛指农、林、牧、副、渔、果、蔬等行业企业，可以理解为所有涉及农业多元化集合的统称[80]。于光远的"十字形农业"，十字中的"一横"是由植物、动物、微生物的生产构成"一字形"大农业，十字中的"一竖"分为上下两截，上面是农业服务业，下面是农产品加工业，如图 2-1 所示。根据大"十字形农业"概念，农业企业包括农业生产企业以及为农业生产提供直接和间接服务的企业。

农
业
服
务
业
植物的生产+动物的生产+微生物的生产
农
产
品
加
工
业

图 2-1　于光远的"十字形农业"

根据国内外学者的研究成果及本书的研究目的，本书将涉农企业界定为：依照组织的一定规律构成的经济实体，它以利润最大化为目的，通过运用土地、劳动、资本、技术等各种生产要素从事农、林、牧、副、渔生产、加工及服务活动的经济组织。随着农业经济与农业产业化的发展，其组织形式也多种多样，主要包括国有农场、公司制涉农企业、家庭农场、农民专业合作组织、股份合作制涉农企业、"龙头企业＋基地＋农户"型、"市场＋农户"型等。从中能够看出，单独的、分散的农户不属于本书研究的涉农企业范畴。

2.1.1.2　涉农企业的分类

涉农企业可以从产业结构、社会再生产、组织形式、企业形式和规模等不同角度进行分类，具体分类如图 2-2 所示。从产业结构的角度来看，涉农企业广泛涉及第一、第二及第三产业。主要包括农产品生产企业、农产品加工企业、农业生产制造业企业、农资企业、农业休闲旅游业企业、农产品流通企业 6 种类型[81]。不同类型的涉农企业，其生产经营范围、企业性质、产品特性、企业的行为选择都具有很大的不同。因为篇幅有限，本书研究的范畴界定在农产品生产和加工企业，以下研究包括涉农企业的特性及实证分析，均以农产品生产和加工企业为例。

2.1.1.3　涉农企业的特性

对于生产类和加工类涉农企业而言，作为内嵌于农业领域的一种组织形式，既具有一般企业所具有的共性特征，也具有农业产业的显著特殊性[82]。

涉农企业的具体特性如下：①生产经营对象的自然性、生命性及有机性。涉农企业的生产对象主要以动植物、微生物等为主，生产形式主要以生产、加工、流通及服务等为主，是自然生命和经济再生产相结合的过程。②面临的自然与市场风险较大。生产经营受自然资源和环境影响较大，生产具有周期性与季节性；同时，涉农企业受农产品较小市场需求弹性、生产与经营不确定性、农业技术壁

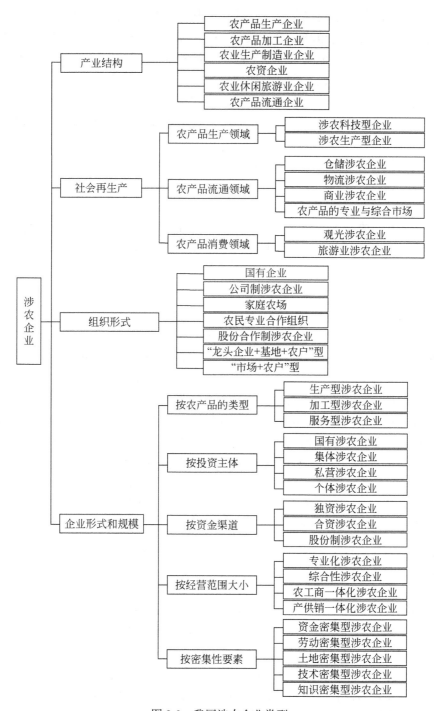

图 2-2　我国涉农企业类型

垒等影响，面临较大的市场风险。③相对于其他行业企业而言，盈利能力相对偏低。由于受上述自然与市场风险的双重影响，以及受生产资料和生产经营对象的易烂变质、不易保存及流通等因素影响，使涉农企业生产成本居高不下。同时，农产品深加工附加值较低，品牌化效应管理弱化，所获得经济利润偏低。④农产品的同质性。大多数农产品以初级产品的形式进入消费市场，使农产品的差异化程度较低，产品同质性较大，直接导致涉农企业生产经营决策的调节手段难度加大，市场竞争激烈[83]。⑤生产与经营管理的复杂性。涉农企业生产经营对象的自然性及经营环境的不确定性、复杂性，使涉农企业的管理和决策行为也十分复杂，较难实现经营管理的程序化和标准化，也很难有效监督农产品的品质，难以形成农业产业化的聚集效应，这些影响因素都直接提高了涉农企业在生产经营、劳动监督、管理决策等方面的复杂性。上述特性影响涉农企业发展循环型农业的行为选择，决定涉农企业不同于其他类型企业发展循环经济的行为选择方式。

2.1.2　企业行为

企业行为（enterprise behavior）这一概念是由美国管理学家西尔特（Cyert）与马奇（March）首次提出，认为企业行为是"对企业的经济决策进行验证与确定过程的一般性理论"[84]。这一理论的形成标志着西方经济学研究的领域从一般均衡分析的厂商论深入到更复杂的企业现实决策研究中去。科尔纳（Kornal）创新性地提出企业是国民经济的基本单位与细胞，用以描述及说明社会主义经济发展中企业所具备的独特行为动机与行为方式，投资饥饿与消费饥饿都是科尔纳关于企业行为的描述[85]。科尔纳关于企业行为理论的提出，是理解社会主义运行的基础，也恰恰对我国改革开放产生长期而重要的影响。这两种企业行为理论，一种是将企业行为从完全追求利益最大化，以达到瓦尔拉均衡的厂商，转变成将企业看作是受内部结构与外部环境相制约的现实经济组织；一种是将企业看作是从完全无人格的生产组织，转变成具有自身追求的经济组织，从两个角度都提出了具体、现实和明确的研究企业行为的要求[86]。

根据本书的研究目的和研究需要，对企业行为做如下界定：企业行为是企业为实现既定自身目标的特定行为，是企业关于外部环境的函数，即企业作为一个再生产活动的实体，环境机制的变化一定会刺激其做出相应和有规律的经济运行反应。我国自然资源、市场与信息资源、人文、技术等禀赋的独特性决定了我国涉农企业行为选择方式具有一定的特殊性。不同类型涉农企业的行为方式，其存在都具有一定的合理性[87]。因此，在研究基于循环型农业的涉农企业行为选择时，应充分考虑其所处的自然环境、经济环境、社会与文化环境等各方面的综合影响，应该将涉农企业行为与农业生产效益放到内部和各种外部环境中进行全盘考虑，这是本书研究的出发点和基本思路。

2.1.3 循环型农业

国外虽然较早就将循环经济的理论应用于农业生产，但都是以生态农业、可持续农业等概念来描述的，并没有提出循环型农业这一概念。而我国的学者对循环型农业的概念虽然进行了积极有益的探讨，但目前尚未有统一且公认的概念界定。但有一种观点是统一的和公认的，即循环型农业是循环经济在农业生产领域的体现及应用。

从生态环境保护的角度，周震峰主张循环型农业要保证将农业生产活动真正纳入农业生态系统的循环中，最大限度地降低对农业生态环境的影响，并最终要实现农业生态环境的良性循环与农业生产的可持续发展[88]；从经济发展与生态环境的关系角度，郭铁民和王永龙认为循环型农业是以绿色 GDP（国内生产总值）核算评估体系为导向，通过建立农业经济的增长和生态环境系统的质量动态均衡机制，将农业生产活动和生态环境系统看作是一个紧密联结的整体，使两者协调、共同发展的新型农业发展模式[89]；从人与经济、资源及环境的关系角度，王树文指出循环农业是一种将循环经济应用到农业生产上的全新策略和理念，遵循人口、经济、资源及环境协调发展的方针，以更少的资源消耗追求更大经济利益、避免更多的环境污染、实现更多劳动力就业的一种先进农业经济发展模式[90]；从发展循环型农业的目标，高旺盛等认为循环型农业是要实现农业系统的自然资源利用效率最大化、购买性资源投入最低化、可再生资源高效循环化、有害污染物最少化目标的农业产业模式[91]；从循环型农业实现的途径角度，尹昌斌等认为循环农业是通过农业技术创新和组织方式的变革，调整及优化农业生态系统的内部与产业结构，延伸农业生态产业链，提高农业系统物质能量的循环利用效率[92]。

本书根据循环经济理论与可持续发展的要求，结合农业生产的特点，将循环型农业界定为：在农业生产、加工及服务等领域应用循环经济理念，以减量化、再利用、再循环为原则，通过清洁生产多层级循环利用自然资源，以维持人与自然的生态平衡、获取绿色农产品的经济体系或生产部门。

2.1.4 3R 原则

循环型农业的生产流程，体现的是一种从"自然资源—农产品—再生资源"的反馈式流程，尽可能地使全部自然资源在这个不断循环往复的流程中得到合理利用，从而使农业生产行为对生态环境产生最小的影响。3R 原则是发展循环型农业必须遵循的核心准则，体现了发展循环经济和循环型农业的基本要求。其中，减量化是输入端的控制准则，旨在减少投入生产及消费过程的物质量；再利用是过程的控制准则，旨在通过延长农业产业链的方式延长农产品及服务的时间强度；再循环是输出端的控制准则，旨在通过将农业废弃物（如秸秆）实现资源化以减少终端污染物的处理量[93]（图 2-3）。循环型农业的发展紧紧围绕 3R 原则，通过自然资源的综合利用，减少资源的使用量，延长使用周期，减少农业废弃物的排弃，以保护生态环境和实现自然资源供应系统的良性循环。

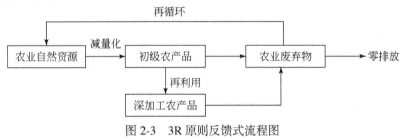

图 2-3 3R 原则反馈式流程图

（1）减量化原则

减量化原则旨在提高农业资源的使用效率，要求从资源投入生产开始，到最终消费为止，在获取、运输、生产、加工、转换、使用的每一个环节上都要减少损失和浪费，在生态环境和社会经济承载力的范围内，以最少的资源消耗获得最大的经济利益。减量化是循环型农业的一个重要原则，主要是指"九节一减"，包括节地、节水、节种、节肥、节药、节电、节油、节柴、节粮、减人，总之就是要最大限度地节省农业投入成本。通过提高资源的利用效率实现"九节一减"，同时通过实现"九节一减"还要降低农业废弃物向自然环境的排弃，既减轻对生态环境的污染，还能够促进对环境污染的治理。减量化原则是发展循环型农业必须遵循的首要原则，它从资源供应的源头就注重绿色能源结构的选择，是再利用和再循环原则的基础。

（2）再利用原则

再利用原则旨在农业自然资源流动过程中增加资源重复利用的频度，延伸农业产业链，提高对资源的综合利用程度，通过不同品位资源的梯级利用系统实现更高的农业资源利用率和严格的排放标准[94]。再利用更主要的是体现通过使用生物及工程等高新技术手段，对各类农、林、牧、渔等产品及其加工后的副产品，通过成分分析研发新产品，进行系列开发、反复及深度加工，不断增值。随着农业产业链的延长，不仅有利于提高农业资源的利用率，还能扩大涉农企业规模，提高盈利能力。

（3）再循环原则

再循环原则旨在农业自然资源供应链上的每个环节所产生的农业废弃物都必须进入资源的再次循环利用中。发展循环型农业，要求农业资源供应链上各要素之间相互联系、作用、促进，各种物流、能流和信息流能够顺畅运行，资源供应链在良好的循环状态下满足农业生产与生活需求，以实现农业的可持续性。在循环型农业发展中，再循环原则要求将农业生产产生的农业废弃物、规模养殖中的畜禽粪便和生活垃圾，通过微生物技术，使其转化成对生产和生活有用的资源，重新回到农业生态系统中去。例如，将农作物秸秆转化成有机肥、秸秆饲料、秸秆汽化、秸秆发电、秸秆乙醇、秸秆建材等多种资源，既提高了秸秆的利用价值和利用率，还为农村提供清洁能源和资源，减少对生态环境的污染。

3R 原则的目的是使农业生产真正实现从源头预防到末端控制的全流程治理，其核心是实现农业自然资源的节约、循环利用和效益增值，最大限度地发挥农业生态系统的社会功能，实现农业生产行为最优化，推进发展可持续农业与优美的农村生活环境，建设中国美丽乡村。本书将分别从 3R 视角，对涉农企业发展循环型农业的行为选择及影响因素进行演绎推理和实证分析。

2.1.5 农业产业链

产业链（industry chain）是一个源于产业经济学的概念，是指在原材料采购、中间产品生产和最终产品配送到消费者手中的整个过程所涉及的各个环节所构成的链条[95]。学术界对农业产业链的广义解释是指涉农企业之间依据产业聚集效应的理论，依照自然生态系统的"食物链"原理，把一些能够形成"上下游"关系的涉农企业进行科学布局并联结起来形成网络化以达到共享资源、互换副产品的目的，组合形成一个类"食物链"系统，发挥循环经济群聚效应。狭义的农业产业链具体来讲是指在单个涉农企业内以初级农产品（如原粮）经过加工后成为成品粮，再继续加工后成为糕点、酒、醋及其他制品；也可以转化为饲料，对肉禽、水产品及其制品等生产产生影响[96]。国内外学者采用供应链、交易成本及产业组织等理论对农业产业链的运行模式、纵向协作、构建方法等进行深入研究。Lambl 和 Beshear[97] 及 Shore 和 Venkatahalam[98] 从不同角度对美国牛肉生产产业链的价格传导和纵向协作问题进行了深入分析；Glassner 和 Gruber 从农业产业链的视角，研究了怎样基于食品与能源构建可持续的农业体系[99]；龚勤林认为农业产业链的构建，一方面是区域内贯通，另一方面是区域间衔接[100]；左两军和张丽娟认为农业产业链涉及农业产前、产中、产后加工、流通和消费等各个环节，即农产品从种植、加工、保鲜直至流通、市场销售等所有环节和整个流程[101]。

根据上述学者的研究及本书研究目的和研究需要，本书将农业产业链界定为：立足于农业优势资源，依托市场运行机制对资源与农产品进行有效配置，对农产品实行系列开发、反复及深度加工，通过不同品位资源的梯级利用系统实现更高农业资源利用率。可见，本书仅对狭义的农业产业链进行研究。一条完善充满活力的农业产业链，不仅有利于提高农业资源的利用率，还能扩大涉农企业规模，提高盈利能力。本书将从再利用视角，对涉农企业在延伸农业产业链的行为选择及影响因素进行深入研究。

2.1.6　农业废弃物

有学者认为农业废弃物（agricultural waste）是某种物质及能量的载体，是一种特殊形态的农业资源。农业废弃物具有空间和时间特性，从空间上看，农业废弃物仅仅是相对于某一环节、对象或方面丧失使用价值，并非在所有环节、对象或方面都失去了使用价值，可以看作是一种"放错位置的资源"；从时间上看，只表示在当前的技术水平及经济条件下是废弃物，但随着时间的推移、技术水平的发展，农业废弃物也将被作为资源而得到再次和深度开发，今天的废弃物有可能就是明天有用资源。

根据本书的研究目的和研究需要，本书将农业废弃物界定为：在农业生产过程中产生的有机类物质，是在农业生产和农村居民生活中的一种产出物或副产物，体现的是农业生产及再生产过程中资源的投入与产出在物质及能量上的差额。

农业废弃物可以按来源和存在的形态划分[102]，如图 2-4 所示。

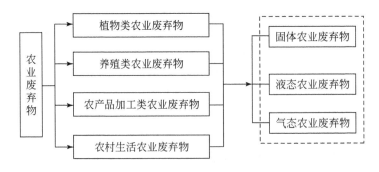

图 2-4　农业废弃物种类及存在形式

按照循环型农业理论，对农业废弃物处置的目标是将废弃物减量化、资源化和无害化处理。作为发展循环型农业的重要行为主体，涉农企业现行的对农业废弃物的处置主要包括自然处置、焚烧处置、分选、分离、回收处置、堆肥还田和填埋处置等方式。涉农企业选择的农业废弃物处理方式必将影响其发展循环型农业的效果和程度。

2.2 理 论 基 础

2.2.1 农业生态经济理论

（1）农业生态经济理论

农业生态经济理论（agricultural ecological economics theory）作为生态经济理论和农业经济理论交叉学科，是生态经济理论的重要分支[103]。Thornton[104]、Costanza[105]、Costanza 等[106]、Barbier 等[107]、Asafu-Adjaye[108] 等认为生态经济学是研究生态与经济部门之间相互作用的学科，该学科以"可持续发展的科学和管理"为研究范畴，关系到当今人类所面临的关于可持续发展、全球变暖等众多紧迫问题。而农业生态经济学从生态经济系统基本矛盾入手，基于结构、功能、效益、平衡与调控角度，揭示出农业生态经济系统运动发展规律，以研究农业经济系统与生态系统间的物质与能量循环、信息传递以及价值增值的一般规律与应用[109]，具有整体性、系统性、综合性、战略性、协调性、持续性、层次性、地域性及动态性等特点。随着社会的进步与经济的发展，农业生产逐步以自然农业为主向农业自然和经济再生产的有机结合转变。为了满足人类日益增长的物质需求以及社会经济发展的需要，人类对自然环境的影响远超过了生态环境系统所能承载的能力，使自然生态系统受到严重的破坏。在这种形势下，形成了农业生态经济理论，即从生态经济理论的视角研究农业经济。该理论是以可持续发展为原则的生态经济学的关键部分，它研究的领域主要是促进农业经济与生态环境的协调发展[110]。与传统的农业经济相比，农业生态经济是一种适于人类长期生存与发展的农业经济模式。

（2）农业生态经济理论对涉农企业行为选择的理论指导

农业生态经济与循环型农业都是一种新型、先进的经济形态，都是建立在经济与生态这一复合理论基础之上，都在于强调正确处理生态、经济和农业之间的关系，都认为物质和能量循环既是自然规律作用的过程，还是经济社会的发展过程，其实质是通过人类的再生产行为与自然界交换物质和能量的过程。

因此，涉农企业在发展循环型农业过程中，一方面，在行为选择时要以农业生态经济理论为指导，以减量化、再利用、再循环为原则，在生产中减少资源与能源的投入，合理利用农业资源；对农林产品进行深度及反复加工，延伸农业产业链；减少农业废弃物的产生，对农业废弃物进行资源化、无害化处理，促进农业经济与自然的协调发展；另一方面，在行为选择时不仅要考虑企业自身利益，还要考虑自然环境的生态化，以可持续发展为核心，根据农业自然生态规律，在自然资源承载力下，逐步实现农业生产行为的生态化转向。总之，农业生态经济理论蕴含着循环型农业的核心要求，构成循环型农业基础理论，也成为涉农企业发展循环型农业的行为选择应遵循的核心理论。

2.2.2 外部性理论

(1) 外部性的内涵

所谓外部性就是某经济行为主体效用函数中的解释变量包含了其他经济行为主体的行为，但该经济主体并未向其他经济行为主体索取补偿或提供报酬。用函数表示即：$F[, j]=F[, j][X(, 1j), X(, 2j), \cdots, X(, nj), X(, mj)](j \neq k)$。这里，$X[, i](i=1, 2, \cdots, n, m)$ 表示某经济主体的经济活动，j 和 k 是指不同的企业或个人。这一函数表明只要某一个经济行为主体 j 的福利受到其本身控制经济活动 $X[, i]$ 的影响，同时也受到其他经济行为主体 k 控制经济活动 $X[, m]$ 的影响，就将产生外部性。外部性可以分为正外部性和负外部性，是一种普遍存在、贯穿于个社会经济发展之中的经济现象[111]，并能够在很大程度上影响企业的生产行为与消费者的生活行为。正外部性与负外部性均不反映在市场价格中，因而将导致经济效率的损失[112]。

(2) 外部性的治理

庇古从另一个视角度提出"外部不经济"的内涵。他认为外部不经济是指由于企业的生产行为导致对其他企业生产成本与费用的增加。同时，庇古认为环境污染具有外部负效应，直接表现在私人与社会边际收益、私人与社会边际成本之间是背离的，在经济学上统称为"市场失灵"，直接导致整个社会呈现出低效率的经济表现。因此，必须由政府对产生外部负效应的企业进行征税而补贴产生外部正效应的企业，这就是著名的"庇古税"（Pigouivain tax）[113]。庇古税可以使企业能够在保持污染水平所缴纳的税收与降低污染减少交税所获得收益之间进行权衡，如果减少污染的成本小于税率，则污染就会减少，直到两者相等时，资源达到有效配置，达到帕累托最优水平。

(3) 外部性理论对涉农企业行为选择的理论指导

涉农企业在发展循环型农业过程中所产生的外部经济和不经济，可以通过征税或补贴的方式，使外部经济或不经济的效应内部化，使得私人边际成本趋近于等于社会边际成本、私人边际收益趋近于等于社会边际收益，并使私人利润最大化的产量等于社会最合意产量，就能实现社会资源最优配置及经济行为的高效率。因此，以外部性理论能够说明发展循环型农业时涉农企业行为改变的原因，即产生成本就要承担，也为政府制订循环型农业的相关政策提供合法性与合理性的解释。

1) 在无政府环境规制条件下，涉农企业污染废弃物排放成本为零，相当于企业可以排放废弃物为无穷大，直接表现为环境污染加重、资源浪费、生产效益低下。这种情况下，涉农企业将过度使用不属于自身的环境和资源，为提高自身福利把本应该由企业自身承担的成本费用转嫁给社会、他人甚至后代，就会形成企业成本低于社会成本[114]。

2) 农业污染废弃物的排放即环境成本可以和劳动力、原材料一样，作为涉农企业投入的第 ($n+1$) 种生产要素[115]。因此，政府可以通过控制排污总量或制订排污的垄断价格来控制污染排放的市场需求量。考虑到资源与环境的天然性、流动性、外部性特征，很难进行产权私有化界定，只能由政府代表社会实施环境的产权，其他任何企业都无法有效行使[116, 117]。外部性的存在在客观上要求发展循环型农业要有政府的介入[118]，以规制和管理农户、涉农企业及中介组织等行为主体的行为；以排污税费与排污权交易等制度，使影响生态环境私人成本社会化向私人成本内部化转变，从而达到降低环境污染、保护农业自然资源的目的[119]。

3) 在具有环境规制的前提下，有利于促进企业将排污性这一负外部性产物予以内部化，一方面进一步刺激企业进行污染治理，另一方面，企业生产趋于规模适度、要素优化配置的状态，此时社会福利实现最大化[120]。

发展循环型农业需要地方政府采取排污收费等行政强制措施[121]。因此，外部性理论为涉农企业发展循环型农业的行为选择研究奠定坚实基础，可以有效地指导地方政府对涉农企业的行为建立相应的激励和制约机制。

2.2.3 利益最大化理论

(1) 利益最大化理论

利益最大化理论（interest maximization）由亚当·斯密在其著名的《国富论》一书中首次提出，指以最少投入获得最大收益。这一理论是基于"理性经济人"

的假设所提出的基本行业准则，也是企业产生行为改变的判定标准。

(2) 该理论对涉农企业行为选择研究的指导和应用

基于利益最大化的考虑，对政府制订的循环型农业政策，涉农企业不一定会全然接受和履行。涉农企业做出的全部行为选择都要进行成本效益分析[122]，这是因为如果涉农企业发展循环型农业，可能会影响及改变企业的成本效益结构。因此，如果没有外力的干预、影响和约束，企业不会主动地选择更大的投入行为来降低或放弃对利润的追求。可通过下列计算进行成本效益分析。

1) 采用经济学的基本范式进行基本假设。涉农企业符合"理性经济人"的假定，即在利润没有提高的前提下，涉农企业不会放弃传统农业生产模式而选择循环型农业发展模式；地方政府未出台关于环境和资源方面的规制，包括通过罚款或补贴等政策解决资源减少、环境恶化等外部性问题；在相同的市场和管理水平条件下，相同的产量所产生的利润是相同的；消费者不会因为涉农企业改变农业生产方式而改变消费偏好；在足够长的一定期限内，涉农企业将持续生产经营，不会破产或转产。

2) 关于计算指标的设定。设涉农企业通过减少资源的投入量而产生的生产成本降低额为 ΔC_1；由于技术研发的投入而产生的生产成本增加额为 ΔC_2；通过技术创新提高生产效率而产生的成本降低额为 ΔC_3，并且在一定时期内保持不变；r 为资金的贴现率，t_n 为涉农企业生产经营的时间阶段。需要说明的是，资源的减量化投入与生产效率的提高必须是在技术研发成功后才能实现。因此，ΔC_2 是在时间节点 t_0 时投入，ΔC_1 和 ΔC_3 是在 t_1 时开始产生，基于技术的寿命周期假设到 t_2 时点结束。为方便起见，时间节点选择在 t_1 时刻，其成本效益分析如下：

ΔC_2 从 t_0 至 t_1 时刻的值为 I_1，则

$$I_1 = \int_{t_0}^{t_1} \Delta C_2 e^{rt} dt \tag{2-1}$$

式中，n 为企业的经营周期。

ΔC_1 和 ΔC_3 从 t_1 至 t_2 时刻的值为 I_2，则

$$I_2 = \int_{t_1}^{t_2} (\Delta C_1 + \Delta C_3) e^{-rt} dt \tag{2-2}$$

如果 $I_1 > I_2$，表明在农产品寿命周期内由于减量化投入和生产效率的提高所产生的成本降低额，不足以抵偿技术研发的投入成本，在这种情况下，涉农企业不会选择循环型农业生产方式；如果 $I_1 < I_2$，表明通过减量化投入和生产效率的提高所产生的成本降低额，大于技术研发的一次性投入成本，使涉农企业利润提高，在这种情况下，涉农企业将选择循环型农业生产模式。

可见，涉农企业行为选择来自于对利益最大化的追求，源于对成本效益结构

分析的结果。根据利益最大化理论，涉农企业通常以改变或者调整其自身生产行为去实现环境规制下的利益最大化[123]。

2.2.4 TPB 理论

（1）*TPB 理论*

美国心理学家 Icek Ajzen 提出的计划行为理论（theory of planned behavior, TPB），认为非个人意志完全控制的行为将受到一系列实际控制条件的影响和制约，包括行为意向、能力、机会及资源等。在充分的实际控制条件下，行为意向可以直接决定行为[124]。用函数表示如下：

$$B = f(\text{BI}) \tag{2-3}$$

式中，$\text{BI} = g(\text{BA，SN，PBC})$；$B$ 为行为（behavior）；BI 为行为意向（behavior intention）；BA、SN、PBC 分别为行为态度（behavior attitude）、主观规范（subjective norm）、感知行为控制（perceived behavioral control）。所有行为都是经由行为意向来间接影响的，而行为意向取决于行为态度、主观规范、感知行为控制 3 个因素，感知行为控制体现的是某行为是否是个人能够控制的感知，行为态度与主观规范体现的是个人执行某一行为的愿望或欲望。

（2）*TPB 理论对涉农企业行为选择研究的指导和应用*

Icek Ajzen 的 TPB 理论主要是用来研究人的行为选择问题的。本书认为涉农企业作为有限的"理性经济人"，是否发展循环型农业，其行为决策取决于涉农企业管理层对发展循环型农业的行为意向，是发展循环型农业行为决策的关键点，而行为意向又取决于涉农企业管理层的行为态度、主观规范和感知行为控制。因此，这里借用 TPB 理论对涉农企业是否发展循环型农业进行分析。其行为选择过程通过图 2-5 进行描述。

图 2-5　行为选择过程

1）行为态度对涉农企业行为选择的影响。涉农企业对发展循环型农业的行为态度是管理层对循环型农业所做出的正面或者负面的评价，也是对未来发展循环型农业所能够产生收益的一种期望或反应。涉农企业作为一个"理性经济人"，如果管理层认为发展循环型农业具有很大的风险或者不确定性，影响现行农业生产模式产生的收益，从一定层面上也反映出涉农企业对未来预期收益的否定，则涉农企业的行为态度就是消极的、负面的——将抵触循环型农业；反之就能够积极发展循环型农业。

2）行为规范对涉农企业行为选择的影响。涉农企业发展循环型农业的行为规范来自于地方政府、中介组织、消费者和其他涉农企业等方面的影响和社会压力，同时也是对涉农企业是否发展循环型农业所形成的一种社会规则。这种规则一旦形成，涉农企业将在规则下做出行为选择。社会规则所体现的是带有强烈色彩的群体意志，某一涉农企业如果违反发展循环型农业的社会规则，将受到来自地方政府、中介组织、其他涉农企业及消费者的抵制和排挤，促使其最终选择发展循环型农业行为。目前我国尚未形成发展循环型农业的有效社会规则。一些地方政府由于注重短期利益，缺乏生态意识和对循环型农业的系统性认识，导致其不重视循环型农业战略规划的设计，形成涉农企业因缺少规制而产生的对发展循环型农业的消极态度。

3）感知行为控制对涉农企业行为选择的影响。涉农企业发展循环型农业的感知行为控制来自于涉农企业管理层对发展循环型农业的信念，以及发展循环型农业的基础设施状况。发展循环型农业的基础设施越好，涉农企业管理层就会表现出对发展循环型农业的信心。目前，我国政府对循环型农业基础设施的投入还很不到位，对循环型农业的发展缺乏有效的资源保障。以国家直接投入农业资金为例，中央政府2001～2005年直接投入于农业基础设施共计2840亿元，其中70%用于重大水利工程建设，11%用于农业综合生产能力建设；2009年农业综合开发投资166亿元，主要用于粮食主产区；2014年安排700亿元加强以水利为重点的农业基础设施建设，与整体需求差距很大。从全国形势来看，即便是循环型农业初见成效地区，也由于财政收入限制难以对循环型农业给予强力的资金投入。此外，涉农企业在资金信贷方面的困难也阻碍着循环型农业的发展，降低涉农企业感知行为控制的概率，以及其发展循环型农业的行为意向。

从上述分析可以得出，由于涉农企业管理层对循环型农业行为态度的负评价，在行为规则上缺少一定的规制及较低的感知行为控制，涉农企业发展循环型农业意向低下，并最终使涉农企业在发展循环型农业的行为上选择否定，这个结果也完全符合涉农企业有限理性的特征。本书将根据 TPB 理论深入地研究和有效地指导涉农企业发展循环型农业的行为选择，推进我国循环型农业的发展进程。

2.2.5 博弈论

（1）博弈论

博弈论是当不同主体之间行为发生相互影响和作用时，采用数学方法研究制定最优化决策，以使自身利益最大化的一种决策方法。其研究目的是寻求博弈现象的规律，以指导人们博弈实践及管理博弈对局，为某个博弈方或者博弈各方谋求最大福利或谋求一个决策均衡[125]。约翰·纳什（John Nash）提出了"纳什均衡"这一重要的基础理论。在博弈论中，假设每个局中人（或称参与人）都是理性的，即他们能够准确地预期其他对手的行为，并在此条件下使自身效用最大化。在局中人理性行为的前提下，参与人合理的策略组合可以由纳什均衡概念加以描述[126]。

博弈论以局中人行动先后顺序划分，包括静态（static game）与动态博弈（dynamic game）；按照某一局中人对其他局中人信息掌握程度划分，还可分为完全信息与不完全信息博弈。表 2-1 概括了 4 种博弈论及其相对应的 4 个均衡概念[127]。

表 2-1 博弈论的分类及其相对应的均衡概念

行动顺序　　信息	完全信息	不完全信息
动态博弈	完全信息动态博弈 （子博弈精炼纳什均衡）	不完全信息动态博弈 （精炼贝叶斯纳什均衡）
静态博弈	完全信息静态博弈 （纳什均衡）	不完全信息静态博弈 （贝叶斯纳什均衡）

（2）博弈论对涉农企业行为选择研究的指导和应用

涉农企业、农户、地方政府与中介组织都是发展循环型农业的重要行为主体。其中，涉农企业与其他行为主体的博弈关系对发展循环型农业具有深远及重要的影响，最为重要的是涉农企业与农户、涉农企业与地方政府以及涉农企业之间的博弈关系。

1）涉农企业与和农户之间。双方在订立契约时的博弈，涉农企业必须激励农户种植绿色农产品，保证在同等条件下种植绿色农产品的农户能够获得更高的报酬，但在完全信息条件下，农户获得的报酬由风险中性的契约来承担风险；同时，农户只是被动地接受涉农企业所给出的契约安排，涉农企业为实现利益最大化，一定会尽可能地压低农户的收益至农户的最低保留效用。双方在履行契约时的博弈，主要针对订单农业在绿色农产品收获时是选择履约行为还是选择违约行为展开博弈，主要是与市场价格、契约价格、违约金的大小及承担违约责任的概率等因素密切相关。

2）在涉农企业与地方政府之间。无论是在完全信息还是不完全信息条件下，双方主要是在政策扶持、技术支持、项目宣传、资金补贴、实施与监督、奖励及惩罚等方面展开博弈行为。涉农企业的行为选择取决于地方政府对清洁生产给予政策支持、减免税收和资金补贴的概率和幅度。

3）涉农企业之间。涉农企业之间的静态博弈，将围绕共同投资、争取政府扶持等方面展开博弈行为，将出现"囚徒困境""智猪博弈""斗鸡博弈"等困局；动态博弈中，一方面可以通过吸引外地涉农企业投资本地循环型农业，与本地涉农企业之间产生竞争，使各自绿色农产品的产量决策相互作用从而产生一个位于竞争均衡和垄断均衡之间的结果；另一方面，由于小规模涉农企业往往根据龙头涉农企业的行为制订自身的产量及生产方式决策，因而选择清洁生产的龙头涉农企业在循环型农业发展过程中，可以起到一个很好的引领和示范作用。

理性的涉农企业在做出某项行为决策之前，都将考虑到其他主体的行为，权衡利弊，综合评价。本书在研究涉农企业行为机理时，将利用博弈理论深入研究基于循环型农业的涉农企业与地方政府、农户之间及涉农企业之间的博弈关系，从涉农企业行为的视角探讨如何加速我国发展循环型农业的进程。

2.3　本书的逻辑分析结构设计

涉农企业发展循环型农业的行为选择与其自身的实力、盈利水平、技术能力、对当地资源的满意度、对循环型农业的认知具有很强的相关性。减量化、再利用、再循环是循环型农业的核心原则。基于3R视角，涉农企业的行为选择及影响因素也不尽相同。因此，为了更好地分析涉农企业发展循环型农业的行为选择及影响因素，本书首先对涉农企业分别在要素投入、延伸农业产业链、农业废弃物处理等方面的现状进行了描述和分析，以期通过外在表象初步探寻影响涉农企业3R行为选择的内在原因，从而为下一步分析做铺垫；其次，对涉农企业围绕3R的行为选择采用数理模型进行了演绎推理，从中得知涉农企业分别在什么条件下能够选择发展循环型农业行为；然后采用调查问卷和Logistic回归分析方法对311家涉农企业影响其行为选择的因素进行实证分析；在此基础上，对涉农企业的行为绩效进行综合评价，结合对涉农企业与其他行为主体之间的博弈分析，构建涉农企业行为的激励与约束机制。逻辑分析结构如图2-6所示。

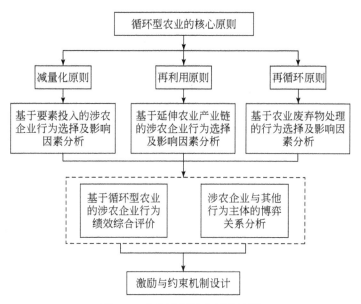

图 2-6　本书的逻辑分析结构图

2.4　概念界定与理论基础评述

　　本章对相关概念和基础理论进行了界定和阐释，并确定了本书的逻辑分析结构框架。首先，本书阐述了对涉农企业、企业行为、循环型农业、3R 原则、农业产业链、农业废弃物等概念内涵的理解，在此基础上根据本书的研究目的和研究需要明确了本书对这些概念的界定；其次，根据本书涉及的内容，借鉴国内外相关领域的研究理论，详细介绍了基于循环型农业的涉农企业行为选择及影响因素的相关基础理论，包括农业生态经济理论、外部性理论、利益最大化理论、TPB 理论、博弈论等，并阐述了这些基础理论对涉农企业行为选择研究的指导和应用，为后续研究奠定了理论基础；最后，构建了本书的逻辑分析结构框架，即分别从 3R 的视角，对涉农企业在要素投入、延伸农业产业链、农业废弃物处理的行为选择及影响因素进行深入的研究，在此基础上，对涉农企业的行为绩效进行综合评价，结合对涉农企业与其他行为主体的博弈分析，从而构建涉农企业行为的激励与约束机制。

3　基于减量化的涉农企业行为选择及影响因素分析

循环型农业的减量化原则，是输入端控制准则，旨在农业生产过程中要减少要素的投入，即实现"九节一减"。因此，对涉农企业行为的调整，必然面临着资源、劳动、资本等要素投入的决策问题。在资本、资源、劳动等要素的约束下，涉农企业可以通过要素投入的调整来选择各自的生产行为。通过提高农业资源的使用效率，在生态环境和农业资源承载力的范围内利用资源，推动循环型农业的发展进程。

3.1　我国涉农企业要素利用现状分析

涉农企业在要素投入方面存在的问题，制约其发展循环型农业的行为选择，影响我国循环型农业的发展水平及效率。

3.1.1　面临日益紧缺的自然资源

日益紧缺的自然资源，尤其是耕地和淡水资源，对涉农企业，特别是种植业涉农企业的行为选择将产生很大的影响。

（1）耕地资源

我国土地资源的基本特征是"三少一多"，即人均耕地面积少、高质量耕地少、可开发后备土地资源少、总量多。我国土地面积人均仅为世界水平的1/3，耕地面积人均仅位于世界第67位。同时，缺乏足够的水源保证、水土流失、干旱退化、严重污染耕地占了很大的比例，导致耕地资源总量和质量呈现逐年降低趋势。据统计，在2014年年底，全国农用地面积总计64 574.11万 hm^2，其中耕地面积为13 505.73万 hm^2、园地面积为1437.82万 hm^2、林地面积为25 307.13万 hm^2、牧草地面积为21 946.60万 hm^2，耕地面积占农用地面积的比例为20.92%，占全部土地面积的比例仅为14.3%，如图3-1所示。根据《中国农村统计年鉴2015》统计，作为涉农企业代表的我国国有农场截至2014年年底共有耕地面积624.27万

hm², 仅占全国耕地面积的 4.6%, 凸显出我国涉农企业耕地面积日益紧张的趋势。

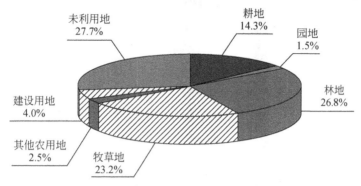

图 3-1　我国 2014 年土地利用现状图

后备资源的现状也不容乐观, 虽然总量达到 2 亿亩[①], 但能够开垦成耕地的只有 1.2 亿亩, 只占 60%, 今后通过后备资源开发补充耕地的容量十分有限。2014 年, 全国因各种原因 (包括建设占用、生态退耕、受灾损毁、农业结构性调整等) 减少耕地面积达到 38.80 万 hm², 与 2009 年相比, 绝对值减少了 60.92hm²。同时, 通过土地整治、农业结构调整等增加耕地面积 28.07 万 hm², 年内净减少耕地面积 10.73 万 hm²[②], 如图 3-2 和图 3-3 所示。

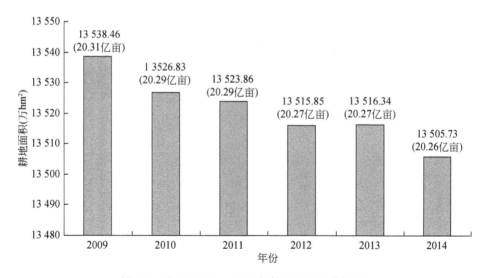

图 3-2　我国 2009～2014 年耕地面积变化情况

---

① 1 亩≈666.67m²。
② 上述数据来源于中华人民共和国国土资源部的《2015 年中国国土资源公报》。

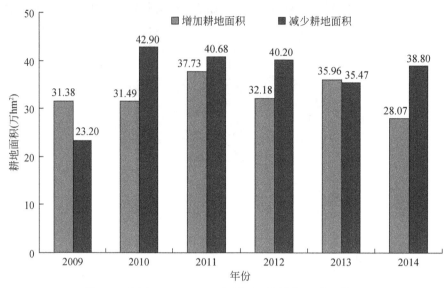

图 3-3 我国 2009 ~ 2014 年耕地面积增加和减少情况

全国土地利用数据预报结果显示[①]，截至 2015 年年末，全国耕地面积为 20.25 亿亩，2015 年全国因各种原因包括建设占用、生态退耕、受灾损毁、农业结构性调整等减少耕地面积达 450 万亩，通过土地整治、农业结构调整等增加耕地面积 351 万亩，年内净减少耕地面积 99 万亩。

同时，2014 年全国耕地质量等别年度更新评价成果显示[②]，优等地、高等地、中等地、低等地总面积分别为 386.5 万 hm^2、3577.6 万 hm^2、7135.0 万 hm^2、2394.7 万 hm^2。2014 年全国耕地平均质量等级为 9.96 等，处于中等地位置，总体质量偏低，2014 年全国各等别耕地质量面积占比情况如图 3-4 所示。

（2）淡水资源

淡水资源储备包括储于地表和地下可供利用的水量，即可供更新的水资源量。据统计[③]，2014 年我国淡水资源总量达到 27 266.9 亿 m^3，比常年值偏少 1.6%，占全球淡水资源总量的 6%，位列世界第 4 位，但人均淡水资源量只有约 2300m^3，仅为世界平均水平的 1/4，是全球人均水资源最贫乏的国家之一；全

---

① 该数据为 2015 年预报数据。
② 全国耕地评定为 15 个等别，1 等耕地质量最优，15 等耕地质量最差。其中，1 ~ 4 等、5 ~ 8 等、9 ~ 12 等、13 ~ 15 等耕地分别被划为优等地、高等地、中等地、低等地。
③ 以下水资源数据来源于中华人民共和国水利部的《2015 年中国水资源公报》。

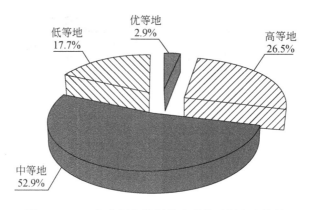

图 3-4　2014 年全国各等别耕地质量面积占比情况

国平均降水量是 622.3mm，与常年值基本持平；全国地表水资源是 26 263.9 亿 m³，折合年径流深是 277.4mm，比常年值偏少 1.7%；地下水资源量是 7745.0 亿 m³，比常年值偏少 4%。2014 年全国总用水量为 6095 亿 m³，其中，生活用水占 12.60%、工业用水占 22.20%、农业用水占 63.50%、生态环境补水（仅包括人为措施供给的城镇环境用水及部分河湖、湿地补水）占 1.70%（图 3-5），可见，农业生产消耗全国可利用水资源的 60% 以上，是水资源最大的使用者，同时，水资源循环利用率比发达国家低 50% 以上。有专家预测，到 2030 年我国单位面积农业产值增长率将因为水资源短缺而比 2006 年降低 2.66%，预示我国的未来农业生产将会面临着水资源的更大挑战。我国水资源分布也存在一定的问题：一是水资源量分布不均，长江及以南地区约占 4/5，广大北方地区只占水资源总量的 1/5，体现南多北少这一主要特征（表 3-1）；二是受季风影响，我国的降水冬少夏多，夏季降水占全年的 60%～80%，并且多水年和少水年等灾害之年连续出现，形成水量的季节和年际变化较大。

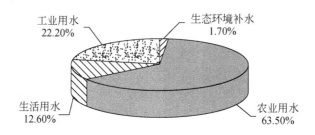

图 3-5　我国 2014 年水资源利用现状图

表 3-1　2014 年我国水资源一级区水资源量

水资源一级区	降水量（mm）	地表水资源量（亿 m³）	地下水资源量（亿 m³）	地下水与地表水资源不重复量（亿 m³）	水资源总量（亿 m³）
全国	622.3	26 263.9	7 745	1 003	27 266.9
北方 6 区	316.9	3 810.8	2 302.5	847.7	4 658.5
南方 4 区	1 205.3	22 453.1	5 442.5	155.3	22 608.4
松花江区	511.9	1 405.5	486.3	207.9	1 613.5
辽河区	425.5	167	161.8	72.7	239.7
海河区	427.4	98	184.5	118.3	216.2
黄河区	487.4	539	378.4	114.7	653.7
淮河区	784	510.1	355.9	237.9	748
长江区	1 100.6	10 020.3	2 542.1	130	10 150.3
其中：太湖流域	1 288.3	204	46.4	24.9	228.9
东南诸河区	1 779.1	2 212.4	520.9	9.8	2 222.2
珠江区	1 567.1	4 770.9	1 092.6	15.5	4 786.4
西南诸河区	1 036.8	5 449.5	1 286.9	0	5 449.5
西北诸河区	155.8	1 091.1	735.6	96.3	1 187.4

注：北方 6 区包括松花江区、辽河区、海河区、莫河区、淮河区、西北诸河区；南方 4 区包括长江区、珠江区、东南诸河区、西南诸河区。

3.1.2　资源投入粗放利用效率低下

长期以来，我国的农业经济发展采用的主要是粗放型经济发展模式。在这种方式下，涉农企业普遍认为环境与资源是自然界赐予的，在产生过程中未付出任何人类劳动，因此是没有价值或价格的，特别是水、空气、自然植物等自然资源的"无价值"观尤其突出。很多涉农企业还认为环境是取之不尽、用之不竭的"无限资源"。在这种"无限"价值观的作用下，一些涉农企业为了追求利益最大化，对自然资源进行掠夺性的开发，表现出资源投入粗放、资源利用效率低下、发展循环型农业意识严重不足。同时以各种方式刺激消费者的消费欲望，扭曲了消费者的消费价值观和消费行为，扭曲的消费价值观和消费行为又促进了以大量消耗自然资源为代价的农业经济发展。此外，很多涉农企业不注重清洁生产，在生产过程中，大量使用化肥、农药及各种添加剂，产生大量的农业废弃物，给生态环境带来沉重的负担。由于天然条件差、人口密度高，尤其是对资源的不合理开发及严重的土壤污染、水土流失、土地沙化、生物多样性破坏等对生态环境的破坏，使我国面临着严重的资源利用和生态环境问题。长此以往，农业生态环境更加恶化，农业资源将加速耗竭，这些都对我国农业及涉农企业的发展形成严重的制约作用。在这种背景下，涉农企业只有发展资源节约型和环境友好型的循环型农业，通过提高农业资源的利用率减少涉农企业发展对农业资源的过分依赖，以打破农业资源价格上涨给涉农企业发展带来进一步的制约和限制。

3.1.3 资本要素短缺制约涉农企业发展

资本是涉农企业比较重要的生产要素，也是比较稀缺的生产要素。涉农企业周期性、季节性生产经营的特点，导致其生产经营缺乏必需的流动资金。此外，涉农企业如果想要扩大生产规模，也必须要有资本投入。因此，无论规模和实力大小，涉农企业对资本的需求都成为一种常态化现象，换言之，资本已经成为涉农企业生产结构中必不可少的重要组成元素。目前，资本短缺制约企业发展是我国大多数涉农企业所面临的具体困难。体制与政策的缺失和不健全是造成资本严重不足的主要原因。我国的农业金融机构由于计划经济衍生出的弊端，产生了高额的不良贷款，经营严重亏损。从 20 世纪 90 年代开始，我国采取了适度从紧的金融信贷政策，金融机构从严控制对企业的贷款，造成涉农企业资本严重不足的现状。国有金融机构的贷款审批和发放过于集中，导致对基层金融机构的贷款发放灵活性和时效性造成一定的制约，不能适应和满足中小涉农企业信贷需求多、频率高、期限短、金额小等特点。此外，地方政府扶持资金不足，使涉农企业能够获得的扶持资金有限，很多企业资本缺口较大，资本运转效率较低，导致涉农企业的抗风险能力降低，不能快速发展。同时，财政对农业支出实行分块管理，每一个农业项目都具有多种资金来源，存在条块分割、各自为政的严重现象，使本来紧张的资本更加无法产生合力，更不利于资本的统筹安排和使用。资本要素短缺已经成为制约涉农企业发展的重要因素。

3.1.4 劳动力素质低下制约涉农企业生产效率提高

知识、技术、信息、管理等因素伴随着市场经济的快速发展，成为重要的生产要素。在现代市场经济发展过程中，尤其是伴随着知识经济时代的到来，具有一定知识、技术和管理知识的劳动力投入对产出贡献所占的比例越来越大。虽然目前我国劳动力呈严重过剩现象，而且随着农业集约化生产经营的进一步发展，在城乡中长期存在的隐性劳动还将以公开化的形式表现出来。这一情况对于涉农企业，特别是一些生产型涉农企业降低劳动力成本具有极大的优势。但是由于这一领域的劳动力素质整体低下，尤其是高知识、高技术人才稀少，低素质劳动力严重制约了涉农企业生产效率的进一步提高。同时，涉农企业对职工的培训和再教育工作重视不够，导致人才培养不能形成有效的机制。事实上，通过涉农企业人员培训提高素质能够形成更高的产品和企业价值。

3.2　基于要素投入的涉农企业减量化行为选择

3.2.1　模型的基本假设与说明

为简化分析，先假设几个前提条件：①涉农企业作为"理性经济人"，是市场经济中的理性行为主体，利润最大化是其目标；②绿色农产品不会影响消费者的消费偏好，即在市场条件与消费者偏好相同条件下，相同农产品产量将带来相同效益；③涉农企业完全根据自身的内部成本效益比较进行生产经营决策，地方政府没有对市场经济运行过程中的外部性问题（如资源环境等）进行任何的经济或行政干预。

3.2.2　受单要素影响的涉农企业减量化行为选择

3.2.2.1　土地要素流动下的涉农企业行为选择

对种植业涉农企业来说，影响收益大小的主要资源要素是土地。为便于分析，假设种植业涉农企业可以采用两种生产方式，一种是循环型农业生产方式，另一种是一般农业生产方式。这两种生产方式分别生产出两种初级农产品，一种是绿色农产品，另一种是一般农产品。

设涉农企业的总收益为 I，I_A、I_B 分别为采取循环型农业和一般农业生产方式所获取的收益，则

$$I = I_A + I_B \tag{3-1}$$

设采取循环型农业生产方式的土地数量、初级农产品的数量、产品价格、成本分别为 E_A、Q_A、P_A、C_A，采取一般农业生产方式的土地数量、初级农产品的数量、产品价格、成本分别为 E_B、Q_B、P_B、C_B。这里，假设 $E = E_A + E_B$。

因为只受土地要素的影响，则有

$$\begin{aligned} I &= I_A(E_A) + I_B(E - E_A) \\ &= [P_A Q_A(E_A) - C_A(E_A)] + [P_B Q_B(E - E_A) - C_B(E - E_A)] \end{aligned} \tag{3-2}$$

对式（3-2）求 I 关于土地数量 E_A 的导数，得

$$\frac{dI}{dE_A}=P_A\frac{dQ_A}{dE_A}-\frac{dC_A}{dE_A}-P_B\frac{dQ_B}{dE_A}+\frac{dC_B}{dE_A} \tag{3-3}$$

假设循环型农业生产方式土地的收益函数是线性的，则涉农企业的收益最大点一定在其边界点上，即 $E_A=0$，或 $E_A=E$。

当 $E_A=0$，涉农企业的收益是

$$
\begin{aligned}
I&=I_A(0)+I_B(E)\\
&=P_BQ_B(E)-C_B(E)\\
&=\left[P_B\cdot\frac{Q_B(E)}{k}-\frac{C_B(E)}{k}\right]\cdot E\\
&=[P_B\cdot AQ_B-AC_B]\cdot E\\
&=AI_B\cdot E
\end{aligned} \tag{3-4}
$$

式中，AQ_B、AC_B、AI_B 分别为一般农业生产方式下的单位土地面积农产品的数量、成本与收益。

同理，当 $E_A=E$ 时，涉农企业的收益是

$$I=[P_A\cdot AQ_A-AC_A]\cdot E=AI_A\cdot E \tag{3-5}$$

式中，AQ_A、AC_A、AI_A 分别为循环型农业生产方式下的单位土地面积农产品的数量、成本与收益。

通过上述计算，如果 $AP_B>AP_A$，则在点 $E_A=0$ 处，涉农企业将其全部土地选择一般农业生产方式，即种植一般农产品，此时，涉农企业可实现利润最大化；如果 $AP_B>AP_A$，则在点 $E_A=E$ 处，涉农企业将其全部土地选择循环型农业生产方式，即种植绿色农产品，此时，涉农企业可实现利润最大化。如果 $AP_B>AP_A$，则涉农企业可以任意组合土地选择两种农业生产方式，根据其需要与偏好，参照其他变量进行选择。在这种情况下，如果循环型农业的理念在涉农企业管理层比较深入，地方政府关于推进实施循环型农业的政策越实际，则涉农企业将选择更多的土地发展循环型农业。

我国现有农村土地分配制度没有明确规定哪些土地须选择循环型农业生产方式。因此，涉农企业主要是依据两种农产品的土地利润率决定生产方式。根据上述计算，土地利润率取决于农产品的平均产量、平均价格及平均成本。目前，从我国循环型农业发展的进程看，绿色农产品的平均价格高于一般农产品，但差异不大；同时，绿色农产品的平均产量低于一般农产品，平均成本却高于一般农产品。在这种情况下，如果在没有外力（如地方政府的干预）作用的条件下，将不

利于土地要素减量化原则的实现。

3.2.2.2 资本直接流动下的涉农企业行为选择

所谓的资本直接流动是指以企业直接投资为载体的资本流动。涉农企业资本直接投资循环型农业有很多的动力因素，获利是其资本直接投资的主要目的，同时扩大企业规模、为本企业产品销售服务、控制被投资方、获得稳定的原材料供应、享受国家各项税收等优惠政策、安排企业富余人员等也是其资本直接投资的动力因素。

企业基于利润最大化的考虑，投资循环型农业必然要求达到一定的利润率。假设当地没有选择循环型农业生产方式的涉农企业，如果外资或外地区的涉农企业在该地投资循环型农业，这种情况下，涉农企业的行为如下：

1) 如果该涉农企业在其他地区投资一般农业行业，不在该地投资循环型农业，设其产生的可能净利润为 I_B，市场的反需求函数 $p = f(a - q)$。式中，a 为市场需求的最大可能值；q 为企业的产量；p 为农产品的市场价格。

2) 如果该涉农企业在本地区投资循环型农业，设该企业的固定成本为 SC(SC > 0)，边际成本为 $c(0 \leq c < a/2)$，交易成本为 $C(c_1, c_2, c_3, c_4)$，其中，c_1、c_2、c_3、c_4 分别为本地区居民循环型农业意识和知识、农户的清洁生产技能、发展循环型农业的基础设施状况、国家或地方政府关于循环型农业的政策和法规等。如果本地区居民循环型农业意识越强、知识越多，农户的清洁生产技能越高，国家或地方政府循环型农业政策法规越完善、越优惠，则涉农企业的交易成本就越低。如果给定上述 4 个条件，就确定了交易成本 $C(c_1, c_2, c_3, c_4)$，则该涉农企业利润 I_A 的方程表达式为

$$I_A = [f(a - q) - c] \times q - C(c_1, c_2, c_3, c_4) - SC \tag{3-6}$$

求利润 I_A 的最大值，对式（3-6）求一阶偏导数得到该企业到本地区直接投资循环开型农业的充要条件是

$$I_A = \frac{2(a - c)}{4} - C(c_1, c_2, c_3, c_4) - SC \geq I_B \tag{3-7}$$

式（3-7）表明，必须保证提高足够的市场需求量 a 及降低交易成本 $C(c_1, c_2, c_3, c_4)$，才能保证吸引更多的涉农企业直接投资本地区的循环型农业。

因此，在本地区还未启动循环型农业或刚刚启动时，从涉农企业直接投资的角度上看，地方政府可以通过实施加大循环型农业宣传、扩大循环型农业生产的绿色无公害农产品的市场需求（即扩大 a）、培训农户清洁生产技能、加大循环型农业基础设施建设、完善循环型农业相关政策和法规、采取给予投资企业一次

性资金补贴或减免税收优惠等途径，减少投资涉农企业的交易成本，提高资本收益率，实现涉农企业资本要素的减量化原则，以吸引涉农企业到本地区投资循环型农业。

3.2.3 受多要素影响的涉农企业减量化行为选择

根据前述内容，涉农企业生产投入的要素包括自然资源（土地、原材料等）、劳动、资本等。涉农企业生产过程的根本是以一定要素投入获得最大产出的过程。

3.2.3.1 对多要素投入下涉农企业生产行为的描述

对种植业涉农企业而言，其生产行为制约于其生产能力。生产行为可以视作一种技术行为，绝不是一个把生产要素简单地组合在一起就能够得到任何想要的产品，将受到企业生产能力的制约。有学者认为生产要素的组合和生产能力的制约是一种"技术约束"（technological constraints）[128]，是指企业只有组合特定的生产要素，才能生产出特定的产品。因此，对于涉农企业而言，必须在可行的技术条件制约下选择可行的生产计划以开展生产活动。在经济学中，对生产计划的描述，有一种简便易行的方式，即可将拟订的生产计划全部列出。详细来说就是罗列出全部可行的、受技术条件制约的生产要素组合及与其对应的全部可能产出。也称这种将可行技术约束条件下的生产要素与产出组合为"生产集"（production set），如图 3-6 中的阴影部分。图中的 x 为投入的生产要素，y 为产出的生产集组合。投入的生产要素是有成本的，那么在给定投入的生产要素下可能实现的最大产出，对企业即是有经济学意义的。图 3-6 显示，所描述的生产集的边界线就是可能实现的最大产出，对应的函数就是企业的生产函数。换言之，生产函数也可以表述为在给定投入的生产要素下所可能实现的最大产出。

在图 3-6 阴影范围内的任何一点，如 $N(x_1, \ y_1')$，都表示为一种可行的要素投入与相应产出的组合，经济学含义是当投入的生产要素为 x_1 时，可以在技术上实现的产出量为 y_1'。但图 3-6 显示，y_1' 不是在投入的要素 x_1 下的最大产出，因此，$N(x_1, \ y_1')$ 不是生产集的边界线即生产函数上的一点。只有和 x_1 对应的生产集边界线上的一点 $M(x_1, \ y_1)$ 才是生产函数上的一点，即 y_1 才是投入的要素 x_1 下的最大产出。

20 世纪 30 年代，美国经济学家查尔斯·柯布（Charles Cobb）与保罗·道格拉斯（Paul Douglas）研究出了著名的柯布–道格拉斯（Cobb-Douglas）生产函数，也称为 C-D 生产函数，即

$$Y = AK^{\alpha}L^{\beta} \tag{3-8}$$

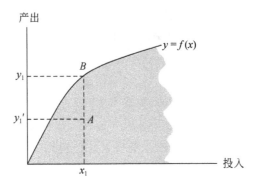

图 3-6　一个生产集的图示

式中，Y、K、L 分别为产出、资本投入、劳动投入；A、α、β 为大于零的参数。该式很好地体现了国民收入与投入的生产要素（包括资本和劳动）的数量关系。

3.2.3.2　多要素投入下涉农企业行为选择分析

根据上述分析，为简化起见，假设选择循环型农业生产方式的涉农企业生产要素只包括土地 (E) 与资本 (K)，则生产函数为

$$Y = f(E，K) = AE^{\alpha}K^{\beta} \tag{3-9}$$

涉农企业利润最大化的一阶条件为

$$f_K = A\beta\left(\frac{E}{K}\right)^{\alpha} = \frac{f(\beta)}{K} \tag{3-10}$$

$$f_E = A\alpha\left(\frac{K}{E}\right)^{\beta} = \frac{f(\alpha)}{E} = E_A \tag{3-11}$$

这里，假设资本为间接流动，则资本的边际收益率为

$$f_K(E, K) = r' + t' \tag{3-12}$$

式中，r' 为资本在积累与消费总体均衡下的既定总额所产生的一般益率；t' 为由中央政府决定的增值税率。因此，r' 与 t' 均为固定值。则有

$$\frac{f(\beta)}{K} = r+t，\text{ 则 } K = \frac{f(\beta)}{r+t} \tag{3-13}$$

$$\frac{f(\alpha)}{E} = E_A，\text{ 则 } E = \frac{f(\alpha)}{E_A} \tag{3-14}$$

将式 (3-13) 与式 (3-14) 相比，则有

$$\frac{K}{E} = \frac{E_A\beta}{(r+t)\alpha} \tag{3-15}$$

式（3-15）表明，涉农企业要实现利润最大化必须使资本与土地保持一定的比值。同时，可以通过资本在两种生产方式间的流动以及土地产出率的调整来实现涉农企业利润最大化。根据对资本和土地求一阶导数得到资本的需求量及土地的产出率。资本的需求量是

$$K = E\left[A\beta(1+t)\right]^{\frac{1}{\alpha}} \tag{3-16}$$

单位面积的土地收益率是

$$e_1 = \left[A_i\alpha^\alpha\beta^{(-\alpha)}(r+t)^{(\alpha-1)}\right]^{\frac{1}{\alpha}} \tag{3-17}$$

式中，r 为资本收益率；t 为增值税率；α、β 为参数。

资本在循环型农业生产方式与一般生产方式间的流转也将带动土地的流转，成为种植业涉农企业利润最大化的条件：

$$\frac{\partial K}{\partial E} = \frac{E[A_i\beta(1+t)]^{\frac{1}{\alpha}}}{E\alpha} = \frac{K}{E\alpha} > 0 \tag{3-18}$$

式中，K 为资本；E 为土地；其余同上。

式（3-18）的经济学含义是，循环型农业生产方式下的土地产出率的提高有利于资本向该生产方式的流转。

作为"理性经济人"的涉农企业，其决策遵循的基本原则是利润最大化。与利润最大化等价的问题是成本最小化。这时，可以将利润最大化等价变为求解成本最小化问题。

假设某采取循环型农业生产方式的涉农企业种植 n 种初级农产品，y_i 为第 i 种农产品的种植数量，p_i 为第 i 种农产品的单价，其中 $i=1,2,3,\cdots,n$；种植这些农产品用 m 种投入要素，x_j 为第 j 种生产要素投入数量，ω_j 为第 j 种投入要素的单价，其中 $j=1,2,3,\cdots,m$。则该涉农企业的利润 I 可以表示为

$$I = \sum_{i=1}^{n} p_i y_i - \sum_{j=1}^{m} \omega_j x_j \tag{3-19}$$

根据上述假设，设种植业涉农企业所投入的生产要素只包括资本、土地，两种生产要素的价格分别为 ω、r，投入的数量分别为 K、E，则在既定产出下求最小成本为

$$\min C = \omega K + rE \tag{3-20}$$

$$\text{s.t. } Q = f(K, E) \tag{3-21}$$

建立拉格朗日函数：

$$L(K, E, \lambda) = \omega K + rE + \lambda[f(K, E) - Q] \tag{3-22}$$

对函数 $L(K, E, \lambda)$ 分别求关于 K、E、λ 的偏导数，并令各偏导数等于 0，得

到一阶条件：

$$\frac{\partial L}{\partial K} = \omega - \lambda \frac{\partial f(K, E)}{\partial K} = 0 \tag{3-23}$$

$$\frac{\partial L}{\partial E} = r - \lambda \frac{\partial f(K, E)}{\partial E} = 0 \tag{3-24}$$

$$\frac{\partial L}{\partial \lambda} = f(K, E) - Q = 0 \tag{3-25}$$

根据式（3-25），使成本最小化的资本 K 和土地 E 的投入应同时满足上述三个方程。将式（3-24）与式（3-25）相比，则得到以下关系：

$$\frac{r}{\omega} = \frac{\dfrac{\partial f(K, E)}{\partial E}}{\dfrac{\partial f(K, E)}{\partial K}} = \frac{\mathrm{MP}_K}{\mathrm{MP}_E} = \mathrm{RTS}_{EK} \tag{3-26}$$

式中，MP_K 为资本的边际产量；MP_E 为土地的边际产量；RTS_{EK} 为技术替代率。

式（3-26）的经济含义是：涉农企业的目标是在既定产量下使成本最小化，达到这一目标的条件是投入的资本与土地要素的边际产量之比等于生产要素价格之比。同时，要想使投入成本最小化，技术替代率（technical rate substitution）一定要等于土地要素与资本要素的价格之比，等于资本要素与土地要素的边际产量之比。

在实践中，土地、资本、劳动等生产要素在企业间的流动，更多地取决于地方政府对循环型农业生产方式公共服务的提供，而且必须提供到一定程度才能引起上述生产要素向选择该生产方式的涉农企业流动。同时，作为资本间接流动主体的各类金融机构的贷款将是发展循环型农业的主要资金来源，地方政府可以通过制订优惠税率或改善循环型农业公共服务作为吸引资本流转的工具，积极促进本地区循环型农业的发展，受惠的将是本地区所有经济行为主体。

3.3 涉农企业减量化行为选择影响因素的实证分析

涉农企业的减量化行为，主要包括"九节一减"，即节地、节水、节肥、节药、节种、节电、节油、节柴、节粮和减人等行为。考虑到种植业涉农企业投入的要素相对较多，包括劳动投入、土地投入、农业用水及用电投入、化肥农药投入、农用机械投入等，故本节对减量化行为选择的实证分析以种植业涉农企业为例进行研究。

3.3.1 影响涉农企业减量化行为选择的因素及假设

影响涉农企业发展循环型农业的因素，一方面包括企业本身状态的影响，也称作组织特征，主要是指企业规模、设备工艺水平、所有制类型、行业类型、盈利状况、资金水平等各方面的特征。国外学者对于企业组织特征的研究主要是从企业规模、地理位置、研发能力、管理者态度及决策者特质等方面进行的[129-131]；另一方面还包括外部环境的影响。具体如下：

（1）企业规模

企业规模包括企业的从业人数、生产能力、资产总额等内容，是影响涉农企业要素投入的重要因素。企业规模大在一定程度上会产生规模经济效益，所以一般来讲其平均成本更低，是影响涉农企业要素投入的客观因素；规模大的企业一般处于领先地位，可以凭借实力优势设立更高的绿色和技术壁垒，从而保持和提高企业自身竞争优势；规模大的涉农企业更易成为政府相关部门监管的对象和社会公众关注的焦点，企业为获得良好的形象与口碑，形成长期竞争优势及提高市场份额，也会积极承担环境责任，从而主动减少资源的投入。本书以资产总额代表样本涉农企业规模，这里假定该变量与减量化投入行为选择呈正相关关系。

（2）组织形式

涉农企业按组织形式分类，分为国有涉农企业（如国有农场）、农民专业合作组织、公司制涉农企业、家庭农场等。国有涉农企业因具有国有的性质，其企业目标除了追求经济利益，将被要求履行更多的资源与环境责任和义务。私有涉农企业则作为"理性经济人"更多地予以利益最大化的考虑，只有能够产生足够的利润才会考虑把发展循环型农业作为企业发展的战略目标。同时，私有涉农企业由于自身资源与实力的制约处于弱势地位，资源与环境责任对私有涉农企业只能是一种硬性约束和服从。一般认为，相对于私有涉农企业，国有涉农企业更倾向于主动选择资源要素投入的减量化行为。

（3）资源要素投入状况

资源要素投入状况是减量化投入行为选择的关键因素。从调研中发现，资源要素投入越多的企业，选择减量化投入行为的意愿越大，这些企业需要通过选择减量化投入行为降低企业生产成本。本书以耕地面积、单位面积农业用电量投入、单位面积化肥投入量、单位面积劳动投入量代表样本企业资源要素投入状况，这里假定上述变量与减量化行为选择呈正相关关系。

(4) 减量化技术

减量化投入主要是要减少资源要素和劳动要素的投入，用较少的物质、能量和资源的消耗取得更多的效果，在源头上尽可能地降低资源消耗，减少环境污染。减量化技术主要是指"九节一减"技术，即节地技术、节水技术、节肥技术、节药技术、节种技术、节能技术、节料技术、节电技术、节粮技术和减人技术等。本章以研发资金投入、研发人员比例代表样本涉农企业的技术能力、以节水灌溉面积比例代表企业的减量化技术水平，这里假定上述变量是减量化投入行为选择的正相关因素。

(5) 利润水平

秦颖等通过研究发现，企业行为与环境绩效之间存在着很强的正相关关系（$r=0.85$，$P < 0.05$），表明企业如果重视环境问题将提高企业整体业绩[132]。新古典经济学理论认为，利润最大化是企业的根本目标，因此，涉农企业在综合考虑要素投入与产出等各方面的因素，能够做出理性的选择[133]，从而决定是否发展循环型农业。可见，利润水平是涉农企业减量化投入的最终驱动力。涉农企业只有证明在环境治理与资源投入中的企业行为能够提高利润的情况下，才有可能主动地发展循环型农业。同时，在实践中，发展循环型农业比较成功的涉农企业，基本上都能够通过减少生产中的资源等要素投入而取得良好的经济效益。在此，本书以净利润代表样本涉农企业的利润水平，这里假定该变量是涉农企业减量化投入行为选择的正相关因素。

(6) 地方政府规制环境状况

地方政府的环境规制对减量化投入起着主导作用。各级政府在循环型农业发展的初期阶段实施的政策法律手段、行政手段及经济手段等能够促进涉农企业在要素方面实现减量化投入。涉农企业在减量化投入方面选择的行为更多地表现为一种对外部压力适应性调整的行为。因此，本书以样本涉农企业管理层对循环型农业的认知、涉农企业管理层对关于减量化投入优惠政策的满意度代表地方政府规制环境状况，这里假定上述两个变量是减量化投入行为选择的正相关因素。

(7) 农业资源环境状况

农业资源环境的约束是促使涉农企业减量化投入的客观因素。我国的环境与资源问题对我国农业以及涉农企业的发展都形成严重的制约作用。在这种背景下，面临着资源短缺及价格上涨，涉农企业只有做到减量化投入，通过提高农业资源的利用率减少涉农企业发展对农业资源的过分依赖，以打破农业资源价格上涨带给涉农企业发展的制约和限制。本书以涉农企业管理层对当地资源状况的满意度代表农业资源环境状况，这里假定该变量是减量化投入行为选择的负相关因素。

3.3.2 涉农企业减量化行为模型建立及变量选择

（1）模型建立

涉农企业在农业生产中是否选择了减量化投入行为，本书假定有两种情况：选择和未选择。本书假定："1= 选择；0= 未选择"。该变量的类型是二分类变量，因此，本书采用 Binary Logistic 模型。运用 Logistic 回归模型分析涉农企业减量化投入选择影响因素的基本原理是：以 Y 作为因变量表示涉农企业是否选择减量化投入行为（$Y=1$ 表示选择，$Y=0$ 表示未选择）；若 Y 与另一个不可观察的变量 V 相关，而变量 V 和自变量 X 有函数关系（β 和 ε 分别表示系数），即

$$V = f(X) = \beta X + \varepsilon \tag{3-27}$$

V 的值决定 Y 是否发生。假设 $Y=1$ 等价于 $V > 0$，$Y=0$ 等价于 $V \leqslant 0$，则 Y 发生的概率为

$$P(Y=1) = P(V > 0) = P(\varepsilon > -\beta X) = 1 - P(\varepsilon \leqslant -\beta X) \tag{3-28}$$

假设 ε 为 Logistic 分布，记概率分布函数为 $f(t)$。则有

$$f(-t) = 1 - f(t) \tag{3-29}$$

可得：$P(Y=1) = 1 - P(\varepsilon \leqslant -\beta X) = 1 - f(-\beta X) = f(\beta X) \tag{3-30}$

则样本选择减量化投入行为的概率为

$$P(Y=1) = f(\beta X) = \frac{e^x}{1 + e^x} \tag{3-31}$$

通过估计样本数据可迭代求出 β 极大似然估计值 β，得到 Logistic 回归模型[134]：

$$\text{Logit}(p) = \ln \frac{p}{1-p} = b_0 + \sum_{i=1}^{n} b_i x_i \tag{3-32}$$

这样，对于每一个 Logistic 模型都将获得一组系数。例如，如果因变量具有 n 个分类，则会得到 $n-1$ 组非零参数。p 与 x_i 之间的数学表达式为[135]

$$p = \frac{\text{Exp}\left(b_0 + \sum\limits_{i=1}^{n} b_i x_i\right)}{\left[1 + \text{Exp}\left(b_0 + \sum\limits_{i=1}^{n} b_i x_i\right)\right]} \tag{3-33}$$

式中，p 为涉农企业选择减量化投入行为的概率；x_i 为影响减量化投入的因子；b_0 为常数项；b_i 为 Logistic 回归的偏回归系数，表示自变量 x_i 对 Y 或 Logit(p) 影

响的大小。

（2）变量选择及说明

根据上述理论分析和假定，考虑数据的可获得性以及变量之间的相关性，本章选取下述变量作为自变量指标。选择的具体变量及变量界定见表 3-2。

表 3-2　涉农企业减量化行为选择模型变量定义

变量名称	代码	变量取值及界定	变量类型	单位	预期方向
减量化投入行为选择	y	选择 =1；未选择 =0	分类变量	—	—
资产总额	x_1	年末资产数额 2 000 万元及以下 =1；2 000 万 ~ 5 000 万元 =2；5 000 万 ~ 10 000 万元 =3；10 000 万 ~ 20 000 万元 =4；20 000 万元以上 =5	分类变量	—	+
组织形式	t_i	i=1，2，3，4			
国有涉农企业	t_1	是 =1；否 =0	虚拟变量	—	+
农民专业合作组织	t_2	是 =1；否 =0	虚拟变量	—	+
公司制涉农企业	t_3	是 =1；否 =0	虚拟变量	—	?
家庭农场	t_4	是 =1；否 =0	虚拟变量	—	?
净利润	x_2	年度净利润 0 以下 =1；0 ~ 200 万元 =2；200 万 ~ 500 万元 =3；500 万 ~ 1000 万元 =4；1000 万元以上 =5	分类变量	—	+
研发资金投入	x_3	按年度实际投入研发资金统计	连续变量	万元	+
研发人员比例	x_4	按年末研发人员占企业从业人数之比计算	连续变量	%	+
节水灌溉面积比例	x_5	按年度节水灌溉面积与耕地面积之比计算	连续变量	%	+
耕地面积	x_6	按年末实际耕地面积统计	连续变量	万 hm^2	+
单位面积化肥投入量	x_7	按年度投入化肥折纯量总量与耕地面积之比计算	连续变量	t/hm^2	+
单位面积农业用电量投入	x_8	按年度农业用电量与耕地面积之比计算	连续变量	万 $kW\cdot h/hm^2$	+
单位面积劳动投入量	x_9	按年末劳动力人数与耕地面积之比计算	连续变量	人 $/hm^2$	+
涉农企业管理层对循环型农业的认知	x_{10}	对企业发展和环境保护不重要的 =1；一般的 =2；很重要的 =3	分类变量	—	+
涉农企业管理层对当地资源状况的满意度	x_{11}	不满意 =0；满意 =1	分类变量	—	-
涉农企业管理层对关于减量化投入优惠政策的满意度	x_{12}	不满意 =1；一般满意 =2；非常满意 =3	分类变量	—	+

注：+、-、? 分别表示该变量对涉农企业行为选择的影响，即分别为正相关影响、负相关影响及影响方向不确定。

3.3.3 涉农企业减量化行为选择模型结果与分析

3.3.3.1 变量的描述性统计分析

表 3-3 给出了主要变量指标的基本描述性统计值。由表 3-3 可知，国有涉农企业的均值为 0.320，共占全部样本涉农企业的 32%，表明这类涉农企业目前是种植业涉农企业比较主要的形式；资产总额和净利润的均值分别是 3.150 和 2.150，表明样本涉农企业资产规模尚可，但平均盈利能力略偏低，可能会对样本涉农企业经营性现金流量产生一定的影响；研发资金投入的均值为 206.830 万元，但极大值是 1797 万元，极小值是 6 万元，企业间在研发资金投入上很不均衡，在调研中发现，大多数的国有涉农企业研发资金投入额度较大，而其他类型的涉农企业在研发资金投入上却显得很吝啬；研发人员比例的均值是 0.010，与高新技术企业技术研发人员占企业全部职工比例不低于 10% 的标准比[①]，具有很大的差距；节水灌溉面积比例的均值为 0.308，但极大值为 0.800，极小值为 0，显示企业间使用新技术情况还很不均衡；单位面积化肥投入量、单位面积农业用电量投入及单位面积劳动投入量的均值分别是 $0.208t/hm^2$、0.089 万 $kW \cdot h/hm^2$ 和 0.411 人 / hm^2，在要素投入上，还有很大的减量化空间；在减量化投入认知方面，显示有 109 家样本涉农企业认为减量化投入对企业发展和环境保护能够起到较大作用，不足 40% 的样本涉农企业认为不会起到作用，调研时发现，这类企业一般为公司制涉农企业和家庭农场；对当地资源状况和地方政府关于减量化投入优惠政策的满意度，超过半数的样本涉农企业是满意的，表明大多数样本涉农企业愿意通过减量化投入行为来发展循环型农业；所有变量指标的方差膨胀因子（VIF）均小于 10，表明各变量之间不存在多重共线性。

表 3-3　涉农企业减量化行为选择模型主要变量描述性统计表

变量指标	全距	极小值	极大值	均值	标准差	共线性
资产总额 x_1	4	1	5	3.150	1.535	1.214
国有涉农企业 t_1	1	0	1	0.320	0.469	6.616
农民专业合作组织 t_2	1	0	1	0.130	0.342	2.703
公司制涉农企业 t_3	1	0	1	0.210	0.407	2.829
家庭农场 t_4	1	0	1	0.080	0.273	1.602
净利润 x_2	4	1	5	2.150	1.281	4.831
研发资金投入 x_3	1792	6	1797	206.830	414.778	1.320

①详见 2016 年施行的《高新技术企业认定管理办法》。

续表

变量指标	全距	极小值	极大值	均值	标准差	共线性
研发人员比例 x_4	0.040	0	0.040	0.010	0.007	1.571
节水灌溉面积比例 x_5	0.800	0	0.800	0.308	0.253	2.391
耕地面积 x_6	18.190	0.010	18.200	2.585	2.860	3.576
单位面积化肥投入量 x_7	0.369	0.032	0.401	0.208	0.053	1.295
单位面积农业用电量投入 x_8	1.773	0	1.773	0.089	0.260	1.433
单位面积劳动投入量 x_9	24.277	0.009	24.286	0.411	2.087	1.108
涉农企业管理层对循环型农业的认知 x_{10}	2	1	3	2.150	0.820	1.962
涉农企业管理层对当地资源状况的满意度 x_{11}	1	0	1	0.510	0.502	1.405
涉农企业管理层对关于减量化投入优惠政策的满意度 x_{12}	2	1	3	2.160	0.789	1.712

注：单位同表 3-2。

3.3.3.2　模型结果与分析

本书采用 SPSS 21.0 对 149 个样本的数据进行 Logistic 回归处理。在处理过程中，采用 Enter 强迫回归方法，即选择全部变量一次性进入回归方程。在表 3-4 中给出了观测量的一些基本的统计信息，观测量共有 149 个，在模型中使用的观测数量为 149 个。

表 3-4　涉农企业减量化行为选择模型观测量基本统计量表

未参加的案例		N	比例（%）
选定案例	包括在分析中	149	100
	缺失案例	0	0
	总计	149	100
未选定的案例		0	0
总计		149	100

注：N 表示观测数量。

根据模型回归结果，从模型系数综合检验表看，取显著性水平为 0.05，根据自由度 df=16 及 Excel 可以得出卡方临界值为 26.296，而模型计算出的卡方值为 163.933，大于临界值，并且相应的 Sig 值为 0.000 小于 0.05，因此，在显著性水平为 0.05 的情况下，模型系数检验通过（表 3-5）；从模型汇总表看，最大似然平方的对数值（−2 log likelihood=41.812[a]，a 为系数）在理论上服从卡方分布，根据上面计算出的卡方临界值 26.296，表明模型的整体性拟合效果较好，因此，最大对数值检验通过。同时，Cox-Snell 拟合优度及 Nagelkerke 拟合优度值分别为 0.667 和 0.891，表明模型中自变量对因变量有很好的解释程度（表3-6）。

表3-5　涉农企业减量化行为选择模型系数综合检验表

项目	Chi-square	df	Sig.
Step	163.933	16	0.000
Block	163.933	16	0.000
Model	163.933	16	0.000

表3-6　涉农企业减量化行为选择模型汇总表

Step	−2 log likelihood	Cox-Snell 拟合优度	Nagelkerke 拟合优度
1	41.812^a	0.667	0.891

经过 10 次迭代过程，最终回归结果见表 3-7。表 3-7 是 Logistic 回归的影响种植业涉农企业减量化行为选择的因素模型估计结果统计表，相关指标包括引入的自变量及常数项的回归方程系数值 (B)、Wald 卡方值 (Wald)、P 值 (Sig.)、自由度 (df)、标准误差 (S.E.) 和似然值比 $Exp(\beta)$。由表 3-6 回归结果看，资产总额、家庭农场、单位面积化肥投入量、对关于减量化投入优惠政策的满意度被剔除模型，而国有涉农企业、农民专业合作组织、公司制涉农企业、净利润、研发资金投入、研发人员比例、节水灌溉面积比例、耕地面积、单位面积农业用电量投入、单位面积劳动投入量、涉农企业管理层对循环型农业的认知、涉农企业管理层对当地资源状况的满意度等变量指标建议进入模型。可得出 Logistic 回归分析模型方程为

$$\begin{aligned}
\text{Logit}(p) = &-34.226+0.444x_1+13.225t_1+9.474t_2+5.125t_3+6.882t_4+3.970x_2+0.003x_3 \\
&+157.334x_4+7.4384x_5+1.408x_6-0.459x_7+4.881x_8-4.534x_9+5.648x_{10} \\
&-2.498x_{11}+0.838x_{12}
\end{aligned}$$

表3-7　Logistic 回归的影响种植业涉农企业减量化行为选择的因素模型估计结果

指标	B	S.E.	Wald	df	Sig.	$Exp(\beta)$
x_1	0.444	0.349	1.622	1	0.203	1.559
t_1	13.225	4.686	7.966	1	0.005***	554 115.028
t_2	9.474	3.681	6.625	1	0.010***	13 014.183
t_3	5.125	2.660	3.712	1	0.054*	168.234
t_4	6.882	5.089	1.829	1	0.176	974.984
x_2	3.970	1.342	8.754	1	0.003***	52.991

指标	B	S.E.	Wald	df	Sig.	Exp(β)
x_3	0.003	0.002	3.286	1	0.070*	0.997
x_4	157.334	91.924	2.929	1	0.087*	2.134×10^{68}
x_5	7.438	3.408	4.763	1	0.029**	1 698.936
x_6	1.408	0.881	2.556	1	0.100*	4.088
x_7	−0.459	7.204	0.004	1	0.949	0.632
x_8	4.881	1.984	6.054	1	0.014**	131.822
x_9	4.634	2.032	5.204	1	0.023**	0.010
x_{10}	5.648	1.381	16.721	1	0.000***	283.626
x_{11}	−2.498	1.296	3.716	1	0.054*	0.082
x_{12}	0.838	0.844	0.987	1	0.320	2.313
常数	−34.226	9.671	12.524	1	0.000***	0.000

*、**、***分别表示回归系数在10%、5%和1%的显著性水平下显著。

根据回归模型，如果模型拟合良好，以 0.5 为最佳判定点，属于实际发生的观测值应该位于概率值 0.5 的右侧，反之则位于 0.5 的左侧。对各项数据进行回代判定，大于 0.5 的判定为选择了减量化行为，反之则判定为未选择减量化投入行为。评价指标的综合运用大大提高了预测的准确性，本书对选择了减量化投入行为的判对概率为 95.0%，对未选择减量化投入行为的判对概率为 92.8%，综合概率为 94.0%，表明全部样本中有 140 个预测正确，9 个预测失败，模型效果良好（表3-8）。

表3-8 涉农企业减量化行为选择模型回归判定结果

观测结果		预测结果		
		Y		预测准确性（%）
		0	1	
Y	0	64	5	92.8
	1	4	76	95.0
综合概率				94.0

具体分析如下：

1)"国有涉农企业"与"农民专业合作组织"这两个变量的 Sig 值分别为 0.005 和 0.010，表明其回归系数在 1% 水平下对减量化投入行为选择具有显著的影响，且 B 值为正，表明这一变量是因变量正相关因素；"公司制涉农企业"Sig 值为 0.054，表明其回归系数在 10% 的显著性水平下对减量化投入行为选择具有显著的影响，B 值也为正，表明这一变量也是因变量正相关因素，但其回归系数均小于"国有涉农企业"和"农民专业合作组织"变量的系数，表明其对因变量的影响程度也要小于这两个变量。研究表明，国有涉农企业和农民专业合作组织管理相对规范，这两类涉农企业能够实现规模化种植、集约化经营，能够实现机械、技术、人才等生产要素的优化配置，经营管理理念先进，除了考虑利益因素，还会主动承担更多的环境和资源责任。

2)"净利润"这一变量的 Sig 值为 0.003，通过了 1% 显著性水平的统计检验，且 B 值为正，显示这一变量对涉农企业减量化投入行为选择具有显著的正向影响，表明涉农企业是否选择减量化投入行为将受到企业利益最大化因素的影响，与前述理论假设一致。问卷结果显示，净利润在 500 万元以上的样本涉农企业共计 28 家，其中 27 家选择减量化投入行为，占 96.43%；净利润为 0 的样本涉农企业共计 64 家，其中选择减量化投入行为的只有 15 家，占 23.44%。涉农企业作为一个"理性经济人"，将根据利润最大化原则指导企业决策、产品生产和销售等行为。当企业利益与环境利益、社会利益发生矛盾时，如果不存在约束机制，不考虑减量化投入对于企业投入产出的影响，涉农企业必然放弃环境与社会利益而追求自身利益。因此，如果能够有助于提高其净利润，则涉农企业将更愿意选择减量化投入行为，将刺激其更好地、更主动地发展循环型农业。

3)"研发资金投入""研发人员比例""节水灌溉面积比例"这三个变量的 Sig 值分别是 0.070、0.087 和 0.029，分别通过了 5% 和 10% 显著性水平的统计检验，表明技术创新是涉农企业选择减量化投入行为的核心支柱，且 B 值为正，与前述理论假设一致。问卷结果显示，节水灌溉面积为 0 的样本涉农企业共计 55 家，选择其他减量化行为的只有 16 家，只占 29.09%；节水灌溉面积比在 30% 及以上的共计 90 家，选择其他减量化行为有 63 家，占 70%。这一数据表明节水灌溉面积比例较大的涉农企业，管理层减量化意识较为深入，这类涉农企业更愿意选择多种减量化行为发展循环型农业。涉农企业技术创新能力的高低决定着减量化投入的可能性与程度。同时，技术创新产生经济效益，这是涉农企业发展技术创新能力的本质所在。涉农企业在减量化投入方面要加大力度研发减量化技术（图 3-7），以减少农业生产中资源和劳动的投入，提高产出效率。

4)"耕地面积""单位面积农业用电量投入""单位面积劳动投入量"这三

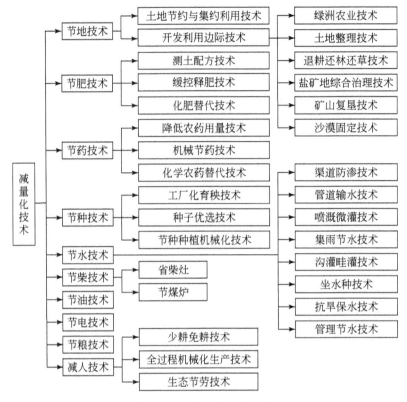

图 3-7　减量化技术分类图

个变量的 Sig 值分别是 0.100、0.014 和 0.023，分别通过了 10% 和 5% 水平的显著性检验，且 B 值为正，与前述理论假设一致。调研情况显示，耕地面积在 1 万 hm² 以上的样本涉农企业有 96 家，其中选择减量化投入行为的有 60 家，占 62.5%；耕地面积在 1 万 hm² 以下的样本企业共计 53 家，其中选择减量化行为的有 20 家，占 37.74%。表明要素投入与涉农企业减量化投入行为选择具有显著的正相关影响。涉农企业的资源和劳动要素投入越大，企业的生产成本就会越高，对企业的利润水平造成很大的负相关影响，企业出于"理性经济人"的思维会有更强烈意愿选择减量化投入行为，通过降低资源和劳动要素的投入，获得利益最大化。

　　5）"涉农企业管理层对循环型农业的认知"这一变量的 Sig 值为 0.000，通过了 1% 显著性水平的统计检验，且 B 值为正，显示受访涉农企业管理层对循环型农业的认知对其选择减量化投入行为具有显著的正相关影响，与前述的理论假设一致。管理层对循环型农业认知度较高的涉农企业，选择减量化投入行为的比例要远远高于认知度较低的企业。在实际测评中发现，回答"对企业发展与环境保护很重要和非常重要"的涉农企业，其选择减量化投入行为的比例为

53.02%；回答"对企业发展与环境保护不重要的"的涉农企业，选择减量化投入行为的仅为0.067%。调研表明，对循环型农业认知较高的涉农企业，其文化精神较为崇高，经营管理理念、价值观、组织结构与管理制度、行为规范等较为和谐一致，这类涉农企业更愿意主动选择减量化投入行为去发展循环型农业，更愿意主动地承担资源和环境责任。

6）"涉农企业管理层对当地资源状况的满意度"这一变量系数 B 值为负，Sig 值为0.054，通过了10%显著性水平的统计检验，表明这一变量与涉农企业减量化投入选择是负相关关系，与前述理论假设一致。问卷结果显示，对当地资源状况满意的有76家，其中选择减量化行为有38家，占50%；对当地资源状况不满意的有73家，选择减量化行为的有42家，占57.53%，这一点验证了这一变量与因变量之间负相关关系的结论。这一结论符合在新古典经济学中企业被看作生产函数的观点。基于利润最大化的考虑，企业必须以最小投入获得最大产出。在生产规模一定的条件下，投入生产的原材料与能源数量与价格决定企业的生产成本。对于较为短缺、价格较高的农业资源，如果继续以传统粗放型的生产方式，包括高消耗、低产出、高污染等来维持经济的高速增长，我国的农业资源短缺状况将更加严重，农业生态环境将更加恶化。同时，这一状况也将对涉农企业的长远发展产生严重的制约作用。由此，在这种农业资源短缺的背景下，涉农企业只有选择减量化投入行为，以提高资源利用率的途径降低对农业自然资源和环境的过分依赖，打破资源价格过高对涉农企业长远发展的制约。因此，涉农企业对资源状况的满意度对减量化投入行为选择发生反向的影响，这与前述理论估计相一致。

此外，"家庭农场""资产总额""单位面积化肥投入量""涉农企业管理层对关于减量化投入优惠政策的满意度"等变量对减量化投入行为选择的影响不显著。从模型估计结果，"资产总额"的 Sig 值 =0.203 > 0.1，对因变量的影响不显著，考虑规模大的涉农企业可能存在资源粗放投入问题，在资源投入模式方面还有待改善；"家庭农场"这一变量的 Sig 值 =0.176 > 0.1，表明家庭农场这一组织形式在减量化行为选择中关注度不够；"单位面积化肥投入量"这一变量的 Sig 值 =0.949 > 0.1，对因变量影响也极不显著，考虑到可能因为化肥投入量的增加确实可能达到增产的效果，因而影响其减量化投入行为的选择；"涉农企业管理层对关于减量化投入优惠政策的满意度"这一变量没有通过显著性水平的检验（Sig 值 > 0.1）。为了刺激涉农企业采用更多的减量投入技术，地方政府会实施一些优惠政策。从回归结果看，"涉农企业管理层对关于减量化投入优惠政策的满意度"不显著，表明这一变量对刺激涉农企业选择减量化技术影响不大。一方面，可能是样本省份的企业优惠政策实现了全覆盖，对涉农企业没有专属政策，因此不能刺激减量化技术的选择；另一方面，样本省份人均耕地面积比较大，涉农企业以农业收入为主，发展减量化技术的成本如果大于刺激优惠政策收益条件下，有限理性的涉农企业还是会选择自身所认定的生产行为和生产方式。

3.4　基于减量化的涉农企业行为选择及影响因素分析评述

本章在我国涉农企业要素利用现状分析的基础上，从减量化视角对种植业涉农企业基于要素投入的行为选择采用数理模型的方法进行了演绎推理，并依据对涉农企业的实地调研数据，以黑龙江省149家种植业涉农企业为研究对象，通过构建 Logistic 回归模型，对影响涉农企业要素投入的因素进行了实证分析，主要结论如下：

研究表明，在单要素投入影响下，土地利润率、资本收益率、劳动工资率的提高都将刺激涉农企业选择减量化投入行为；在多要素投入影响下，涉农企业可以在土地（或劳动）要素与资本要素保持一定比例的条件下，通过实现一定土地利润率或者资本收益率才能选择减量化投入行为，并可以通过资本在循环型与一般生产方式间的流动以及土地利润率、劳动工资率的调整刺激涉农企业选择减量化投入行为，以实现利润最大化。通过对黑龙江省149家种植业涉农企业的实证分析发现，国有涉农企业、农民专业合作组织、公司制涉农企业、净利润、研发资金投入、研发人员比例、节水灌溉面积比例、耕地面积、单位面积农业用电量投入、单位面积劳动投入量、涉农企业管理层对循环型农业的认知、涉农企业管理层对当地资源状况的满意度等都分别通过了1%、5%、10%显著性水平的统计检验，表明上述变量都是影响涉农企业减量化投入行为选择的主要因素，不同因素的影响程度、作用方向各不相同。

4 基于再利用的涉农企业行为选择及影响因素分析

循环型农业的再利用原则，是过程控制准则，旨在利用生物及工程等高新技术手段，对各类农产品、林产品、水产品及其加工后的副产品进行成分分析，多级重复和循环利用投入的资源要素，进行系列开发、反复和深度加工，延伸农业产业链，实现不断增值。在"十二五"规划发展期间，我国提出了以国家投入为导向，构建多元化再利用体系，形成涉农企业资源循环利用、农产品深度加工、清洁生产以及农业产业链的整合，以推动循环型农业的发展进程。

4.1 我国涉农企业农业产业链现状分析

涉农企业在延伸农业产业链方面存在的短窄、利益机制不均衡等诸多问题，制约其发展循环型农业的行为选择，影响我国循环型农业的发展水平及效率。

4.1.1 农业产业链条延伸较短

短且窄是我国农业产业链面临的最重要问题。产业链的长度是从链条的起点到终点环节的多少，中间环节越多，链条就越长；反之亦然。农业产业链的长度与产业开发的深度是正相关关系，因此，延伸农业产业链就是提高农产品的开发深度，增加农产品的附加价值。一条完善的、高级的农业产业链应该是加工环节较多且足够复杂，能够采用现代储运手段，销售渠道完善，各环节的服务与配套健全的网络式链条。我国涉农企业农业产业链的短主要表现为中下游农产品在加工、储存、运输、销售等很多环节发展滞后，几乎还停留在出售初级农产品的阶段，农产品精深加工程度较低。例如，畜产品加工主要以原料及半成品为主，冷冻白条肉、分割肉、白条鸡、鸭及畜禽初级加工产品占主导地位，产品附加值较低。我国初级农产品精深加工产值仅占全部农产品总量的20%左右，与发达国家的精深加工占80%相比还有较大差距。此外，企业间协作配合程度较低。一些企业还盲目存在"大而全"和"小而全"现象，既要组织农产品加工生产，还要负责产品包装、物流配送、营销策划、售后服务等问题，导致专业化生产程度较低，企业综合经营成本较高。同时，还制约了关联配套企业的发展，影响农产品加工业整体水平的提升。通过我国与发达国家之间的农产品加工业与农业之间相关数据的对比可以说明我国农产品的开发深度（表4-1）。

表4-1 我国与发达国家农产品加工业与农业之间相关数据对比

项目	单位	发达国家	中国
农产品加工量占全部农产品的比例	%	80	20
农产品加工业产值与农业产值之比	—	2 :（1～3.7）: 1	1.1 : 1
每亿元农产品加工处理后的附加值	倍	2～4	0.38
食品工业产值与农业产值之比	—	1.5～2	1/3
加工食品占饮食消费总值的比例	%	90	25

数据来源：根据中华人民共和国农业部《2014中国农业发展报告》整理。

从表4-1中可以看出，我国农产品加工业附加值远远低于发达国家的平均水平。此外，我国的玉米、小麦、水稻、大豆等粮食作物加工产品的种类少，超过80%的中小加工类涉农企业产品品种单一，只能生产为数不多品种的农产品，不能形成农产品产业链条及系列农产品的深度开发。加工环节是农业产业链的关键环节，是形成产品附加值的主要环节，农产品的深度研发及生产，农业产业链的延伸及拓宽是扩大资源利用效率、实现涉农企业利益最大化这一企业目标的根本途径。

4.1.2 农业产业链低水平均衡

进入与退出壁垒是影响市场结构的主要因素之一。其中，进入壁垒是指某一新产生的企业在进入某一特定行业时比原有企业需多承受的不利因素（包括多支付的生产成本），如规模经济、行政法规和产品差异化等一系列限制或障碍；退出壁垒是指现有企业退出该市场时发生的违约成本、行政法规限制、信誉损失及成本沉淀等障碍。在整条农业产业链中，一个地区某个行业较低的进入或退出壁垒，市场集中度、产品差异化会较低，一方面，市场竞争性就会很强，可以形成完全竞争的市场局面，使市场结构向着完全自由竞争的趋势发展，从而有利于吸引更多的涉农企业发展循环型农业；另一方面，较低的进入或退出壁垒，造成很多技术水平低、竞争力不强、市场占有率不高的小规模涉农企业过度进入农业产业链中，使市场竞争越趋激烈。同时，假冒伪劣产品时有进入市场，形成波动的农产品质量。过度进入退出壁垒会频繁转换资源，造成低下的资源利用率和生产率，使涉农企业的平均盈利水平较低且很不稳定。我国农村地域幅员广阔、农户居住和生产比较分散、生产经营规模小，2015 年《中国农村统计年鉴》显示，到 2014 年年底，我国拥有 69.1 万个自然行政村，拥有农村人口 61 866 万人，乡村就业人员数为 37 943 万人，普遍存在农户兼业化现象，形成农户进退农业产业链壁垒同样很低，造成其收益很不稳定，农业发展一直在低水平处徘徊。涉农企业与农户是形成农业产业链的基础环节，如果他们的收益很不稳定，将直接导致我国农业产业链始终在低水平处徘徊（图 4-1）[136]。

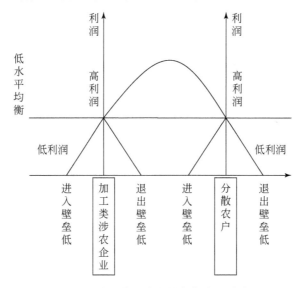

图 4-1　我国农业产业链的低水平均衡

4.1.3　农业产业链行为主体力量不均衡

在整条农业产业链中，分布着多元的经济主体，涉及的市场行为主体包括涉农企业、经销商及农户，且不同经济主体的力量不均衡。农业产业链中力量最薄弱的经济主体是农户。我国农业产业虽然在 20 世纪 80 年代中后期开始有了快速发展，但还像一个由小农业生产者汇集的汪洋大海，不管是种植业户还是养殖业户，都属于小农业生产者的范畴，生产规模小，生产手段初级，经营分散，商品化和专业化程度低，力量薄弱，缺乏与涉农企业讨价还价的能力，其利益诉求无法得到有效应对。农业产业链中最具有实力的经济主体是涉农企业。他们生产规模大、能力强、产值高，还具有丰富的市场经验，是随着市场经济的发展而逐渐壮大起来的，与单个、分散的农户相比，他们处于市场结构的主导地位，因此，涉农企业应对市场变化的经验要丰富很多，并且掌握着实际定价权。经销商是处于涉农企业和农户之间的行为主体。经销商是农业产业链中承上启下的环节，其职能及责任赋予了他们不断强大的力量，使经销商的实力仅次于涉农企业，有的还能够和涉农企业抗衡。产业链中利益协调机制不健全，经济主体地位不对等，在一定程度上阻碍了农业产业链的健康有序发展。因此，要形成一个健康的、均衡的利益协调机制，构建一条健康且有序发展的农业产业链，能够对各经济主体形成激励和约束，以便各方风险共担，利益共享，共同完成价值创造。

4.1.4 农业产业链面临市场失灵与政府失灵

一方面，我国的农业产业链存在"市场失灵"，即在市场经济中存在信息不对称、市场行为主体地位不对等、市场资源配置不合理等问题。市场失灵直接表现为农业产业链不能通过市场竞争提高行业集中度、不能引领农业产业可持续发展等现象。市场竞争不但不能有助于实现经济预期目标，还进一步限制了农业的健康发展，造成日益严重的环境、生态及食品安全等问题。另一方面，我国的农业产业链还存在"政府失灵"，即农业产业发展面临着政府管理的缺失。首先，地方政府对循环型农业定位不准、作用不清、前景不明，缺乏对发展循环型农业的战略规划；其次，农业产业链的运行由多部门监管，包括地方政府、农业、质监、卫生、工商等各个政府部门，造成职责权限不清晰，对农业产业链的发展和运行，各政府部门各行其责，难以产生统一的联结机制，难以整合产业链中的各类优势资源；最后，我国农业产业链运行管理的相关法律法规也很不健全，现行的关于农业的法律法规在实践中突显局限性，产生监管漏洞、惩处乏力等一系列问题。市场失灵和政府失灵，两者如果同时发生，整条农业产业链的困境将越来越深化。

2016年中央一号文件提出，"推进农业供给侧结构性改革，加快转变农业发展方式，保持农业稳定发展和农民持续增收，走产出高效、产品安全、资源节约、环境友好的农业现代化道路"。同时，"推动农产品加工业转型升级。加强农产品加工技术创新，促进农产品初加工、精深加工及综合利用加工协调发展，提高农产品加工转化率和附加值，增强对农民增收的带动能力。加强规划和政策引导，促进主产区农产品加工业加快发展，支持粮食主产区发展粮食深加工，形成一批优势产业集群。开发拥有自主知识产权的技术装备，支持农产品加工设备改造提升，建设农产品加工技术集成基地。培育一批农产品精深加工领军企业和国内外知名品牌。强化环保、能耗、质量、安全等标准作用，促进农产品加工企业优胜劣汰。完善农产品产地初加工补助政策。研究制定促进农产品加工业发展的意见。"

由此可见，我国农业发展正在经历着转变观念的关键时刻，注重质量和效率是农业发展尤其是农业深加工行业亟待解决的问题。过去单纯片面追求产量的生产方式与当下面临的农业发展形势之间存在尖锐的冲突。我国是一个农业大国，每年的农产品产量非常可观，但受多种原因的影响，农产品大多以初级或原产品形式消费或出口，产品附加值低，循环型农业再利用意识远远不足。涉农企业和农户出于利益最大化的考虑，对环境和资源保护考虑较少，还远远没有认识到循环型农业再利用的经济价值、环境价值和社会价值。因此，如何开拓、调整农业再利用结构、如何对农产品深加工再利用、如何有效提高农业供给体系的质量及效率，已经上升到我国循环型农业提质、增效的战略部署。

4.2 基于农业产业链的涉农企业再利用行为选择

再利用原则主要是指利用高新技术，使农业投入生产要素以及农产品等资源在农业生产中反复及深度使用，旨在延伸农业产业链，减少资源消耗，最大可能地提升农产品资源利用效率，提高经济与生态效益。涉农企业再利用行为，主要包括生物链循环行为、精深加工行为和包装物回收利用行为。在涉农企业再利用行为选择的过程中，中央和地方政府都发挥着独特的不可替代作用，尤其是在深加工技术创新方面，政府更是作为特殊主体扮演着重要角色。政府除了关注农业、涉农企业及农民的经济效益外，在微观层面更关注涉农企业再利用行为过程中发挥的效率水平、农产品加工产业链的构成、农产品质量安全、生态环境保护及可持续发展等方面的新问题。在对涉农企业发展再利用技术刚性制约下，地方政府对涉农企业增产和再利用需求将长期存续，且能够始终置于优先突出地位。地方政府还履行农产品深加工技术创新要素的供给职能，为了避免"市场失灵"，这一职能必须由地方政府或涉农企业或两者共同承担，否则，再利用技术创新无法顺利实现。基于这一考虑，本节主要从涉农企业与政府之间的行为关系来分析涉农企业再利用的行为选择。

4.2.1 受单要素影响的涉农企业再利用行为选择

（1）模型的基本假设与说明

农业产业链延伸的关键环节与因素是技术创新，再利用技术包括了精深加工技术、生物链循环技术、包装物回收利用技术等。这里仅就在地方政府导向下的技术创新这一因素对涉农企业再利用行为选择进行分析。假设地方政府和涉农企业是农业经济中的两个部门，双方都本着利益最大化原则，地方政府是公共利益最大化的代表，涉农企业是自身利益最大化的追求者。假定在地方政府和涉农企业之间存在一种契约关系，即地方政府以委托人的身份，委托涉农企业在再利用过程中，最大限度地发挥涉农企业农产品深加工和包装物回收的优势。在地方政府和涉农企业都是风险中性的条件下，涉农企业作为代理人在政府的监督下选择再利用行为并获得二次收益。

假设涉农企业再利用行为选择包括两种形式，一种是"保守型"，另一种是"激进型"，以 H 表示涉农企业再利用行为选择的战略类型，H_1 和 H_2 分别表示"保守型"和"激进型"的战略类型；以 q 表示涉农企业再利用行为中深加工所排放的农业废弃物数量，q_1 和 q_2 分别表示"保守型"和"激进型"两类涉农企业的农业废弃物数量；以 c 来表示涉农企业再利用行为选择及减排成本费用，c_1 和 c_2 分别表示"保守型"和"激进型"两类涉农企业减排成本。相对于"保守型"涉农企业而言，"激进型"涉农企业再利用成本更高，令 $0 < c_1 < c_2 < 1$，则 $\Delta c = c_2 - c_1$。

(2) 受单要素影响的涉农企业再利用行为选择

地方政府无法逐一检测涉农企业再利用行为选择的战略类型，也无法具体检测出涉农企业再利用成本费用的具体数值。因此，基于此种信息不对称情况，设置相应的惩罚约束机制是必需的。而在实际生产中，涉农企业可以在事前向地方政府申报战略类型 H_1，所产生的农业废弃物为 q_1，如果事后诚实履约，那么该涉农企业就不会遭受惩罚；涉农企业还可以在事前向地方政府申报战略类型 H_2，再利用环节所产生的农业废弃物排量为 q_2，如果事后也如实履约，那么涉农企业也不会受到惩罚，这两种情况还能够得到地方政府的补贴，以 t 表示；但如果涉农企业事后爽约，即实际排放的废弃物大于 q_1 或 q_2，则地方政府将以概率 p 对涉农企业进行检查，如果发现涉农企业申报类型与实际生产不符，就会对涉农企业进行惩罚，以 F 表示（表4-2）。

表4-2　涉农企业再利用行为选择战略类型表

战略类型	H_1	H_2	H_2	H_2
行为选择 / 概率	q_1	q_2	q_1, p	$q_1, 1-p$

地方政府与涉农企业的期望效用值分别以 EU_T 和 EU_A 表示，地方政府与涉农企业将发生如下的行为关系：一是作为委托人，地方政府首先向涉农企业提供契约供其选择，如果对方拒绝，则两者的行为关系结束，双方都能够得到各自的保留效用。这里将两者的保留效用都标准化为零；二是涉农企业可以在事前向地

方政府申报再利用行为选择的战略类型,如果一旦涉农企业爽约,即未实施之前申报的战略类型,则地方政府不向涉农企业提供补贴。

这里假设:地方政府的期望效用值是

$$\max EU_T = 1 - t \tag{4-1}$$

涉农企业的期望效用值是

$$\max EU_A = 1 - c_2 + t \tag{4-2}$$

假设以下条件成立:

$$\begin{cases} 1 - c_2 + t \geqslant 1 - c_1 \\ 1 - c_2 + t \geqslant 1 - c_1 + t - p \cdot F \\ F \leqslant 1 - c_1 + t \end{cases} \tag{4-3}$$

根据上述假设建立的约束条件是

$$\text{s.t.} \begin{cases} 1 - c_2 + t \geqslant 0 \\ 1 - c_2 + t \geqslant 1 - c_1 + t - p \cdot F \\ F \leqslant 1 - c_1 + t \end{cases} \tag{4-4}$$

根据目标函数和约束条件,构造拉格朗日方程

$$L = 1 - t + \lambda_1 (1 - c_2 + t) + \lambda_2 (t - \Delta c) + \lambda_3 (p \cdot F - \Delta c) + \lambda_4 (1 - c_1 + t - F) \tag{4-5}$$

对函数 L 分别求关于 t、F、p 的偏导数,并令偏导数等于零:

$$\frac{\partial L}{\partial t} = \lambda_1 + \lambda_2 + \lambda_4 - 1 = 0 \tag{4-6}$$

$$\frac{\partial L}{\partial F} = p + \lambda_3 \cdot p - \lambda_4 = 0 \tag{4-7}$$

$$\frac{\partial L}{\partial p} = \lambda_3 \cdot F = 0 \tag{4-8}$$

根据同理,当 $\lambda_i > 0$ 时,相应的约束条件取等号;当 $\lambda_i = 0$ 时,相应的约束条件自动满足。假设:$\lambda_i > 0$,则约束条件可整理为

$$\begin{cases} 1 - c_2 + t = 0 \\ t - \Delta c = 0 \\ p \cdot F - \Delta c > 0 \end{cases} \tag{4-9}$$

根据上述计算可以得到

$$1 - c_1 + t - F = 0 \tag{4-10}$$

$$t = c_2 - 1 \tag{4-11}$$

$$p \cdot F > \Delta c \tag{4-12}$$

$$\Delta c = F \tag{4-13}$$

p 是地方政府对涉农企业废弃物排放情况检测的概率，且 $0 < p < 1$，则式（4-12）与式（4-13）矛盾。因此，令 $\lambda_1 = 0$，$\lambda_2 = 1 - p$，则地方政府给予涉农企业诚实守信的信息租金临界值是

$$t^* = \Delta c \tag{4-14}$$

地方政府给予涉农企业爽约的惩罚临界值是

$$F^* = \frac{\Delta c}{p} < 1 - c_1 + t^* = 1 - c_1 + \Delta c \tag{4-15}$$

根据上述数理模型的演绎推理可以得出，在涉农企业掌握再利用行为选择过程中的深加工信息而地方政府难以获取和识别此信息时，地方政府可以通过在再利用行为选择过程前后应用审核与惩罚的机制，以刺激涉农企业再利用行为选择过程中真实数据的诚实申报。如果涉农企业对选择再利用行为的期望效用大于其保留效用，则将获得正相关的涉农企业行为。这是由于，基于再利用外部性客观属性下，涉农企业在事前选择战略类型有时会偏向"保守型"。为刺激企业选择"激进型"，地方政府以补贴科技创新的形式弥补涉农企业选择再利用行为的成本差异。这种以补贴形式既可以是现金，也可以通过"声誉"机制的建立，使"激进型"涉农企业形成良好的声誉，提高其再利用行为选择的进程效率。目前，这种以"声誉"机制补偿的方式在涉农企业再利用行为选择上具有得到推广与加强的趋势。

4.2.2　受多要素影响的涉农企业再利用行为选择

(1) 模型的基本假设与说明

受多要素影响的涉农企业再利用行为选择过程是一种寻觅委托－代理与要素多样化的涉农企业技术创新模式体系。在体现高效且富有活力的涉农企业再利用体系中需要多元化主体的参与、合作与竞争共生，同时要改进地方政府主导的涉农企业再利用技术创新模式。与单要素影响涉农企业再利用行为选择过程不同，多要素影响涉农企业再利用行为选择过程中，社会福利最大化的追求者是中央政府，而不是地方政府。这里假定：①涉农企业、中央与地方政府都是"理性经济人"，中央、地方政府与涉农企业之间存在一种契约关系，中央政府在宏观上调控并指导涉农企业再利用行为选择过程，还会考核地方政府绩效。受托人涉农企业在再利用过程中选择深加工、包装物回收利用等延长农业产业链行为。②作为两者的中间人，地方政府受中央政府委托，一方面监督涉农企业再利用行为选择，另一方面获得中央政

府的报酬（或者称为分成），以 a 表示。③在地方政府的监督下，涉农企业作为代理人选择深加工行为以获取经济剩余，对涉农企业而言，其选择的战略类型与委托-代理模型中的假设相同，但涉农企业可能与地方政府合谋，即私下签订一个非正式契约，规定如果涉农企业申报为"激进型"战略，但实际减排量又高于"激进型"要求，则需向地方政府"贿赂"，以 k 表示。④假设涉农企业谎报战略类型而不被中央政府发现的收益是不同战略类型涉农企业的成本差异与政府补贴之和。⑤如果中央政府发现涉农企业与地方政府之间存在贿赂合谋行为，则将对涉农企业处以惩罚，以 F_A 表示，同时也将对地方政府予以惩罚，以 F_S 表示。

（2）受多要素影响的涉农企业再利用行为选择

地方政府的期望效用值是

$$\max \mathrm{EU_T} = 1 - t - a \tag{4-16}$$

涉农企业的期望效用值是

$$\mathrm{EU_A} = 1 - c_2 + t \geq 0 \tag{4-17}$$

根据假设说明可得

$$\left\{ \begin{array}{c} 1 - c_2 + t \geq 1 - c_1 + t - k\,(\Delta c + t) - p \cdot F_A \\ a + k\,(\Delta c + t) - p \cdot F_S \leq a \\ 1 - c_1 + t - k\,(\Delta c + t) \geq F_A \\ a + k\,(\Delta c + t) \geq F_S \end{array} \right\} \tag{4-18}$$

根据上述假设建立约束条件是

$$\mathrm{s.t.} \left\{ \begin{array}{c} 1 - c_2 + t \geq 0 \\ 1 - c_2 + t \geq 1 - c_1 + t - k\,(\Delta c + t) - p \cdot F_A \\ a \geq a + k\,(\Delta c + t) - p \cdot F_S \\ F_A \leq 1 - c_1 + t - k\,(\Delta c + t) \\ F_S \leq a + k\,(\Delta c + t) \end{array} \right\} \tag{4-19}$$

根据目标函数和约束条件，构造拉格朗日方程是

$$L = 1 - t - a + \lambda_1\,(1 - c_2 + t) + \lambda_2\,(k \cdot \Delta c + k \cdot t + p \cdot F_A - \Delta c) + \lambda_3\,[\,p \cdot F_S - k\,(\Delta c + t)] + \lambda_4\,[1 - c_1 + t - k\,(\Delta c + t) - F_A] + \lambda_5\,[a + k\,(\Delta c + t) - F_S] \tag{4-20}$$

对函数 L 分别求关于 t、a、F_A、F_S 的偏导数，并令偏导数等于零：

$$\frac{\partial L}{\partial t} = \lambda_1 + k\,(\lambda_2 - \lambda_3 + \lambda_5) + \lambda_4(1 - k) - 1 = 0 \tag{4-21}$$

$$\frac{\partial L}{\partial a} = \lambda_5 - 1 = 0 \tag{4-22}$$

$$\frac{\partial L}{\partial F_A} = \lambda_2 \cdot p - \lambda_4 = 0 \tag{4-23}$$

$$\frac{\partial L}{\partial F_S} = \lambda_3 \cdot p - \lambda_5 = 0 \tag{4-24}$$

得到

$$\lambda_3 = \frac{1}{p} , \ \lambda_5 = 1 \tag{4-25}$$

如果假设 $\lambda_4 = 0, \lambda_2 = 0, \lambda_1 = 1 + k\left(\frac{1}{p} - 1\right) > 0$ ，则可将式（4-19）的约束条件整理为

$$\left.\begin{array}{c} 1 - c_2 + t = 0 \\ k \cdot \Delta c + k \cdot t + p \cdot F_A - \Delta c > 0 \\ p \cdot F_S - k(\Delta c + t) - F_A = 0 \\ 1 - c_1 + t - k(\Delta c + t) - F_A > 0 \\ a + k(\Delta c + t) - F_S = 0 \end{array}\right\} \tag{4-26}$$

根据式（4-26）可以得到 $\qquad t = c_2 - 1 \tag{4-27}$

$$k \cdot \Delta c + k \cdot t + p \cdot F_A > \Delta c \tag{4-28}$$

$$\Delta c > k(\Delta c + t) + F_A > k(\Delta c + t) + p \cdot F_A \tag{4-29}$$

同时得到：$\lambda_2 > 0$，$\lambda_4 > 0$，$\lambda_1 > 0$。如果假设 $\lambda_1 = 0$，$\lambda_2 = 1 - p$，则可将式（4-19）的约束条件可整理为

$$\left.\begin{array}{c} 1 - c_2 + t = 0 \\ k \cdot \Delta c + k \cdot t + p \cdot F_A - \Delta c > 0 \\ p \cdot F_S - k(\Delta c + t) - F_A = 0 \\ 1 - c_1 + t - k(\Delta c + t) - F_A > 0 \\ a + k(\Delta c + t) - F_S = 0 \end{array}\right\} \tag{4-30}$$

根据式（4-30）可以得到 $\qquad t = c_2 - 1 \tag{4-31}$

$$k \cdot \Delta c + k \cdot t + p \cdot F_A = \Delta c \tag{4-32}$$

显然式（4-32）与式（4-29）矛盾，故解得

$$\lambda_1 = 0, \lambda_2 = \frac{1}{p} , \ \lambda_4 = 1, \ \Delta c = k(\Delta c + t) + F_A > k(\Delta c + t) + p \cdot F \tag{4-33}$$

因此，能够受到中央政府因涉农企业与地方政府合谋行为给予两者惩罚的临界值分别是

$$F_A^* = \frac{k(1 - c_2) + \Delta c\,(1 - k)}{k + p(1 - k)} \tag{4-34}$$

$$F_S^* = \frac{\Delta c}{p} - F_A^* = \frac{\Delta c}{p} - \frac{k(1 - c_2) + \Delta c\,(1 - k)}{k + p(1 - k)} \tag{4-35}$$

中央政府给予涉农企业诚实守信信息租金的临界值是

$$
\begin{aligned}
t_S^* &= \left(\frac{1}{k} - 1\right)\Delta c - \frac{p}{k} \cdot F_A^* = \left(\frac{1}{k} - 1\right)\Delta c \\
&\quad - \frac{p}{k} \cdot \left[\frac{k(1 - c_2) + \Delta c\,(1 - k)}{k + p(1 - k)}\right] < \Delta c
\end{aligned}
\tag{4-36}
$$

中央政府给予地方政府分成的临界值是

$$a^* = (1 - p)F_S^* = \frac{(1 - p)\Delta c}{p} - \frac{k(1 - c_2) + \Delta c\,(1 - k)}{k + p(1 - k)} \cdot (1 - p) \tag{4-37}$$

由上述模型的演绎推理可以得出，中央政府对涉农企业再利用行为选择过程中的深加工检测力度越大，涉农企业能够得到补贴机会就越小，提供给地方政府的财政剩余索取权就越小，对涉农企业和地方政府的惩罚也将随之减少。这是因为检测力度加大意味着涉农企业信息不完全的状况将得到改善，中央政府进一步降低依赖地方政府监管涉农企业行为，涉农企业获得的信息租金也将降低。因此，涉农企业再利用行为选择过程中可以选择加大企业并购行为，将企业规模做大做强；降低再利用行为选择过程中的投入成本，加快推广精深加工技术，以便掌握再利用行为选择过程中控制自身企业行为的能力；由于"激进型"和"保守型"涉农企业的成本差异是再利用行为选择过程中构成涉农企业产业链升级的重要原因，因此，涉农企业的再利用行为选择成本差异越大，中央政府向地方政府和涉农企业支付的信息租金就越高，表现在对地方政府的分成比例和给予涉农企业补贴的提高。

4.3　涉农企业再利用行为选择影响因素的实证分析

涉农企业的再利用行为，主要包括生物链循环、农产品精深加工、包装物回收利用等行为。考虑到再利用原则对各类农林产品进行系列开发、反复和深度加工，可以看出再利用行为更多地表现在农产品加工环节。因此，本节实证分析以加工类涉农企业为例进行研究。

4.3.1 影响涉农企业再利用行为选择的因素及假设

（1）资产总额

资产总额在一定程度上可以反映出企业的规模。规模大的企业在某种程度上可能产生规模经济效益，通常来讲其平均生产成本更低，是影响涉农企业延伸产业链的主要因素；涉农企业的规模越大越容易成为政府部门监管的对象和社会公众关注的焦点，企业为获得良好的形象，以产生长期竞争优势和提高市场份额，也将积极承担环境责任，充分发挥再利用原则，反复和深度加工，不断增值。因此，本书假定样本涉农企业资产总额与再利用行为选择呈正相关关系。

（2）所有制结构

国有涉农企业因其具有国有的性质，其企业目标除了追求经济利益，将被要求履行更多的资源与环境责任和义务。私有涉农企业则作为"理性经济人"将更多地予以利益最大化的考虑，只有能够产生足够利润才考虑把发展循环型农业作为企业发展的战略目标。同时，私有涉农企业由于自身资源与实力的制约处于弱势地位，对资源与环境应承担的责任也是一种硬性约束和服从。一般认为，相对于私有涉农企业，国有涉农企业更倾向于主动选择再利用行为。因此，这里假定国有和集体涉农企业是再利用行为选择的正相关因素，其他组织形式暂不确定。

（3）再利用技术

再利用技术是指利用生物及工程等高新技术，对各类农产品、林产品、水产品及其加工后的副产品及有机废弃物进行成分分析，不断研发新产品，进行系列开发、反复和深度加工，使农业资源在生产中重复和深度使用，减少资源消耗。本章以新产品产值、新材料投入比例、包装物回收利用情况、深加工产品产值比例、副产品增加值分别代表样本涉农企业的技术能力及再利用技术水平状况，这里假定涉农企业在再利用行为选择中，技术水平是正相关因素。

（4）盈利水平

根据新古典经济学理论，利润最大化是企业的根本目标，因此，涉农企业要综合考虑要素投入与产出等各方面的因素，能够做出理性的选择，从而决定是否发展循环型农业。可见，盈利水平是涉农企业再利用行为选择的最终驱动力。涉农企业只有证明在环境治理与生产中的企业行为能够提高利润的情况下，才有可能发展循环型农业。同时，在实践中，发展循环型农业比较成功的涉农企业，基本上都能够通过再利用行为选择而取得良好的经济效益。在此，本书以样本涉农企业的年度净利润代表企业的盈利水平，这里假定净利润是涉农企业再利用行为选择的正相关因素。

(5) 农业资源环境状况

农业资源环境的约束是促使涉农企业再利用行为选择的客观因素。环境与资源问题对我国农业以及涉农企业的发展都形成严重的制约作用[137]。在这种背景下，面临着资源的短缺及价格上涨，涉农企业只有选择再利用行为，通过提高农业资源的利用率减少涉农企业发展对农业资源的过分依赖，才能打破农业资源价格上涨带给涉农企业发展的制约和限制。这里假定涉农企业管理层对当地资源状况的满意度是再利用行为选择的负相关因素。

(6) 地方政府规制环境状况

地方政府的规制环境对再利用行为起着主导作用。各级政府的政策法律手段、行政手段及经济手段等能够促进涉农企业实现再利用行为。涉农企业在再利用方面选择的行为更多地表现为一种对外部压力适应性调整的行为。因此，本章假定涉农企业管理层对再利用政策的满意度是再利用行为选择的正相关因素。

4.3.2　涉农企业再利用行为选择模型建立及变量选择

(1) 模型建立

涉农企业在农业生产中是否选择了再利用行为，本章假定有两种情况：选择和未选择。可见，该变量是二分类变量，因此，本章采用 Binary Logistic 回归模型。这里假定："1= 选择；0= 未选择"。Logistic 回归模型的具体形式是

$$\text{Logit}(p) = \ln \frac{p}{1-p} = b_0 + \sum_{i=1}^{n} b_i x_i \tag{4-38}$$

对于每一个 Logistic 模型都将获得一组系数。例如，如果因变量具有 n 个分类，则会得到 $n-1$ 组非零参数。p 与 x_i 之间的数学表达式为

$$p = \frac{\text{Exp}\left(b_0 + \sum_{i=1}^{n} b_i x_i\right)}{\left[1 + \text{Exp}\left(b_0 + \sum_{i=1}^{n} b_i x_i\right)\right]} \tag{4-39}$$

式中，p 为涉农企业选择再利用行为的概率；x_i 为影响涉农企业再利用行为选择的因子；b_0 为常数项；b_i 为 Logistic 回归的偏回归系数，表示自变量 x_i 对 Y 或 Logit(p) 影响的大小。

（2）变量选择及说明

根据上述理论分析和假设，考虑到分析数据的可获得性以及变量之间的相关性，本书选取以下自变量指标：所有制类型、资产总额、净利润、新产品产值、新材料投入比例、包装物回收利用情况、深加工产品产值比例、副产品增加值、涉农企业管理层对当地资源状况的满意度、涉农企业管理层对再利用政策的满意度等。选择的具体变量及变量界定见表4-3。

表 4-3　涉农企业再利用行为选择模型变量定义

变量名称	代码	变量取值及界定	变量类型	单位	预期方向
再利用行为选择	y	未选择 =0；选择 =1	分类变量	—	
资产总额	x_1	按年末实际资产数额计算	连续变量	万元	+
所有制类型	t_i	i=1，2，3			
国有涉农企业	t_1	是 =1；否 =0	虚拟变量	—	+
集体涉农企业	t_2	是 =1；否 =0	虚拟变量	—	+
私有涉农企业	t_3	是 =1；否 =0	虚拟变量	—	?
净利润	x_2	按年度实际实现的净利润计算	连续变量	万元	+
新产品产值	x_3	没有 =1；0 ～ 200 万元（含 200 万元）=2；200 万元以上 =3	分类变量	—	+
新材料投入比例	x_4	按年度投入的新材料占全部投入材料之比计算	连续变量	%	+
包装物回收利用情况	x_5	不回收 =0；回收 =1	连续变量	—	+
深加工产品产值比例	x_6	没有 =1；0 ～ 30% =2；30%以上 =3	分类变量	—	+
副产品增加值	x_7	没有 =1；0 ～ 100 万元 =2；100 万元及以上 =3	分类变量	—	+
涉农企业管理层对当地资源状况的满意度	x_8	不满意 =0；满意 =1	分类变量	—	−
涉农企业管理层对再利用政策的满意度	x_9	不满意 =1；一般满意 =2；非常满意 =3	分类变量	—	+

注：+、−、? 分别表示该变量对涉农企业行为选择的影响，即分别为正相关影响、负相关影响及影响方向不确定。

4.3.3 涉农企业再利用行为选择模型结果与分析

4.3.3.1 变量的描述性统计分析

主要变量的描述性统计分析见表 4-4。表 4-4 给出了主要变量指标的基本描述性统计值。由表 4-4 可知,私有涉农企业的均值为 0.48,表明这类涉农企业在加工类涉农企业所占比例相对较大;资产总额和净利润的均值分别为 8656.662 万元和 298.657 万元,标准差分别是 24 087.815 万元和 1633.7 万元,表明样本间很不均衡,个体间差异很大;新产品产值和新材料投入比例的均值分别为 2.19 和 0.147,从调研情况来看,新产品产值为 0 的涉农企业 22 家,新材料投入比例为 0 的 20 家,分别占全部样本企业的 13.5% 和 12.35%,表明绝大多数涉农企业比较注重技术创新手段的运用;在再利用行为选择上,包装物回收利用情况、深加工产品产值比例、副产品增加值的均值分别是 0.52、1.90、1.94,从调研情况看,包装物未回收的有 78 家,占全部样本企业的 48.15%,深加工产品产值比例为 0 的有 68 家,占全部样企业的 41.98%,副产品增加值为 0 的有 57 家,占全部样本企业的 35.19%,调研情况初步显示,样本省份加工类涉农企业在再利用行为选择上尚有较大的发展空间;涉农企业管理层对当地资源状况的满意度的均值为 0.41,表明超过四成的样本涉农企业对当地资源状况满意;涉农企业管理层对再利用政策的满意度的均值为 2.28,其中只有 27 家样本企业是不满意的,表明大多数样本企业愿意选择再利用行为发展循环型农业;所有变量指标的方差膨胀因子(VIF)均小于 10,表明各变量之间不存在多重共线性。

表 4-4　涉农企业再利用行为选择模型主要变量描述性统计表

变量指标	全距	极小值	极大值	均值	标准差	共线性
资产总额 x_1	243 449.96	16.07	243 466.03	8 656.662	24 087.815	1.514
国有涉农企业 t_1	1	0	1	0.21	0.409	2.151
集体涉农企业 t_2	1	0	1	0.12	0.331	1.564
私有涉农企业 t_3	1	0	1	0.48	0.501	2.902
净利润 x_2	19 311.41	−6 242.74	13 068.67	298.657	1 633.7	1.446
新产品产值 x_3	2	1	3	2.19	0.655	1.637
新材料投入比例 x_4	0.566	0	0.566	0.147	0.116	1.089
包装物回收利用情况 x_5	1	0	1	0.52	0.501	1.629
深加工产品产值比例 x_6	2	1	3	1.90	0.853	3.657
副产品增加值 x_7	2	1	3	1.94	0.806	3.462
涉农企业管理层对当地资源的满意度 x_8	1	0	1	0.41	0.493	2.104
涉农企业管理层对再利用政策的满意度 x_9	2	1	3	2.28	0.733	1.458

注:表中单位同表 3-2。

4.3.3.2　模型结果与分析

这里采用统计分析软件 SPSS 21.0 对 162 个样本数据进行 Logistic 回归处理。在处理过程中，选择 Enter 强迫回归方法，即选择所有变量一次性进入回归方程。在表 4-5 中给出了观测量的一些基本统计信息，观测量 162 个，模型中使用的观测数量为 162 个。

表 4-5　涉农企业再利用行为选择模型观测量基本统计量表

未参加的案例		N	比例（%）
选定案例	包括在分析中	162	100
	缺失案例	0	0
	总计	162	100
未选定的案例		0	0
总计		162	100

注：N 表示观测数量。

从模型系数综合检验表看，取显著性水平为 0.05，根据自由度 df=11 及 Excel 可以查出卡方临界值为 21.026，而模型计算出的卡方值为 189.538，大于临界值，并且相应的 Sig 值为 0 小于 0.05，因此，在显著性水平为 0.05 的情况下，模型系数检验通过（表 4-6）；从模型汇总表看，最大似然平方的对数值（−2 log likelihood=26.843[a]）在理论上服从卡方分布，根据上面计算出的卡方临界值 21.026，表明模型的整体性拟合效果较好，因此，最大对数值检验通过。同时，Cox-Snell 拟合优度值及 Nagelkerke 拟合优度值分别为 0.692 和 0.936，表明模型中自变量对因变量有很好的解释程度（表 4-7）。

表 4-6　涉农企业再利用行为选择模型系数综合检验表

项目	Chi-square	df	Sig.
Step	189.538	12	0.000
Block	189.538	12	0.000
Model	189.538	12	0.000

表 4-7　涉农企业再利用行为选择模型汇总表

Step	−2 log likelihood	Cox-Snell 拟合优度值	Nagelkerke 拟合优度值
1	26.843[a]	0.692	0.936

经过 12 次迭代过程,最终回归结果见表 4-8。

表 4-8　影响加工业涉农企业再利用行为选择的因素模型估计结果

指标	B	S.E.	Wald	df	Sig.	Exp(β)
x_1	0.002	0.001	7.077	1	0.008***	1.002
t_1	13.507	5.474	6.089	1	0.014**	734 256.807
t_2	10.487	4.201	6.232	1	0.013**	35 849.644
t_3	3.963	2.768	2.050	1	0.152	52.611
x_2	0.010	0.004	6.955	1	0.008***	1.010
x_3	8.519	3.332	6.538	1	0.011**	5 010.920
x_4	−13.611	8.922	2.327	1	0.127	0.000
x_5	5.947	2.694	4.874	1	0.027**	0.003
x_6	7.106	2.594	7.505	1	0.006***	1 219.229
x_7	−0.955	1.085	0.775	1	0.379	0.385
x_8	2.296	1.439	2.547	1	0.111	9.935
x_9	3.251	1.238	6.896	1	0.009***	25.828
常数	−51.725	17.628	8.610	1	0.003***	0.000

*、**、*** 分别表示回归系数通过 10%、5%和 1%显著性水平的统计检验。

表 4-8 中相关指标包括引入的自变量及常数项的回归方程系数值 (B)、标准误差 (S.E.)、Wald 卡方值 (Wald)、P 值 (Sig.)、自由度 (df) 和似然值比 Exp(β)。由回归结果看,对私有涉农企业、新材料投入比例、副产品增加值、涉农企业管理层对当地资源的满意度等变量指标被剔除模型,而国有涉农企业、集体涉农企业、资产总额、净利润、新产品产值、新材料投入比例、包装物回收利用情况、深加工产品产值比例、涉农企业管理层对再利用政策的满意度等变量指标建议进入模型。可得出 Logistic 回归分析模型方程为

$$\text{Logit}(p) = -51.725 + 0.002x_1 + 13.507t_1 + 10.487t_2 + 3.963t_3 + 0.010x_2 + 8.519x_3 - 13.611x_4$$
$$- 5.947x_5 + 7.106x_6 - 0.955x_7 + 2.296x_8 + 3.251x_9$$

根据回归模型,如果模型拟合良好,以 0.5 为最佳判定点,属于实际发生的观测值应该位于概率值 0.5 的右侧,反之位于 0.5 的左侧。对比观测值不难发现,观测量越是分布在两端,说明效果越好。对各项数据进行回代判定,大于 0.5 的判定为选择再利用行为,反之判定为未选择。评价指标的综合运用大大提高了预

测的准确性，本书对选择再利用行为的判对概率为93.8%，对未选择的判对概率为96.9%，综合概率为95.7%，表明全部样本中有155个预测正确，7个预测失败，模型效果良好（表4-9）。

表4-9　涉农企业再利用行为选择模型回归判定结果

观测结果		预测结果		
		Y		预测准确性（%）
		0	1	
Y	0	94	3	96.9
	1	4	61	93.8
综合概率				95.7

具体分析如下：

1）"国有涉农企业（t_1）"及"集体涉农企业（t_2）"Sig值分别为0.014和0.013，均通过了5%显著性水平的统计检验。回归系数 B 值分别为13.507、10.487，Wald值分别为6.089、6.232，表明对因变量影响程度较大。将是否选择再利用行为与企业所有制类型作交叉列表分析，结果显示，在选择"是"的选项中，国有涉农企业占68.57%，集体涉农企业占38.46%，私有涉农企业占31.58%，个体占16.67%，如图4-2所示。究其原因，私有和其他类型的涉农企业作为"理性经济人"更多地考虑利益最大化，只有能够产生足够的经济利润才会考虑把发展循环型农业作为企业的战略发展目标。一般认为，国有涉农企业管理相对规范，经营理念较为先进，相对于私有涉农企业，国有涉农企业目标不单纯是追求经济利益，更被要求履行更多的社会与环境责任。

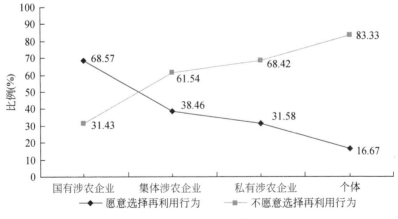

图4-2　样本涉农企业所有制类型与是否选择再利用行为交叉分析

2）"资产总额（x_1）"是影响涉农企业再利用行为选择的重要因素。回归模型显示（表4-8），该变量的Sig值为0.008，通过了1%显著性水平的统计检验，且影响系数为正，与前述假设一致，表明资产总额与因变量再利用行为选择具有正相关关系。问卷统计结果显示，年末资产总额在1亿元以上的样本涉农企业共计29家，其中选择再利用行为的24家，占82.8%；年末资产总额在2000万元以下的共计86家，只有10家选择再利用行为，只占11.63%。资产总额是指企业拥有或控制的全部资产，在一定程度上反映了企业的规模和实力，从另一个角度说明企业的盈利能力。发展循环型农业需要强大的技术支撑，技术支撑需要强大的资本支撑。因此，加大资本投入，改善农业技术资本投入结构，优化农业技术投入体制，运用先进技术发展现代农业，这是发展循环型农业的关键环节[138]。

3）"净利润（x_2）"是影响涉农企业是否选择再利用行为的重要因素。回归模型显示（表4-8），该变量Sig值为0.008，通过了1%显著性水平的统计检验，表明这一变量在模型中对因变量再利用行为选择上比较显著。其影响系数为正，表明这一变量与因变量具有正相关关系，与前述假设一致，说明净利润的提高有助于涉农企业选择再利用行为。问卷统计结果显示，年度净利润在200万元以上的样本涉农企业共计40家，全部选择了再利用行为；年度净利润在0以下的样本涉农企业共计78家，只有6家选择再利用行为，只占7.69%。其实，净利润与再利用行为选择是相互作用的，如果涉农企业能够选择再利用行为，对其净利润也将产生正相关影响。

4）"新产品产值（x_3）"这一变量的Sig值为0.011，通过了5%显著性水平的统计检验，表明这一变量在模型中对因变量再利用行为选择上影响比较显著。其影响系数为正，表明与因变量具有正相关关系，与前述假设一致。问卷结果显示，年度新产品产值在200万元以上的样本涉农企业共计53家，选择再利用行为的共有46家，占86.79%；新产品产值在0～200万元的样本企业共计87家，选择再利用行为的共有17家，占19.54%；年度新产品没有产值的样本企业共计22家，选择再利用行为的只有2家，仅占9.09%。新产品产值在一定程度上代表了涉农企业的技术水平，而技术创新是涉农企业发展循环型农业的核心支柱。涉农企业技术创新能力的高低决定着发展循环型农业的可能性与程度。同时，技术创新产生经济效益，这是涉农企业发展技术创新的本质所在。

5）"包装物回收利用情况（x_5）"Sig值为0.027，通过了5%显著性水平的统计检验，且影响系数为正，表明这一变量与因变量具有正相关关系，与前述假设一致。问卷结果显示，在回答"包装物是否回收时"，回答"是"的样本企业共计84家，回答"否"的样本企业共计78家，其中在回答"是"的样本企业中选择其他再利用行为的有55家，占65.48%；在回答"否"的样本企业中选择其他再利用行为的只有 10 家，占 12.82%。在进一步回答"包装物回收方式"时，选择以"包装经营单位回收"为主的占 35.56%；以"周转回收"为主的占 26.39%；以"对口回收"为主的占 19.46%；以"柜台回收"为主的占 12.47%，其他回收方式的占 6.12%（图 4-3）。样本涉农企业对包装物回收情况的重视在一定程度上说明了涉农企业的资源和环境意识日益强化。

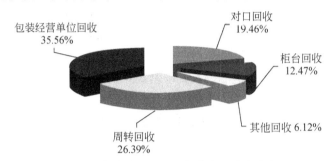

图 4-3　样本涉农企业选择包装物回收方式类型

回答"是否使用绿色包装"时，回答"是"的，有 129 家，占全部样本企业的 79.63%；回答"否"的，有 33 家，占全部样本企业的 20.37%，这样的效果，得益于国家对绿色包装的系列强制性规定①。绿色包装又可以称为无公害包装和环境之友包装，指的是无公害、无污染且能够重复使用和再生，符合可持续发展的包装。其特点是在生产中选择绿色生产工艺和包装材料、减少包装废弃物产生、循环往复及再生利用、能够自然降解或腐化、有害物质含量低、对环境以及人类不能造成危害的包装 [139]，体现出对资源的节约和环境的保护。绿色包装回收利用技术是涉农企业再利用行为选择的一个重要技术，对企业能否选择再利用行为的影响很大。

6）"深加工产品产值比例（x_6）"是涉农企业再利用行为选择的重要影响因素。Wald 值是用来检验偏回归系数显著程度的统计变量，它服从于卡方分布，是关于偏回归系数与自由度的函数，Wald 检验值与自变量的作用呈正相关关系，即Wald 越大表明该自变量的作用越显著。回归模型显示（表 4-8），"深加工产品产值比例"的 Sig 值为 0.006，通过了 1%显著性水平的统计检验，且 Wald 值为7.505，在所有自变量中最大，表明这一变量在模型中对因变量再利用行为选择上影响最为显著。其影响系数为正，与前述假设一致，说明深加工产品产值比例的大小能够反映涉农企业再利用行为选择情况。问卷结果显示，没有深加工产品

①中国自 1979 年以来，先后颁布了《中华人民共和国环境保护法》《固体废弃物防治法》《水污染防治法》《大气污染防治法》4 部专项法和 8 部资源法，30 多项环保法规明文规定了包装废弃物的管理条款。1984 年，中国开始实施环保标识制度。1998 年，各省绿色包装协会成立。

的涉农企业共计 68 家，选择其他再利用行为的只有 2 家，占 2.94%；深加工产品产值比例在 0 ～ 30% 的共计 43 家，其中选择其他再利用行为的有 18 家，占 41.86%；深加工产品产值比例在 30% 以上的共计 51 家，其中选择其他再利用行为的有 45 家，占 88.24%（图 4-4）。这一数据表明深加工产品产值比例较高的涉农企业，管理层再利用意识较为深入，这类涉农企业更愿意选择多种再利用行为发展循环型农业。

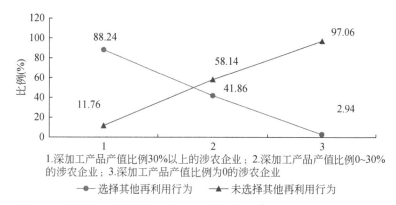

图 4-4　样本涉农企业深加工产品比例与是否选择再利用行为交叉分析

可见，深加工产品产值比例这一变量对涉农企业再利用行为选择具有十分重要的影响。农产品深加工是指对农产品进行深度加工以追求更高附加值的生产环节，其涉及的产业领域包括谷物深加工（包括小麦深加工、稻米深加工、玉米深加工、小杂粮深加工等）、薯类深加工、蔬菜深加工（包括蔬菜提取物、保鲜蔬菜冷冻蔬菜、脱水蔬菜等）及特色农产品深加工等。涉农企业如果选择再利用行为，必须要有完善和成熟的深加工技术的支撑，深加工技术是再利用技术中使用最为广泛、附加值最大的技术之一，主要分类如图 4-5 所示。

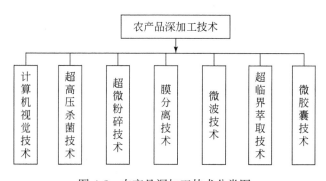

图 4-5　农产品深加工技术分类图

7）"涉农企业管理层对再利用政策的满意度（x_9）"也是影响涉农企业再利用行为选择的因素。回归模型显示（表 4-8），这一变量的 Sig 值为 0.009，通过了 1%显著性水平的统计检验；其 B 值为正，与前述假设一致，说明对再利用政策的满意度有助于涉农企业选择再利用行为。问卷结果显示，对再利用优惠政策不满意的样本涉农企业共计 27 家，全部没有选择再利用行为；对再利用政策很满意和非常满意的样本涉农企业共计 135 家，选择再利用行为的有 65 家，占 48.15%。可见，政府通过再利用优惠政策的制订与实施[①]，如果能够提高对农产品深加工及绿色包装回收利用等再利用行为的补贴，就能够极大刺激涉农企业选择再利用行为。

此外，"私有涉农企业（t_3）""新材料投入比例（x_4）""副产品增加值（x_7）"和"涉农企业管理层对当地资源状况的满意度（x_8）"这 4 个变量的 Sig 值分别为 0.152、0.127、0.379、0.111，均没有通过显著性水平检验，表明对因变量影响不显著。究其原因主要包括：①私有涉农企业更关注短期利益，不愿意牺牲暂时或眼前的利润而选择再利用行为；②延长农业产业链可能并不需要过多新材料的使用；③副产品是指在主要产品生产过程中附带生产出的次要产品，不是企业行为的主要目标，并因价格低，销售收入远远低于主产品，在企业总销售收入中所占的比例很小，这可能是导致副产品增加值这一变量对因变量影响不显著的主要原因；④无论当地资源的状况和价格如何，如果能够通过延长产业链的企业行为为企业发展争取和扩大空间，这应该是涉农企业不容迟疑的选择。

4.4　基于再利用的涉农企业行为选择及影响因素分析评述

本章在对我国涉农企业农业产业链现状分析的基础上，从再利用视角对加工类涉农企业基于延伸农业产业链的行为选择采用数理模型的方法进行了演绎推理，并依据对涉农企业的实地调研数据，以黑龙江省 162 家加工类涉农企业为研究对象，通过构建 Logistic 回归模型，对影响涉农企业延伸农业产业链的因素进行了实证分析，主要结论如下：

研究表明，在单要素影响下，地方政府可以采用审核和惩罚机制刺激涉农企业再利用的行为选择，并以现金或者"声誉"补贴技术创新成本差异的方式，刺激涉农企业选择"激进型"战略类型。在多要素影响下，涉农企业在再利用行为

---

①目前国家关于再利用政策的制订与实施，主要有《关于进一步促进农产品加工业发展的意见》《财政部国家税务总局关于提高农产品进项税抵扣率的通知》《关于加大农产品生产加工流通信贷资金支持力度的紧急通知》等。这些政策概括起来主要集中在五个方面：一是扶持农业产业化重点龙头企业的政策；二是扶持一般农产品加工企业深加工的政策；三是对农产品深加工出口退税的政策；四是支持主产区农产品加工业深加工的政策；五是扶持东北地区农产品加工业深加工的政策。上述政策的实施基本上覆盖到了样本省份。

选择过程中可以通过加大对小企业的并购行为，将企业规模做大做强；降低再利用行为选择过程中的投入成本，加快推广精深加工等再利用技术，提高再利用行为选择过程中控制自身企业行为的能力；"激进型"和"保守型"涉农企业的成本差异是再利用行为选择过程中构成涉农企业产业链升级的重要原因，因此，涉农企业的再利用行为选择成本差异越大，中央政府向地方政府和涉农企业支付的信息租金就越高，表现在对地方政府分成比例和对涉农企业补贴的提高。在此基础上，通过对黑龙江省162家加工类涉农企业的实证分析发现，涉农企业的所有制类型、资产总额、净利润、新产品产值、包装物回收利用情况、深加工产品产值比例、涉农企业管理层对再利用政策的满意度等变量都分别通过了1%、5%、10%显著性水平的统计检验，表明上述因素都是影响涉农企业再利用行为选择的主要因素，不同因素的影响程度、作用方向各不相同。

5 基于再循环的涉农企业行为选择及影响因素分析

循环型农业的再循环原则，是输出端控制准则，旨在农业自然资源供应链上的每个环节所产生的农业废弃物都要进入资源的再次循环利用中，一方面减少资源的使用量，延长使用周期，另一方面减少农业废弃资源的排弃，以保护生态环境和实现自然资源供应系统的良性循环。再循环原则要求把资源与环境的价值纳入行为主体的生产核算体系中，利润最大化不再是经营行为主体的生产经营目标，而逐渐演变为经济与环境相结合的综合效益最大化。在这种核算模式下，农业废弃物的再循环将会对涉农企业的行为选择产生重要的影响。

5.1 我国涉农企业农业废弃物利用现状分析

涉农企业在农业废弃物处理方面存在的诸多问题，制约其发展循环型农业的行为选择，影响我国循环型农业的发展水平及效率。

5.1.1 产出量及资源潜力巨大

我国作为一个农业大国，是世界上农业废弃物生产量最大的国家，每年生产产生的农业废弃物有 40 亿 t 左右，主要来源于养殖业、种植业及农牧产品加工业。根据 2013 年年底相关统计资料计算得到，养殖类农业废弃物（主要是指畜禽粪便）每年的产出量大约为 18.6×10^8 t，其中牛粪便 10.7×10^8 t、猪粪便 2.7×10^8 t、羊粪便 3.4×10^8 t、家禽粪便 1.8×10^8 t；种植类农业废弃物（主要是指农作物秸秆）每年的产出量大约为 7.3×10^8 t，其中玉米秸秆 2.2×10^8 t、稻草 2.3×10^8 t、花生、薯类藤蔓及甜菜叶等蔬菜残体 1.8×10^8 t、豆类与杂粮等作物秸秆 1.0×10^8 t；农牧产品加工业农业废弃物（包括肉类及农作物加工）年产出量大约为 1.5×10^8 t；农村生活垃圾（包括人的粪便）年产出量大约为 2.5×10^8 t；林业农业废弃物年产出量为 0.5×10^8 t；其他类有机物农业废弃物年产出量大约为 0.5×10^8 t。随着我国农村人口的增加与农村经济的快速发展，预计到 2020 年，我国农业废弃物年产出量将达到 50×10^8 t。其中，涉农企业产生的农业废弃物占有相当大的比例。

作为"放错位置资源"的农业废弃物，具有巨大的资源利用潜力与容量。按照我国农业废弃物产出量及技术转化能力与水平，可转化沼气 3111.5 亿 m³，按照 2014 年年底全国农村户数为 2.54 亿户计算，户均能够达到 1225m³；农作物秸秆可转化电能 6.5×10^8 t，如果用作肥料，可产生氮肥大约 2219.3 万 t、磷肥 559.7 万 t、钾肥 2715.7 万 t，如果制作饲料，可制成 $6.02 \times 10^8 \sim 7 \times 10^8$ t 的动物饲料（表 5-1）。

表 5-1　我国农业废弃物产出量及资源化潜力分析

农业废弃物种类	产出量 (10⁸t)	肥料				能源		
		有机质 (10^8t)	含磷量 (10^4t)	含氮量 (10^4t)	含钾量 (10^4t)	沼气 (10^8m³)	热量 (10^{15}kJ)	标准煤 (10^8t)
秸秆	7.3	36 386	57	430	651	1546.8	100	3.84
畜禽粪便	18.6	27 399	294	1 470	1 109	497.84	32	1.12
菜叶废弃物	1	1 748	7.3	69	37	177.8	12	0.4
生活垃圾	2.5	6 250	72	120	249	346.71	23	0.78
加工废弃物	1.5	3 040	17.3	84.8	101.8	328.93	22	0.74
林业废弃物	0.5	3 205	55.5	34	500	111.13	7.3	0.25
其他废弃物	0.5	2 001	56.6	11.5	67.9	102.24	6.7	0.23
合计	31.9	80 029	559.7	2 219.3	2 715.7	3 111.5	203	7.36

数据来源：中华人民共和国国家统计局的《中国统计摘要》整理。

5.1.2　不当处置使生态环境日益恶化

大量生产、大量消费、大量丢弃的粗放式生产及消费方式，将产生大量的农业废弃物，引发日益严重的环境与资源问题。如果生产及生活中所产生的农业废弃物随意排放到自然环境中去，又没有得到有效处置，环境问题将随之产生。农业废弃物引发的环境问题主要表现在以下两个方面：

一是对资源的浪费。农业废弃物中蕴含着巨大的资源量。按照循环经济的理论，农业废弃物其实是另一类资源。传统的农业生产，都是以"大量开发利用自然资源、大量创造社会财富、大量获取利润"的生产观念为指导，采取的是"资源—产品—废弃物排放"或者"资源—产品—消费废弃物排放"一种物质单向流动的生产模式[140]。完全不考虑怎样循环利用、妥善处置或者回收废弃物，废弃物被随意弃置、不被利用或低级利用，造成资源浪费问题严重，使农业废弃物无法重新返回到资源链中实现循环与转化。目前，我国农业废弃物利用的粗放低效及闲置情况比较严重。农作物秸秆在农村很多只使用薪柴燃烧的一次性利用方式，其能量仅利用 10% 左右，绝大多数有机质和能量均被浪费。在田间焚烧秸秆，也只使用了所含全部钾量的三分之一，磷肥、氮肥、有机质、热能则被全部浪费。据测算，畜禽粪便中含有粗蛋白 28%～31.3%、能量 7888～9216 kJ/kg，此外还含有一定量的钙、磷等，都无法在一次性利用中发挥其作用。

二是对生态环境的危害。农业废弃物引发的次生环境问题，是由农业废弃物本身对环境污染所造成的。农业废弃物被丢弃后，有害物质在自然力作用下，会渗透到生态和自然物质流的循环中，造成对大气、水及土壤的污染，具有长期性与潜在性的危害。秸秆在燃烧的过程中，还会产生大量氮氧与碳氢化合物、SO_2等有害气体，在光照作用下直接污染大气环境。畜禽粪便利用大多采用一次性的未经处理的直接归田，该种方式不但造成粪便所包含的肥料并未被土壤充分吸收，还将严重污染水域、土壤等，影响农产品的产量与品质，从而影响人体健康。可见，农业废弃物不仅本身可能是污染源，对其处置不当还将影响生态环境。

5.1.3 资源化技术与产业化水平较为滞后

一方面，由于我国涉农企业废弃物资源化技术水平落后、工艺较为简单、利用率和处理能力低下、利用规模有限，许多技术还在低水平上重复研发，造成对大部分农业废弃物采用的还是一次性或粗放的利用方式，表现为我国每年农业废弃物因资源化水平低、手段及设备严重缺乏，其中至少一半的资源废弃或焚烧。另一方面，对农业废弃物资源化技术研发方向不清，造成农业废弃物转化资源品种少、质量差、价值低，并且未形成产业化。因此，无论在国内还是国际市场都缺乏较强的竞争力。然而，必须看到，虽然我国在废弃物利用上还存在很多问题，但对于废弃物利用的认识逐渐提高，不断重视提高废弃物的利用水平与利用率。一些专门从事废弃资源与废弃材料回收加工的企业也得到了快速发展，见表5-2。

表 5-2　2003～2014 年我国规模以上废弃资源和废旧材料回收加工企业发展情况

年份	企业数（个）	平均从业人数（万人）	总产值（亿元）	资产总额（亿元）	净资产总额（亿元）	主营业务收入（亿元）	利润总额（亿元）
2003	107	1.36	49.94	26.03	8.23	50.89	0.84
2004	133	1.83	81.52	30.67	9.1	79.5	1.19
2005	438	5.24	292.95	126.37	44.47	281.67	8.13

年份	企业数 （个）	平均从业人数 （万人）	总产值 （亿元）	资产总额 （亿元）	净资产总额 （亿元）	主营业务收入 （亿元）	利润总额 （亿元）
2006	529	5.51	420.07	195.88	61.23	429.33	14.23
2007	652	6.64	680.71	272.27	91.64	682.51	24.44
2008	1087	14.2	1137.79	548.95	178.52	1158.33	40.31
2009	1165	13.65	1443.86	746.3	238.61	1453.06	66.29
2010	1302	13.92	2306.13	923.56	307.55	2381.77	114.88
2011	1077	15.63	2624.21	1311.79	468.4	2645.28	160.57
2012	1192	16.85	2905.25	1412.02	482.36	2920.55	162.66
2013	1274	18.2	3315.83	1561.07	607.62	3340.04	132.08
2014	1490	17.88	3678.39	1917.57	708.12	3668.55	198.71
年均增长率	27.05%	26.39%	47.82%	47.83%	49.93%	47.54%	64.37%

数据来源：《中国工业统计年鉴》（2004～2015年）。

从表5-2中可以看出，此类企业数量从2003年107个增加到2014年1490个，增加了1383个，年均增长率达到了27.05%；总产值从2003年的49.94亿元增长到2014年3678.39亿元，增长了3628.45亿元，年均增长率达到了47.82%；平均从业人数从2003年的1.36万人增加到2014年17.88万人，增加了16.52万人，年均增加率达到了26.39%；资产总额从2003年的26.03亿元增长到2014年1917.57亿元，增长了1891.54亿元，年均增长率达到了48.83%；净资产总额从2003年的8.23亿元增长到2014年的708.12亿元，增长了699.89万元，年均增长率达到了49.93%；主营业务收入从2003年的50.89亿元增长到2014年的3668.55亿元，增长了3617.66亿元，年均增长率达到47.54%；利润总额从2003年的0.84亿元增长到2014年198.71亿元，增长了197.87亿元，年均增长率达到64.37%。2003～2014年，从企业数量、从业人数、工业总产值、净资产总额、主营业务收入及实现的利润总额等来看，我国废弃资源和废旧材料回收加工企业在相对数方面得到了快速发展，但在绝对数方面尚有很大的发展空间。

5.2　基于农业废弃物处理的涉农企业再循环行为选择

涉农企业在生产过程中，一方面要投入新的资源，另一方面还会产生农业废弃物。按照循环经济的理论，所产生的农业废弃物不能直接排放，通常采用两种方式进行处理,一种是资源化,即被加工处理成再生资源后投入下一轮生产过程视作新资源被重复利用;另一种是无害化,即不能被资源化的部分进行无害化处理后才被排放到自然环境中。目前,对于农业废弃物资源性利用的研究主要有:Mehtaa 等从农业废弃物肥料化方面[141]、Guo 等从农业废弃物能源化方面[142]分别对农业废弃物的循环路径进行了研究;Thelen 等从玉米秸秆与畜禽粪便发酵还田对碳循环的影响和对客观层面循环利用的效益进行了研究[143];何可和张俊飚采用 Ordinal Probit 数学模型,从农民对资源性农业废弃物循环利用的价值感知及其影响因素,对农民参与循环利用的意愿或行为进行了研究[144];王舒娟和张兵对农民出售农作物秸秆的决策行为进行了研究[145]。此外,还有很多学者对农业废弃物资源化利用的补偿标准[146]、市场供需[147]等方面进行了深入的探讨和研究。借鉴各位学者的研究,结合我国实际情况,本书对涉农企业基于农业废弃物处理的行为选择进行了分析。

5.2.1 模型说明和基本假设

为简化分析,假设某涉农企业只生产一种农产品,并假定只需一种资源的投入,同时假定新资源与废弃物资源化投入的资源同生产一种产品。设涉农企业生产所需投入的全部资源量为 R,投入企业中的新资源量为 R_1,经过资源化转化投入的资源量为 R_0;相应地,单位产品所消耗的资源量、新资源量、资源化转化的资源量分别为 r、r_1、r_0;农产品产量为 Q,单位农产品价格为 P(假定其不随时间、产量变化而变化),则有

$$r = r_1 + r_0 = \frac{R}{Q} \ (r > 0) \tag{5-1}$$

$$R = r \times Q = (r_1 + r_0) \times Q \tag{5-2}$$

设生产产生的农业废弃物总量为 W,单位产品产生的废弃物量为 w,单位废弃物进行资源化的成本是 c,则农业废弃物资源化率 f 为

$$f = \frac{R_0}{W} = \frac{r_0}{w} (0 < f < 1) \tag{5-3}$$

设单位资源的价格为 p_1,从资源有限性的角度来看,随着时间的推移,资源的价格 p_1 会随着资源的消耗而逐步上升。资源价格针对企业属于外生变量,因此,企业只能是资源价格的接受者。这里暂不考虑涉农企业生产中关于资本和劳动的投入,只考虑资源要素的投入成本。

5.2.2 受单要素影响的涉农企业再循环行为选择

根据涉农企业生产所投入的全部资源 R 包括新资源 R_1 和农业废弃物资源化获得的资源 R_0，根据式（5-3），得

$$R_0 = fW = fwQ \tag{5-4}$$

（1）第一轮生产

全部投入的资源 R 均为新资源 R_1，没有经资源化转化的资源，此时，$R = R_1$。根据式（5-2），得到生产农产品的产量 Q 为

$$Q = \frac{R}{r} = \frac{R_1}{r} \tag{5-5}$$

该涉农企业全部农产品的销售收入 P 为

$$P = p \times Q = p \times \frac{R_1}{r} \tag{5-6}$$

该企业的全部成本 C 为

$$C = p_1 R_1 \tag{5-7}$$

此时，该涉农企业的利润 I 为

$$I = P - C = pQ - p_1 R_1 \tag{5-8}$$

生产产生的农业废弃物 W 为

$$W = wQ \tag{5-9}$$

（2）第二轮生产

此时，投入的资源量 R 包括新资源 R_1 和生产的农业废弃物经资源化转化的资源 R_0，此时，$R = R_1 + R_0$。

由式（5-3）～式（5-5）得知，在第二轮生产中需投入的全部资源量为

$$R = R_1 + R_0 = R_1 + fW = R_1 + fwQ \tag{5-10}$$

此时，生产的农产品数量 Q' 为

$$Q' = \frac{R_1 + fwQ}{r} = \frac{R_1}{r} + \frac{fwQ}{r} = Q + \frac{fwQ}{r} = Q\left(1 + \frac{fw}{r}\right) \tag{5-11}$$

则该涉农企业的全部销售收入 P' 为

$$P' = p\,Q' = pQ\left(1 + \frac{fw}{r}\right) = pQ + \frac{fw}{r} \times pQ \tag{5-12}$$

此时，涉农企业的全部资源成本 C' 包括新投入资源的成本和资源化转化的

成本两部分：

$$C' = C + cwQ = p_1 R_1 + cwQ \tag{5-13}$$

则第二轮生产所获取的利润为

$$I' = P' - C' = \left(pQ + \frac{fw}{r} \times pQ\right) - (p_1 R_1 + cwQ)$$

$$= (pQ - p_1 R_1) + \left(\frac{fw}{r} \times pQ - cwQ\right) \tag{5-14}$$

第二轮生产所产生的农业废弃物总量 W 为

$$W' = wQ' = wQ(1 - \frac{fw}{r}) \tag{5-15}$$

第二轮生产与第一轮生产的产出相比，农产品的产量增加量 ΔQ 为

$$DQ = Q' - Q = Q(1 + \frac{fw}{r}) - Q = \frac{fwQ}{r} \tag{5-16}$$

可以看出，在投入相同数量的新资源情况下，第二轮生产与第一轮生产相比，产出增加了 $\frac{fwQ}{r}$。

此时，第二轮生产与第一轮生产的利润相比：

$$\Delta I = I' - I = [(pQ - p_1 R_1) + (\frac{fw}{r} \times pQ - cwQ)] - (pQ - p_1 R_1)$$

$$= \frac{fw}{r} \times pQ - cwQ = wQ(\frac{pf}{r} - c) \tag{5-17}$$

$$= Qw \frac{(r_0/w) \times p}{r} - cwQ = pQ \frac{r_0}{r} - cW \tag{5-18}$$

由式（5-17）可以看出，第二轮生产与第一轮生产的利润相比，利润的变化与废弃物资源化率 f、单位产品的价格 p 成正比，与单位产品资源消耗量 r、单位废弃物进行资源化的成本 c 成反比。此时，只有当 $\frac{pf}{r} > c$ 时，第二轮生产的利润才会增加。

由式（5-18）可以看出，第二轮生产与第一轮生产的利润增加等于销售收入与废弃物资源化比例的乘积减去废弃物资源化的总成本。因此，可以得出如下结论：

一是在农业废弃物资源化总成本不变的情况下，农业废弃物资源化的比例越高，其利润增加额越大；二是利润增加额度的大小是随着单位农业废弃物资源化

转化成本 c 的下降而增加的；三是利润增加额度是随着单位农产品产生的农业废弃物数量的减少而增加的。

5.2.3 受多要素影响的涉农企业再循环行为选择

基本假设：资源价格是固定的，不随产量变化而变化；资源价格为外生变量，是外生决定的，涉农企业只能是资源价格的接受者；农业废弃物资源化转化成本及污染治理成本是关于产量的线性函数①。

涉农企业的生产行为中，除了要有资源的投入，还要有资本和劳动的投入。在其产出行为中，除了有农产品，还会产生农业废弃物，同时对环境也会产生一定的污染量。

本书在柯布－道格拉斯生产函数的基础上，分别用 K、L、R 代表资本投入、劳动投入、资源投入，用 Q、Z 代表农产品产量产出、污染产生量产出，建立涉农企业生产函数：

$$Q = AK^{\alpha} L^{\beta} R^{\gamma} (\alpha > 0, \beta > 0, \gamma > 0) \tag{5-19}$$

假设涉农企业的生产行为中所产生的污染量 Z 是产量 Q 的一定比例 z，则 $Z = zQ$。

根据上述研究，单位农产品的生产将产生 w 的农业废弃物，单位废弃物进行资源化的成本是 c，农业废弃物经过资源化处理后转化为再投入资源的比例是 $f = \dfrac{R_0}{W} = \dfrac{r_0}{w}$（$0 < f < 1$）。因此，农业废弃物经资源化后转化的再投入资源量为 fwQ，单位资源价格为 p_1，农业废弃物资源化的收入为 $p_1 fwQ$，成本为 cwQ。

设每单位污染治理成本 c_z，则治理生产产生的环境污染的总成本 C_z 为

$$C_z = c_z Z = c_z zQ \tag{5-20}$$

设单位产品价格、单位资本价格和单位劳动价格分别为 p、p_K、p_L。

则该涉农企业的总收入 P 为

$$P = pQ + p_1 fwQ = Q(p + p_1 fw) \tag{5-21}$$

总成本 C 为

$$C = p_K K + p_L L + p_1 r_1 Q + cwQ + c_z zQ \tag{5-22}$$

总收益 I 为

$$I = P - C = Q(p + p_1 fw) - (p_K K + p_L L + p_1 R_1 + cwQ + c_z zQ) \tag{5-23}$$

---

①在实际中，随着资源的大量消耗，资源的价格将不断上涨，关于资源化成本与污染治理成本函数也有可能不是线性的。

这里，令

$$C_0 = p_K K + p_L L \tag{5-24}$$

则边际收入 MR 为

$$MR = p + p_1 fw \tag{5-25}$$

边际成本 MC 为

$$MC = \frac{dC_0}{dQ} + p_1 r_1 + cw + c_z Z = MC_0 + p_1 r_1 Q + cwQ + c_z zQ \tag{5-26}$$

由上得出，循环型农业条件下涉农企业行为最优化的条件为

$$p + p_1 fw = \frac{dC_0}{dQ} + p_1 r_1 + cw + c_z Z = MC_0 + p_1 r_1 Q + cwQ + c_z zQ \tag{5-27}$$

在式（5-21）中，$p_1 fwQ$ 为总产量为 Q 所产生的废弃物进行资源化的收入，称为总废弃物资源化收入；$p_1 fw$ 为单位农产品产生的农业废弃物进行资源化后的收入，称为平均农业废弃物资源化收入。基于资源价格被视作外生变量、涉农企业只能是资源价格接受者的假设，平均废弃物资源化收入与边际资源化收入相等。在式（5-27）中，cwQ 为农业废弃物资源化的总成本；cw 为单位农业废弃物资源化成本，称为平均农业废弃物资源化成本。基于上述假设，单位农业废弃物资源化的成本 c 及单位产品产生废弃物量 w 是固定不变的，因此，cw 也可称为农业废弃物资源化的边际成本。$c_z zQ$ 为涉农企业环境污染治理总成本，$c_z z$ 为生产单位农产品形成的污染治理成本，称为平均产品污染治理成本。基于单位产品产生的污染治理成本 c_z 与单位农产品造成的污染量 z 与农产品产量的关系呈线性关系，即不随产量发生变化的假设，$c_z z$ 也可称为边际污染治理成本。

根据以上所述，基于再循环的视角，涉农企业最优化行为的条件是，涉农企业生产行为产生的边际收入与农业废弃物资源化产生的边际收入之和，等于涉农企业生产边际成本、资源化边际成本、污染治理边际成本的三者之和。

把循环型农业生产模式下涉农企业行为最优化的条件与传统经济条件下涉农企业行为最优化的条件相比较，左式减去 p，右式减去 MC_0，则可以得到

$$p_1 fw = p_1 r_1 Q + cwQ + c_z zQ \tag{5-28}$$

式（5-28）表明，农业废弃物资源化的边际收入等于新投入资源、农业废弃物转化资源、污染治理边际成本的三者之和。

5.3 涉农企业再循环行为选择影响因素的实证分析

基于种植业涉农企业是农业废弃物主要生产者的考虑，本节对再循环行为选择的实证分析以种植业涉农企业为例进行研究。

5.3.1 影响涉农企业再循环行为选择的因素及假设

（1）企业规模

企业规模包括从业人数、生产能力、资产总额等。规模大在某种程度上产生规模经济效益，通常来讲平均成本会更低，是影响涉农企业农业废弃物行为选择的客观因素；涉农企业的规模越大越容易成为政府部门监管的对象和社会公众关注的焦点，企业为树立良好形象和口碑，以产生强大的竞争优势和提高市场份额，也会主动承担环境责任，积极选择再循环行为，主动减少农业废弃物的排放。本章以资产总额代表样本涉农企业规模，这里假定该变量与再循环行为选择呈正相关关系。

（2）组织形式

国有涉农企业因其具有国有的性质，其企业目标除了追求经济利益，将被要求履行更多的资源与环境责任和义务。相对于私有涉农企业，国有涉农企业更倾向于选择主动的农业废弃物资源化行为。这里假定国有涉农企业与农民专业合作组织是再循环行为选择的正相关因素，其他组织形式影响方向暂不确定。

（3）农业废弃物资源化技术

涉农企业的技术水平是其进行农业废弃物资源化的关键因素。资源化技术是指将生产过程中生成的农业废弃物再一次变成产品或者资源的技术，决定涉农企业选择再循环行为的可能性和程度。本章以研发资金投入、研发人员比例代表样本涉农企业的技术状况、以秸秆转化有机肥数量、秸秆还田面积比例代表样本涉农企业的资源化技术水平，这里假定这4个变量与涉农企业再循环行为选择呈正相关关系。

（4）农业废弃物状况

涉农企业再循环行为选择还有一个关键因素，即农业废弃物生产状况。农业废弃物越多，企业再循环行为选择的可能性越大。本章以秸秆生产量、秸秆废弃情况代表样本涉农企业农业废弃物状况，这里假定这两个变量与涉农企业再循环行为选择分别呈正、负相关关系。

（5）利润水平

新古典经济学认为，利润最大化是企业的根本目标，因此，涉农企业在综合考虑农业废弃物资源化等各方面的因素时，能够做出理性的选择，从而决定是否发展循环型农业。可见，利润是涉农企业是否将农业废弃物进行资源化的最终驱动力。涉农企业只有证明在环境治理与农业废弃物处理中的企业行为能够提高利润的情况下，才有可能发展循环型农业。同时，在实践中，发展循环型农业比较成功的涉农企业，基本上都能够通过农业废弃物资源化行为中取得良好的经济效益。在此，本章以净利润代表样本涉农企业的利润水平，这里假定利润水平是涉农企业农业废弃物资源化的正相关因素。

(6) 地方政府环境规制状况

地方政府的环境规制对农业废弃物资源化状况产生重要的影响，在农业生产模式转变过程中发挥着关键作用[148]。各级政府的政策法律手段、行政手段及经济手段等都是促进涉农企业农业废弃物资源化的强力约束。涉农企业在农业废弃物处理的行为选择更多地表现为一种对外部压力适应性调整的行为。因此，本章以涉农企业管理层对循环型农业的认知、涉农企业管理层对资源化政策的满意度代表地方政府的环境规制状况，这里假定这两个变量与涉农企业再循环行为选择呈正相关关系。

(7) 农业资源环境因素

农业资源环境的约束是促使涉农企业农业废弃物资源化的客观因素。环境与资源问题对我国农业以及涉农企业的发展都形成严重的制约作用。在这种背景下，面临着资源的短缺及价格上涨，涉农企业除了做到减量化投入外，还可以通过农业废弃物资源化减少涉农企业对农业资源的过分依赖，以打破农业资源价格上涨带给涉农企业发展的制约和限制。因此，本章以涉农企业管理层对当地资源状况的满意度代表农业资源环境状况，这里假定该变量是农业废弃物资源化的负相关因素。

5.3.2　涉农企业再循环行为选择模型建立及变量选择

(1) 模型建立

涉农企业在农业生产中是否选择了再循环行为，本书假定有两种情况：选择和未选择。可见，该变量是二分类变量，因此，本书采用 Binary Logistic 回归模型。这里假定："1= 选择；0= 未选择"。Logistic 回归模型的具体形式是

$$\text{Logit}(p) = \ln\frac{p}{1-p} = b_0 + \sum_{i=1}^{n} b_i x_i \tag{5-29}$$

对于每一个Logistic模型都将获得一组系数。例如，如果因变量具有 n 个分类，则会得到 $n-1$ 组非零参数。p 与 x_i 之间的数学表达式为

$$p = \frac{\mathrm{Exp}(b_0 + \sum\limits_{i=1}^{n} b_i x_i)}{[1 + \mathrm{Exp}(b_0 + \sum\limits_{i=1}^{n} b_i x_i)]} \tag{5-30}$$

式中，p 为涉农企业选择再循环行为的概率；x_i 为影响涉农企业再循环行为选择的因子；b_0 为常数项；b_i 为 Logistic 回归的偏回归系数，表示自变量 x_i 对 Y 或 Logit(p) 影响的大小。

(2) 变量选择及说明

根据上述理论分析和假设，考虑到数据的可获得性及变量间的相关性，本章选取的自变量包括组织形式、资产总额、净利润、研发资金投入、研发人员比例、秸秆生产量、秸秆转化有机肥数量、秸秆还田面积比例、秸秆废弃情况、涉农企业管理层对循环型农业的认知、涉农企业管理层对当地资源状况的满意度、涉农企业管理层对资源化政策的满意度等。选择的具体变量及变量界定见表5-3。

表 5-3　涉农企业再循环行为选择模型变量定义

变量名称	代码	变量取值及界定	变量类型	单位	预期方向
再循环行为选择	y	选择 =1；未选择 =0	分类变量	—	
资产总额	x_1	年末资产数额 2 000 万元及以下 =1；2 000 万～5 000 万元 =2；5 000 万～10 000 万元 =3；10 000 万～20 000 万元 =4；20 000 万元以上 =5	分类变量	—	+
组织形式	t_i	$i = 1, 2, 3, 4$			
国有涉农企业	t_1	是 =1；否 =0	虚拟变量	—	+
农民专业合作组织	t_2	是 =1；否 =0	虚拟变量	—	+
公司制涉农企业	t_3	是 =1；否 =0	虚拟变量	—	?
家庭农场	t_4	是 =1；否 =0	虚拟变量	—	?
净利润	x_2	年度净利润 0 以下 =1；0～200 万元 =2；200 万～500 万元 =3；500 万～1 000 万元 =4；1 000 万元以上 =5	分类变量	—	+
研发资金投入	x_3	按年度实际投入研发资金统计	连续变量	万元	+
研发人员比例	x_4	按年末研发人员占企业从业人员之比计算	连续变量	%	+
秸秆生产量	x_5	按年度实际秸秆生产数量统计	连续变量	万 t	+

变量名称	代码	变量取值及界定	变量类型	单位	预期方向
秸秆转化有机肥数量	x_6	按年度实际秸秆转化成有机肥与秸秆数量之比计算	连续变量	%	+
秸秆还田面积比例	x_7	以秸秆还田面积占全部耕地面积之比计算	连续变量	%	+
秸秆废弃情况	x_8	直接废弃超过 80% 及以上的 =1；80%～20% 的 =2；20% 及以下的 =3	分类变量		−
涉农企业管理层对循环型农业的认知	x_9	对企业发展和环境保护不重要的 =1；一般的 =2；很重要的 =3	分类变量		+
涉农企业管理层对当地资源状况满意度	x_{10}	不满意的 =0；满意的 =1	分类变量		+
涉农企业管理层对资源化政策的满意度	x_{11}	不满意 =1；一般满意 =2；非常满意 =3	分类变量		+

注：+、−、? 分别表示该变量对涉农企业行为选择的影响，即分别为正相关影响、负相关影响及影响方向不确定。

5.3.3　涉农企业再循环行为选择模型结果与分析

5.3.3.1　变量的描述性统计分析

主要变量指标的描述性统计分析见表 5-4。表 5-4 给出了主要变量指标的基本描述性统计值[1]。由该表可知，样本涉农企业秸秆生产量的均值为 6.838 万 t，但极大值为 91.710 万 t，极小值为 0.320 万 t，标准差为 8.735 万 t，表明企业间很不均衡；秸秆转化有机肥数量的均值为 0.144%，秸秆还田面积占全部耕地面积比例的均值为 0.139%，这是表示秸秆转化为有机肥的相关数据，与全国平均水平相比数值较低，资源化水平还有待于进一步提高；涉农企业管理层对资源化政策满意度的均值为 2.100，149 家样本涉农企业中，共有 109 家企业表示满意和非常满意，占全部样本涉农企业的 73.15%，表明样本省份地方政府关于农业废弃物资源化方面还是制订了一些切实有效的优惠政策；所有变量指标的方差膨胀因子（VIF）均小于 10，表明各变量之间不存在多重共线性。

---

①因为本章调研对象与第 3 章的实证分析为同一调研对象，故组织形式、资产总额、净利润、涉农企业管理层对循环型农业的认知等变量指标原始数据和描述性统计分析相同，此处不再赘述。

表 5-4 涉农企业再循环行为选择模型主要变量描述性统计表

变量指标	全距	极小值	极大值	均值	标准差	共线性
资产总额 x_1	4	1	5	3.150	1.535	1.211
国有涉农企业 t_1	1	0	1	0.320	0.469	6.029
农民专业合作组织 t_2	1	0	1	0.130	0.342	2.473
公司制涉农企业 t_3	1	0	1	0.210	0.407	2.593
家庭农场 t_4	1	0	1	0.080	0.273	1.514
净利润 x_2	4	1	5	2.150	1.281	4.021
研发资金投入 x_3	1792	6	1797	206.830	414.778	1.414
研发人员比例 x_4	0.040	0	0.040	0.010	0.007	1.662
秸秆生产量 x_5	91.38	0.320	91.710	6.838	8.735	1.074
秸秆转化有机肥数量 x_6	0.515	0	0.515	0.144	0.125	2.606
秸秆还田面积比例 x_7	0.361	0	0.361	0.139	0.114	2.509
秸秆废弃情况 x_8	2	1	3	1.880	0.846	2.792
涉农企业管理层对循环型农业的认知 x_9	2	1	3	2.150	0.820	1.644
涉农企业管理层对当地资源状况的满意度 x_{10}	1	0	1	0.510	0.502	1.399
涉农企业管理层对资源化政策的满意度 x_{11}	2	1	3	2.100	0.795	1.439

注：表中单位同表 3-2。

5.3.3.2 模型结果与分析

本书采用统计分析软件 SPSS21.0 对 149 个样本数据进行 Logistic 回归处理。在处理过程中，选择 Enter 强迫回归方法，即选择所有变量一次性进入回归方程。在表 5-5 中给出了观测量的一些基本统计信息，观测量共有 149 个，在模型中使用的观测数量为 149 个。

表 5-5 涉农企业再循环行为选择模型观测量基本统计量表

未参加的案例			N	比例（%）
选定案例		包括在分析中	149	100
		缺失案例	0	0
		总计	149	100
	未选定的案例		0	0
总计			149	100

注：N 表示观测数量。

根据模型回归的结果，从模型系数综合检验表看，取显著性水平为0.05，根据自由度df=15及Excel可以查出卡方临界值为24.996，而模型计算出的卡方值为173.178，大于临界值，并且相应的Sig值为0.000，小于0.05，因此，在显著性水平为0.05的情况下，模型系数检验通过（表5-6）；从模型汇总表看，最大似然平方的对数值（$-2\log\text{likelihood}=32.567^a$）在理论上服从卡方分布，根据上面计算出的卡方临界值24.996，表明模型的整体性拟合效果较好，因此，最大对数值检验通过。同时，Cox-Snell拟合优度值及Nagelkerke拟合优度值分别为0.687和0.918，表明模型中自变量对因变量有很好的解释程度（表5-7）。

表5-6　涉农企业再循环行为选择模型系数综合检验表

项目	Chi-square	df	Sig.
Step	173.178	15	0.000
Block	173.178	15	0.000
Model	173.178	15	0.000

表5-7　涉农企业再循环行为选择模型汇总表

Step	$-2\log\text{likelihood}$	Cox-Snell 拟合优度值	Nagelkerke 拟合优度值
1	32.567^a	0.687	0.918

经过10次迭代过程，最终回归结果见表5-8。

表5-8　影响种植业涉农企业再循环行为选择的因素模型估计结果

指标	B	S.E.	Wald	df	Sig.	$\text{Exp}(\beta)$
x_1	0.951	0.552	2.963	1	0.085^*	2.588
t_1	10.166	4.341	5.484	1	0.019^{**}	25 991.039
t_2	5.422	2.899	3.497	1	0.061^*	226.298
t_3	3.122	2.399	1.694	1	0.193	22.693
t_4	5.633	3.931	2.053	1	0.152	279.377
x_2	5.329	2.031	6.886	1	0.009^{***}	206.257
x_3	-0.001	0.002	0.264	1	0.607	0.999
x_4	65.375	83.924	0.607	1	0.436	2.465E28
x_5	0.478	0.212	5.089	1	0.024^{**}	0.620

指标	B	S.E.	Wald	df	Sig.	Exp(β)
x_6	25.758	12.131	4.509	1	0.034**	0.000
x_7	25.701	11.280	5.191	1	0.023**	1.452×10^{11}
x_8	−4.301	1.610	7.139	1	0.008***	73.809
x_9	7.926	2.345	11.428	1	0.001***	2 767.692
x_{10}	−3.352	1.886	3.160	1	0.075*	0.035
x_{11}	1.995	1.183	2.842	1	0.092*	0.136
常数	−33.244	10.622	9.796	1	0.002***	0.000

*、**、*** 分别表示回归系数在 10%、5% 和 1% 的显著性水平下显著。

表 5-8 是影响种植业涉农企业再循环行为选择的因素模型估计结果统计表，相关指标包括引入的自变量及常数项的回归方程系数值 (B)、标准误差 (S.E)、Wald 卡方值 (Wald)、P 值 (Sig.)、自由度 (df) 和似然值比 Exp(β)。由表 5-8 回归结果看，公司制涉农企业、家庭农场、研发资金投入、研发人员比例等变量指标被剔除模型，而国有涉农企业、农民专业合作组织、净利润、秸秆生产量、秸秆转化有机肥数量、秸秆还田面积比例、秸秆废弃情况、涉农企业管理层对循环型农业的认知、涉农企业管理层对当地资源状况的满意度、涉农企业管理层对资源化政策的满意度等变量指标建议进入模型。可得出 Logistic 回归分析模型方程为

$$\text{Logit}(p) = -33.244 + 0.951x_1 + 10.166t_1 + 5.422t_2 + 3.122t_3 + 5.633t_4 + 5.329x_2 - 0.001x_3 + 65.375x_4$$
$$+ 0.478x_5 - 25.758x_6 + 25.701x_7 - 4.301x_8 + 7.926x_9 - 3.352x_{10} + 1.995x_{11}$$

根据回归模型，如果模型拟合良好，以 0.5 为最佳判定点，属于实际发生的观测值应该位于概率值 0.5 的右侧，反之位于 0.5 的左侧。对比观测值不难发现，观测量越是分布在两端，说明效果越好。对各项数据进行回代判定，大于 0.5 的判定为选择了再循环行为，反之判定为未选择。评价指标的综合运用大大提高了预测的准确性，本书对涉农企业关于选择再循环行为的判对概率为 95.0%，对未选择的判对概率为 97.1%，综合概率为 96.0%，表明全部样本中有 143 个预测正确，6 个预测失败，说明模型的整体预测效果比较好，进一步支持了回归模型结果的可靠性（表 5-9）。

表 5-9 涉农企业再循环行为选择模型回归判定结果

观测结果		预测结果		
		Y		预测准确性（%）
		0	1	
Y	0	67	2	97.1
	1	4	76	95.0
综合概率				96.0

具体分析如下：

1）"国有涉农企业（t_1）"与"农民专业合作组织（t_2）"这两个变量对于因变量即涉农企业是否选择再循环行为具有显著的影响，Sig 值分别为 0.019 和 0.061，分别通过了 5% 和 10% 显著性水平的统计检验，B 值为正，与前述理论假设一致。研究表明，这两类涉农企业能够实现规模化种植、集约化经营，能够实现机械、技术、人才等生产要素的优化配置，经营管理理念先进，相比其他组织形式的涉农企业，除了考虑利益因素，还会主动承担更多的环境和资源责任，更愿意主动选择再循环行为。

2）"资产总额（x_1）"Sig 值为 0.085，通过了 10% 显著性水平的统计检验，表明其是影响涉农企业再循环行为选择的主要因素，且该变量的影响系数为正，与前述理论假设一致，表明该变量与因变量具有正相关关系。问卷统计结果显示，年末资产总额在 2 亿元以上的样本涉农企业共计 55 家，其中选择再循环行为的 32 家，占 58.18%；年末资产总额在 2000 万元以下的共计 14 家，只有 1 家选择再循环行为，只占 7.14%。选择再循环行为要求企业具有一定的资源化技术，技术研发需要有一定的资金投入。因此，加大研发资金投入，改善农业技术资金投入结构，优化农业技术投入体制，运用先进技术发展现代农业，这是发展循环型农业的关键环节。

3）"净利润（x_2）"这一变量对于是否选择再循环行为具有显著的正相关影响，Sig 值为 0.009，通过了 1% 显著性水平的统计检验，表明涉农企业是否选择再循环行为将受到企业利润最大化因素的影响。选择再循环行为如果能够有助于提高其利润水平，则涉农企业将更愿意选择再循环行为，将刺激其更好地发展循环型农业。

4）"秸秆生产量（x_5）"这一变量的系数为正，Sig 值为 0.024，通过了 5% 显著性水平的统计检验。模型估计结果表明，秸秆生产量数量越多的涉农企业，越倾向于选择再循环行为发展循环型农业工程。调研情况显示，年秸秆生产量在

5 万 t 以上的涉农企业共计 43 家，全部选择了再循环行为；秸秆生产量在 5 万 t 以下的样本企业有 106 家，选择再循环行为的有 37 家，只占 34.91%。这一结论说明样本省份的涉农企业对农业废弃物的处理方式有明显的改进，一方面取得了经济效益，另一方面在一定程度上保护了生态环境和提高资源利用率，推动了循环型农业的发展。

　　5）"秸秆转化有机肥数量（x_6）"和"秸秆还田面积比例（x_7）"这两个变量也分别通过了 5% 显著性水平的统计检验，Sig 值分别为 0.034 和 0.023，B 值为正，表明这两个变量对因变量具有显著的正相关影响，与前述理论假设一致。调研情况显示，转化有机肥数量占秸秆生产量之比在 20% 以上的有 69 家，选择其他再循环行为的 46 家，占 66.67%；未资源化的企业共计 51 家，选择其他再循环行为的有 19 家，占 37.25%。秸秆还田面积比例在 20% 以上的样本企业共计 66 家，其中选择其他再循环行为的有 51 家，占 77.27%；秸秆还田面积比例为 0 的样本企业共计 55 家，选择其他再循环行为的有 16 家，只占 29.09%。这一组数据表明"秸秆转化有机肥数量"和"秸秆还田面积比例"较大的涉农企业，管理层再循环意识较为深入，这类涉农企业更愿意选择多种再循环行为发展循环型农业。农业废弃物资源化技术是将农业生产产出的农业废弃物重新转化为有益的资源或产品，主要包括稻壳及玉米穗芯资源化技术、秸秆或稻壳制成一次性全降解环保餐具技术、秸秆或稻壳移栽育苗技术、秸秆资源化利用技术、农业废弃物生产糠醛工艺技术、生物质汽化发电技术、净水污化处理利用技术等资源化利用废弃物技术（图 5-1）。实现循环型农业要求的物质流动是一个闭环系统，而

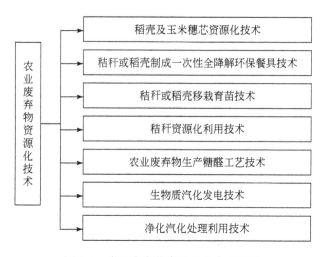

图 5-1　农业废弃物资源化技术分类图

实现农业废弃物资源化的关键环节是企业要拥有资源化技术，因此技术水平仍然是再循环行为选择的核心问题。

6）"秸秆废弃情况（x_8）"这一变量的 Sig 值为 0.008，B 值为负，通过了 1%显著性水平的统计检验，表明这一变量与是否选择资源化行为呈负相关关系。模型结果显示，对于秸秆直接废弃越少的涉农企业，其选择废弃物资源化行为的越多，反之亦然。调研情况显示，秸秆直接废弃在 20%以下的涉农企业共计 45 家，其中有 37 家选择再循环行为，占 82.22%。此外，从本次调研中获知，全部样本涉农企业 2014 年度秸秆生产量为 1018.82 万 t，其中直接废弃的共计 331.73 万 t[①]，占全部秸秆量的 32.56%；涉农企业直接将秸秆进行资源化转化的共计 431.47 万 t，占全部秸秆量的 42.35%；将秸秆对外出售的共计 255.62 万 t，占全部秸秆量的 25.09%。问卷调查结果显示，秸秆资源化及对外出售共计 687.09 万 t，占全部秸秆量的 67.44%，与全国秸秆资源化 60%这一平均水平相比，表明样本省份涉农企业比较重视秸秆的资源化处理（图 5-2）。

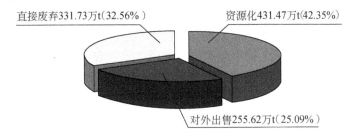

图 5-2　样本涉农企业农业废弃物处理类型

7）"涉农企业管理层对循环型农业的认知（x_9）"这一变量的 Sig 值为 0.001，通过了 1%显著性水平的统计检验，且 B 值为正，显示受访涉农企业管理层对循环型农业的认知对其选择资源化行为具有显著的正相关影响，与前述理论假设一致。其管理层对循环型农业认知度较高的涉农企业，其选择资源化行为的比例要远远高于认知度较低的企业。问卷结果显示，回答"对企业发展与环境保护很重要和非常重要"的涉农企业共计 109 家，其中选择再循环行为的有 79 家，占 72.48%；回答"对企业发展与环境保护不重要的"的涉农企业共计 40 家，其中选择再循环行为的只有 1 家，占 2.5%。在调研中发现，对循环型农业认知较高的涉农企业，其文化精神较为崇高，经营管理理念、价值观、组织结构与管理制度、行为规范等较为和谐一致，这类涉农企业在保证自身利润的前提下，更愿意主动选择资源化行为发展循环型农业。

8）"涉农企业管理层对当地资源状况的满意度（x_{10}）"这一变量 B 值为负，

---

①直接废弃包括焚烧处置、自然处置和直接填埋，以焚烧处置为主。

Sig 值为 0.075，通过了 10%显著性水平的统计检验，表明这一变量与涉农企业再循环行为选择是负相关关系，即涉农企业管理层如果对当地资源状况越不满意（有可能当地资源短缺，价格过高等），则其会放弃选择农业废弃物资源化行为。这一结论与第 3 章内容相同，这里不再赘述。

9）"涉农企业管理层对资源化政策的满意度（x_{11}）"这一变量通过了 10%显著性水平的统计检验（Sig.=0.092），且 B 值为正，表明这一变量与涉农企业再循环行为选择是正相关关系。从调研情况看，对资源化政策满意和非常满意的共计 109 家，其中选择再循环行为的有 73 家，占 66.97%；对资源化政策不满意的共计 40 家，其中选择再循环行为的只有 7 家，占 17.5%（图 5-3），这一结果表明，政府对于农业废弃物资源化相关优惠政策的实施已经得到绝大多数涉农企业的认可。可见，政府如果能够对涉农企业选择废弃物资源化行为的扶持力度进一步加大，按照秸秆投入的数量提高对秸秆资源化的补贴，一定能够极大地刺激涉农企业选择再循环行为[①]。

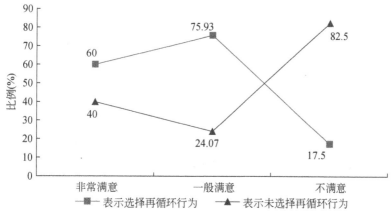

图 5-3　样本涉农企业对当地政府再循环政策满意度与是否选择再循环行为交叉分析

此外，公司制涉农企业、家庭农场、研发资金投入、研发人员比例等变量被剔出模型，Sig 值显示这几个变量均没有通过 10%显著性水平的统计检验，表明其对再循环行为选择影响不显著。具体原因可能是，"公司制涉农企业"与"家庭农场"可能更加关注短期或眼前的既得利益。在与被调研企业管理层交谈时得知，目前秸秆的各种资源化技术已经很成熟，不需要企业自身对研发有更大的投入，这可能就是导致"研发资金投入"和"研发人员比例"这两个变量影响不显著的主要原因。

---

①关于农业废弃物资源相关政策有：《可再生能源法修正案》《秸秆禁烧和综合利用管理办法》《秸秆能源化利用补助资金管理暂行办法》《国务院办公厅关于加快推进农作物秸秆综合利用的意见》《关于编制秸秆综合利用规划的指导意见》《农村沼气建设政策》等，这些政策都基本上覆盖到了样本省份。

5.4 基于再循环的涉农企业行为选择及影响因素分析评述

本章在对我国涉农企业农业废弃物利用现状分析的基础上，从再循环视角对涉农企业基于农业废弃物处理的行为选择采用数理模型的方法进行了演绎推理，并依据对涉农企业的实地调研数据，以黑龙江省 149 家种植业涉农企业为研究对象，通过构建 Logistic 回归模型，对影响涉农企业再循环行为选择的因素进行了实证分析，主要结论如下：

研究表明，在单要素影响下，涉农企业将在企业利润增加的情况下选择农业废弃物资源化行为，利润增加量等于销售收入中农业废弃物资源化收益与污染治理总成本之差，同时在农业废弃物资源化总成本不变的条件下，农业废弃物资源化的比例越高，其利润增加额就越大，其增加额度大小是随着单位农业废弃物资源化转化成本的下降和单位农产品产生的农业废弃物数量的减少而增加的。在多要素影响下，涉农企业选择农业废弃物资源化行为的条件是，生产行为产生的边际收入与农业废弃物资源化产生的边际收入之和，等于涉农企业生产行为发生的边际成本和废弃物资源化的边际成本及污染治理的边际成本之和，同时还要满足农业废弃物资源化的边际收入等于新资源、废弃物资源化与污染治理的边际成本之和。从以黑龙江省 149 家种植业涉农企业为调研对象进行的实证分析发现，国有涉农企业、农民专业合作组织、净利润、资产总额、秸秆生产量、秸秆转化有机肥数量、秸秆还田面积比例、秸秆废弃情况、涉农企业管理层对循环型农业的认知、涉农企业管理层对当地资源状况的满意度、涉农企业管理层对资源化政策的满意度等都分别通过了 1%、5%、10% 显著性水平的统计检验，表明上述变量都是影响涉农企业选择农业废弃物资源化行为的主要因素，不同因素的影响程度、作用方向各不相同。

6 基于循环型农业的涉农企业行为绩效综合评价

涉农企业是发展循环型农业的重要行为主体，具有延伸农业产业链、推动农业标准化生产及区域经济的良性发展、加快农业技术创新、增加农民收入的重要作用。提高涉农企业的绩效水平是发展循环型农业、破解"三农"问题、建设社会主义新农村及进行农业供给侧结构性改革的重要途径及手段。涉农企业在发展循环型农业过程中，如何协调组织中的各项资源，对其在经营状况、技术创新、减量化投入、再利用、再循环等方面的行为绩效进行评价，成为政府部门、企业投资者与管理者以及专家学者共同关注的焦点问题。本章通过构建财务与非财务指标整合的综合评价指标体系，采用定量分析方法，对涉农企业发展循环型农业的行为绩效进行综合分析，从而获得涉农企业发展循环型农业的行为绩效综合水平的信息。此外，涉农企业应该能够从评价结果中获得有效的改进信息，以保证不断提高其在发展循环型农业过程中的行为绩效水平。

6.1 我国涉农企业整体现状描述

6.1.1 涉农企业发展的主要成就

目前，我国涉农企业保持较快发展态势，转型升级的步伐加快，体制与机制不断得到创新，对我国经济发展企稳回升、优化布局结构、深化农业供给侧结构性改革做出了积极、有益的贡献。

（1）涉农企业的规模与效益持续增长

截至 2014 年年底，我国各类涉农企业约 33.41 万家，其中龙头涉农企业 12.55 万家。经济效益增长较快，龙头涉农企业的销售收入由 2006 年的 3.20 万亿元增长到 2014 年的 8.64 万亿元，平均增速达到 13.2%；总产值由 2006 年的 3.35 万亿元增长到 2014 年的 8.99 万亿元，平均增速达到 13.12%；净利润由 2006 年的 0.19 万亿元增长到 2014 年的 0.56 万亿元，平均增速达到 14.79%。龙头涉农企业规模也得到快速发展，县级以上龙头涉农企业数由 2006 年的 6.82 万家增长到 2014 年的 12.55 万家，平均增速达到 7.92%；固定资产总值由 2006 年的 1.07 万亿元增长到 2014 年的 3.52 万亿元，平均增速达到 15.99%（表 6-1 和图 6-1）。一批大型龙头企业以兼并重组的形式使综合实力得到不断增强。龙头涉农企业，一头连接国内外市场，一头连接农户，坚持"深加工带动、产业化经营、集团化运作、依托名牌产品开拓市场"的经营理念，在稳定农村经济、吸纳农村劳动力、促进农民增收、发展绿色农业、增加地方财政收入、推进农业结构优化升级及加快城镇化进程等方面发挥了积极的作用。

表 6-1 2006 ～ 2014 年全国龙头涉农企业发展情况

年份	龙头涉农企业数（万家）	固定资产总值（亿元）	实现销售收入（亿元）	净利润（亿元）	总产值（亿元）
2006	6.82	10 743	32 047	1 853.92	33 527
2007	7.44	12 276	34 755	2 030.04	35 244
2008	8.15	14 200	38 300	2 293.53	38 125
2009	8.97	16 300	42 500	2 516.69	48 520
2010	9.92	19 100	50 200	3 074.75	51 540
2011	11	22 297	57 000	3 613.80	56 724
2012	11.83	26 032	68 800	4 667.83	69 565
2013	12.34	31 356	78 600	5 158.62	80 125
2014	12.55	35 216	86 400	5 589.45	89 905
年均增长率	7.92%	15.99%	13.2%	14.79%	13.12%

数据来源：根据《中国统计年鉴》（2015 年）、中华人民共和国农业部《2014 中国农业发展报告》整理。

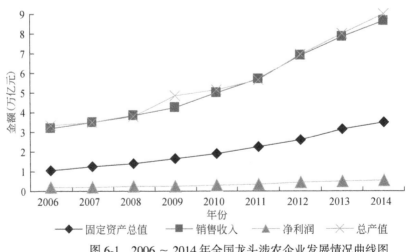

图 6-1 2006 ～ 2014 年全国龙头涉农企业发展情况曲线图

(2) 涉农企业转型升级步伐加快

主要体现在：①科研创新能力持续加强。2013 年科研投入 587.32 亿元，拥有农业科研及推广人员达 87.05 万人，拥有专门科研机构的龙头涉农企业达 1.67 万家，科研成果获得省级及以上奖励及荣誉的涉农企业为 9958 家，分别比上年同期增长 10.1%、6%、8.6%、14.1%。②市场竞争力稳步提升。涉农企业注重标准化基地建设，严格投入农产品管理，强化农产品质量检验，积极构建可追溯的农产品从生产、收购、储存、物流、销售到消费的全链条体系。2013 年涉农企业在质检、检疫、质量认证等环节共投入 371.61 亿元，比上年增长 22.1%；通过质量认证体系的龙头涉农企业达到 3.08 万家，比上年增长 6%；农产品获省级及以上著名商标或名牌产品的涉农企业达 1.24 万家，比上年增长 9.3%。③农产品附加值稳步提高。2013 年全国涉农企业农产品生产基地建设共投入 3858.09 亿元，比上年增加 15.2%。采用订单及涉农企业自建基地的原材料采购额占全部原材料采购额的 66.3%，比上年提高 2.6%。大力发展农产品的精深加工，农产品的附加值稳步提高，2013 年全国涉农企业的销售收入与主要农产品原材料采购总额之比达到 2.3∶1，比上年提高 13%，2014 年仍然保持了这一比例。④产业集中度持续提升，集群集聚趋势明显。在市场竞争日趋激烈的形势下，国内涉农企业呈现集团化、集群化的发展态势，大中型涉农企业数量持续增加，主营业务收入占比不断提高。各省市、地区积极推进优势涉农企业向优势产区集中、优势产业向优势区域聚集。到 2013 年年底，全国 153 家国家农业产业化示范基地共聚集超过 7000 家涉农企业，全年销售收入超过 1.3 万亿元，分别占全国总量的 6%、17%[149]。

(3) 涉农企业保障农产品有效供给及带动劳动就业作用不断提高

各类涉农企业辐射带动种植业生产基地的耕地面积占全国农作物种植面积达 60% 左右，带动畜禽养殖量约占全国养殖量超过 65%，带动水面养殖的面积超过全国 80% 以上。2013 年，涉农企业主要农产品原材料采购额全年达到 3.41 万亿元，这一数据占全国农林牧渔总产值的 35.2%。涉农企业辐射带动农户达到 1.22 亿户，比上年增长 3.8%，农户户均年增收达到 3097 元，比上年提高 10.5%。龙头涉农企业职工超过 2400 万人，比上年增加 5.3%。

(4) 涉农企业以农业产业化形式引领新型农业经营体系的构建

主要体现在：①工商业资本、民间资本、外资不断投入农业领域，有的地区提出要以工业理念发展涉农企业，使农业经营理念不断创新，为涉农企业的快速发展注入了新的活力，同时引入先进的生产要素、现代科学的管理模式、先进的生产组织方式，极大地促进农业生产经营方式的转变。②形成多元生产经营主体的有效链接，使企业组织模式不断创新。逐步呈现出龙头涉农企业带动农户发展成有一定规模的专业大户、家庭农场、农业合作社等新型组织模式，促进企业经营与家庭农场、合作经营及集体经营有效对接，推进复合型、立体式的新型农业经营体系的建设。③股份合作不断发展，不断创新联结机制。采取股份合作方式的涉农企业数量比上年同期增加12.2%，增长幅度超过合同、合作方式达4%。农户以土地经营权入股涉农企业参与农业产业化经营模式有了初步探索。

6.1.2 涉农企业发展存在的问题

我国涉农企业经过几十年的发展壮大，逐渐成为市场经济的重要行为主体。在发展过程中一定会出现许多问题。进一步推动涉农企业的发展，找到制约其发展的根源和影响其行为绩效的因素，尤显重要。

（1）区域发展不平衡

现阶段，我国的涉农企业以东部地区分布较为集中，中西部及东北地区涉农企业数量相对较少，存在较为明显的区域性。以加工业涉农企业为例，东部地区农产品加工业2014年全年实现主营业务收入达到9.6万亿元，占全国加工业涉农企业总和的55.8%；中部与西部地区主营业务收入分别为5.04万亿元和2.56万亿元，分别占全国加工业涉农企业总和的29.3%和14.9%。以农业生产类企业单位数看，东部地区共计137 523个，占全国总和的34.83%；中部地区共计104 191个，占全国总和的26.39%；西部地区126 055个，占全国总和的31.93%；东北地区27 069个，只占全国总和的6.85%（表6-2）。从分省看，山东、江苏、河南3省的农产品加工业涉农企业主营业务收入达到3.3万亿元，位居全国的前三位。但从发展速度看，2013年中、西部农产品加工业主营业务收入比上一年分别增长1%和0.2%，而东部地区比上一年却下降1.2%。从分省看，黑龙江、湖北、贵州3省的农产品加工业主营业务收入增速均超过20%，居全国前三位，到2014年、2015年这一差距将会继续减小，将进一步缩小我国涉农企业区域发展不平衡问题。

（2）与农户的利益联结机制不完善

目前，很多涉农企业采用订单农业等利益联结方式与农户建立"风险共担、利益共享"的经济合作关系，但仍然有很多涉农企业与分散农户之间建立的是较为松散的市场关系。这两类联结关系都具有一定的缺陷，使涉农企业和农户之间的利益联结机制还不够完善。在"订单农业"模式中，由于联结的双方行为主体都以利润最大化为各自的追求目标，契约关系不完全、不稳定，当市场价格出现波动的时候，极易出现爽约的情况。如果农产品市场价格高于契约价格，将出现农户违约，不愿意以契约价格出卖给涉农企业；如果农产品市场价格低于契约价格时，将出现涉农企业违约，不愿意以契约价格收购农产品。涉农企业和农户在松散的市场关系中，因为没有稳定的买卖关系，可能出现涉农企业不愿收购农产品造成农户"卖难"、农户"惜售"造成涉农企业原料采购不能保证。没有形成足够保障和有效的利益联结机制，引发双方矛盾不断产生。

表 6-2　我国 2014 年涉农企业分地区法人单位数

地区	农业	林业	畜牧业	渔业	农林牧渔服务业	农产品加工业	食品制造业	酒饮料茶制造业	烟草业
东部地区	137 523	23 325	46 899	23 874	59 700	45 859	26 893	16 058	101
中部地区	104 191	20 594	72 895	12 748	50 849	33 443	12 943	11 680	207
西部地区	126 055	21 822	113 640	21 800	38 178	24 781	11 416	13 520	103
东北地区	27 069	3 310	15 028	2 641	28 904	14 985	4 240	3 317	44
合计	394 838	69 051	248 462	61 063	177 631	119 068	55 492	44 575	455

数据来源：《中国基本单位统计年鉴》（2015 年）。

（3）涉农企业涉及行业广泛，但行业集中度较高

我国的涉农企业广泛涉及第一、第二及第三产业，涉及的领域包括农、林、牧、副、渔、果、菜等行业，具体包括农业、林业、畜牧业、渔业、农林牧渔服务业、农副产品加工业、食品制造业、酒饮料茶制造业、烟草制造业等。虽然行业分布很广泛，但行业集中度较高。以企业单位数为例，其中农业 233 898 个，占全部企业单位数的 30.51%；畜牧业 152 186 个，占全部企业单位数的 19.85%；农副产品加工业 118 957 个，占全部企业单位数的 15.52%。可见，超过 65.88% 的涉农企业从事的是农业、畜牧业及农副产品工业，形成较高的行业集中度（图 6-2）。

（4）社会化配套服务体系不健全

主要表现在：①我国的土地流转、农业科技、商品流通等服务市场体系还不够健全，致使涉农企业产生较高的交易费用。由于目前我国尚无成形的技术人才市场，涉农企业在技术研发、人才培养等方面发展存在很大的困难。此外，由于

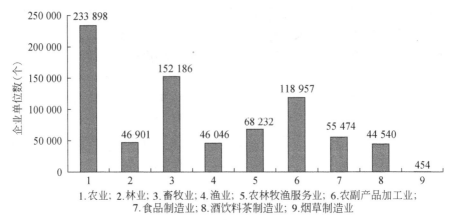

图 6-2　2014 年我国涉农企业分行业企业单位数

数据来源：《中国基本单位统计年鉴》（2015 年）。

土地流转市场还不规范，很多涉农企业在建设生产基地时，在没有和农户征求意愿的情况下，直接与地方政府进行谈判，土地冲突矛盾激化。②资金保障不够。一是金融机构对涉农企业提供贷款要求严苛，而农村信用合作社贷款额度偏低，不能满足涉农企业的贷款要求，使其资金不能保证。二是地方政府扶持资金不到位。我国涉农企业数量众多，但由于各级地方政府扶持资金不足，每个涉农企业能够获得的扶持资金有限，很多企业资金缺口较大，资金运转效率较低。由于农业资金不能得到充足的保障，涉农企业的抗风险能力降低，不能快速发展。③缺乏规范涉农企业与农户之间市场行为的法律法规。当前，关于农业产业化涉农企业和农户间市场行为相关的法律法规还很不健全，双方的市场交易行为很不规范，双方利益都很难得到有效保证。

6.2　涉农企业行为绩效研究现状

基于循环型农业的涉农企业行为绩效是指在循环型农业的发展过程中，涉农企业合理分配投入，旨在获得最大产出，是对涉农企业在这一过程中实现最小投入或最大产出有效程度的度量，强调涉农企业在减量化投入、再利用和再循环 3 个方面所产生的综合效率。当前，涉农企业之间的竞争日趋激烈，并逐步趋向于涉农企业综合效率的竞争。

关于涉农企业绩效评价的文献，李宁基于 DEA-Benchmarking 模型，从财务、流程及技术创新、客户关系、人力资源 4 个方面对涉农企业的全面绩效进行综合评价，该研究采用 CRS 与 VRS 两种数据包络分析模型进行测度与分析，从上述 4 个方面提出相应的对策和建议[150]。胡铭采用结构方程模型（SEM）技术对农业企业社会责任与经营绩效进行实证分析和研究，认为企业能力能够在农业企业社会责任与其市场价值之间发挥调节效应[151]。黄虹和宋马林利用组合计量－数据包络评价模型对涉农企业的生产效率进行研究[152]，分析涉农企业的投入冗余和产出不足，为其生产效率提供评价依据。范黎波等以 2006～2010 年上市农业企业为样本，从权变的角度，对农业企业绩效的影响从多元化和政府补贴两个方面进行了检验[153]。贾伟和秦富通过构建回归模型，利用 2009～2010 年我国部分农业龙头企业的相关数据，对影响农业企业绩效的因素进行实证分析，指出劳动力、资产总额、研发投入、产销比等对农业企业绩效均能够产生显著的正向影响[154]。崔宝玉和刘学采用DEA-BCC 模型分析了我国龙头农业企业的经营效率，并运用 Tobit 模型验证了政府对农业企业财税扶持影响其经营效率的效应[155]。

从现有的文献中看，对涉农企业绩效的评价研究，虽然涵盖了对涉农企业的全面绩效的综合评价，但尚未有从循环型农业的视角研究涉农企业的综合效率，不利于充分发挥涉农企业在发展循环型农业进程中承上启下的关键作用。本章在现有的涉农企业综合效率研究的基础上，确立了涉农企业在循环型农业发展中的地位和作用，通过问卷调查对黑龙江省 39 家龙头涉农企业在循环型农业发展中行为效率进行了实证研究，分析了影响涉农企业综合效率偏低的因素，以调整和优化涉农企业在发展循环型农业过程中的行为选择，为指导涉农企业发展循环型农业有针对性地提供政策上的建议和参考，加快循环型农业的发展进程，最终实现农业的可持续发展。

6.3 评价指标选择及评价模型建立

6.3.1 评价指标的选择

根据科学性、系统性、可计量性、动态性、循环属性等原则，确定基于循环型农业视角的涉农企业综合效率的一级评价指标分别是经营绩效、技术创新、减量化投入、再利用、再循环 5 类。其中，经营绩效的二级评价指标包括销售利润率、总资产增长率、资产负债率、成本费用利润率；技术创新的二级评价指标包括新产品新技术研发费用、新产品产值、科技人员数；减量化投入的二级评价指标包括单位产品资源投入量、投入资源产出率、资源投入利润率；再利用的二级评价指标包括深加工产品产值、包装物回收率、深加工产品品种数；再循环的二级评价指标包括年度农业废弃物总量、农业废弃物资源化率、年度污染物无害化处理费用，共计 16 个指标，见表 6-3。

表 6-3　基于循环型农业视角的涉农企业行为绩效评价指标体系

一级变量指标	二级变量指标	单位	变量界定
经营绩效	销售利润率 x_1	%	利润总额与销售收入之比
	总资产增长率 x_2	%	年末与年初资产总额之比
	资产负债率 x_3	%	负债总额与资产总额之比
	成本费用利润率 x_4	%	利润总额与年度成本费用之比
技术创新	新产品新技术研发费用 x_5	万元	年度科研费用投入总额
	科技人员数 x_6	人	年初与年末科研人数的平均数
	新产品产值 x_7	万元	年度开发新产品总产值
减量化投入	单位产品资源投入量 x_8	万元/t	资源投入总额与产品产量之比
	投入资源产出率 x_9	%	产品产值与资源投入总额之比
	资源投入利润率 x_{10}	%	利润总额与资源投入总额之比
再利用	深加工产品产值 x_{11}	万元	深加工产品产值总数
	包装物回收率 x_{12}	%	包装物回收数量与包装物总数之比
	深加工产品品种数 x_{13}	个	深加工产品品种数量
再循环	农业废弃物资源化率 x_{14}	%	资源化废弃物与废弃物总量之比
	年度农业废弃物总量 x_{15}	万 t	年度生产产生农业废弃物总量
	年度污染物无害化处理费用 x_{16}	万元	对污染物进行无害化处理费用

6.3.2　模型的构建

目前，国内外学者提出多种测度和评价企业效率的多指标综合评价方法，但这些评价方法往往存在指标数量过多、赋权的主观性及指标之间具有一定的相关性等方面的问题，无疑会增加分析问题的难度与复杂性。1901 年，英国统计学家 Karl Parson 使用主成分分析方法对非随机变量进行研究，1933 年美国数学家 Hotelling 又把这种方法应用到随机向量的研究。这种多指标综合评价方法的原理是在相关分析的基础上，把原来多个变量划为少数几个综合指标，以较少的新变量表示较多的旧变量，且使较少的新变量尽可能多地表示较多旧变量的信息，同时它们又是彼此独立的，消除了多重共线性。从数学角度来看，这是一种降维处理技术。

设 x_1，x_2，$\cdots$，x_p 为原变量指标，F_1，F_2，$\cdots$，F_m 为新变量指标，其中 $m \leqslant p$。

$$
\begin{cases}
F_1 = l_{11}x_1 + l_{12}x_2 + \cdots + l_{1p}x_p \\
F_2 = l_{21}x_1 + l_{22}x_2 + \cdots + l_{2p}x_p \\
\qquad \cdots \\
F_m = l_{m1}x_1 + l_{m2}x_2 + \cdots + l_{mp}x_p
\end{cases}
\tag{6-1}
$$

系数 l_{ij} 的确定原则：① F_i 与 F_j 相互无关（其中：$i \neq j$；$i, j = 1, 2, \cdots, m$）；② F_1 是 $x_1, x_2, \cdots, x_p$ 的一切线性组合中方差最大者，F_2 是与 F_1 不相关的 $x_1, x_2, \cdots, x_p$ 的所有线性组合中方差最大者；$\cdots$；F_m 是与 $F_1, F_2, \cdots, F_{m-1}$ 都不相关的 $x_1, x_2, \cdots, x_p$ 的所有线性组合中方差最大者。则新变量 $F_1, F_2, \cdots, F_m$ 分别称为原变量指标 $x_1, x_2, \cdots, x_p$ 的第 $1, 2, \cdots, m$ 主成分。由此能够看出，这种分析实质就是确定旧变量 x_j（$j = 1, 2, \cdots, p$）在各主成分 F_i（$i = 1, 2, \cdots, m$）上的荷载 l_{ij}（$i = 1, 2, \cdots, m$；$j = 1, 2, \cdots, p$）。即使得方差最大的 1 个相互正交的方向及沿着这些方向的方差是一个特征值向量的特征值。这些特征值和特征向量是 $Ax = \lambda x$ 的解，其中 A 表示样本协方差阵或样本相关矩阵，由此可以解决因变量量纲不同出现的问题。从数学的角度能够证明，它们分别是相关矩阵 m 个较大的特征值所对应的特征向量[156]。最后根据主成分得分函数计算出每个被评价对象的综合得分[157]：

$$
F = \sum_{i=1}^{m} \left(\frac{\lambda_i}{p} \right) F_i
\tag{6-2}
$$

6.4　基于循环型农业的涉农企业行为绩效综合评价的实证分析

6.4.1　样本的选取及数据来源

本书所采用的数据来自对黑龙江省涉农企业的调查。之所以选择黑龙江省的涉农企业作为研究对象，主要是考虑到：截至 2014 年年底，黑龙江省农业人口为 1627.32 万人，占全省总人口比例达 42.6%；农业总产值 4894.8 亿元，占全省总产值的 32.55%[158]，是我国的农业大省。这个省具有农林牧渔业涉企业达到 28 504 个，其中具有一定规模的涉农企业已超过万家，不乏龙头涉农企业。本书样本的选取依据主要是截至 2014 年年末资产总额达到 2 亿元以上、固定资产达到 0.8 亿元、年销售收入达到 1 亿元以上的涉农企业，这样选取的理由主要是考虑只有具有一定规模的涉农企业才具有发展循环型农业的实力。样本数据主要采自黑龙江省 39 家龙头涉农企业，其中，销售利润率、总资产增长率、资产负债率、成本费用利润率、投入资源产出率、资源投入利润率等指标主要根据企业 2014 年年末会计报表计算得到；新产品新技术研发费用、科技人员数、新产品产值、单位产品资源投入量、深加工产品产值、包装物回收率、深加工产品品种数、农业废弃物资源化率、年度农业废弃物总量、年度污染物无害化处理费用等指标通过对企业发放调查问卷获取。共发出调查问卷 58 份，收回 49 份，回收率为 84.48%。在剔除一些遗漏关键性信息与矛盾的信息后，最终得到有效调查问卷 39 份，作为本书分析的样本数据及依据。

6.4.2　主要评价指标的描述性统计分析

表 6-4 给出了主要评价指标的基本描述性统计值。由表 6-4 可知，样本公司的平均销售利润率为 1.952%，表明样本涉农企业总体盈利能力较低，可能会对涉农企业经营性现金流量产生较大影响；总资产平均增长率为 54.607%，表明样本涉农企业总体成长性良好，但最大值为 748.060%，最小值为 −51.430%，表明个体差异较大；资产负债率平均值为 59.630%，表明样本公司的总体负债水平较好，财务风险不大；新产品新技术平均研发费用及平均科技人员数分别为 66.098 万元、12.080 人，表明样本涉农企业总体科研投入不足，导致新产品产值平均数 3 844.023 万元与其他行业企业的新产品产值相比不高；单位产品资源投入量最大值为 2.520 万元 /t，最小值为 0.306 万元 /t，表明行业不同，资源投入成本有较大差异，并导致涉农企业间的投入资源产出率及资源投入利润率也有较大不同；深加工产品产值最大值为 32 550.420 万元，最小值为 0，表明涉农企业之间农业产业链的延伸很不均衡；年度农业废弃物总量平均数与标准差分别为 356.590 万 t、569.450 万 t，表明农业废弃物可资源化的潜在可能性因行业不同而产生较大的个体差异；年度污染物无害化处理费用最大值为 557.600 万元，最小值为 0，表明样本涉农企业的生态环境保护观念与意识具有很大不同。

表 6-4　主要评价指标的描述性统计表

变量指标	极小值	极大值	均值	标准差	方差
销售利润率 x_1	−20.590	20.180	1.952	6.363	40.484
总资产增长率 x_2	−51.430	748.060	54.607	134.693	18 142.337
资产负债率 x_3	12.880	129.490	59.630	24.852	617.626
成本费用利润率 x_4	−17.620	25.280	2.510	7.165	51.342

续表

变量指标	极小值	极大值	均值	标准差	方差
新产品新技术研发费用 x_5	0	320.110	66.098	94.528	8 935.503
科技人员数 x_6	2	38	12.080	9.705	94.178
新产品产值 x_7	0	24 500.860	3 844.023	5 933.078	3.520×10^7
单位产品资源投入量 x_8	0.306	2.520	0.760	0.608	0.370
投入资源产出率 x_9	1.12	2.370	1.605	0.320	0.103
资源投入利润率 x_{10}	−22.390	41.840	4.095	10.779	116.188
深加工产品产值 x_{11}	0	32 550.420	4 782.423	7 813.724	6.105×10^7
包装物回收率 x_{12}	0	33.2	9.431	11.034	121.747
深加工产品品种数 x_{13}	0	39	8.970	10.222	104.499
农业废弃物资源化率 x_{14}	2.840	75.950	30.671	19.897	395.898
年度农业废弃物总量 x_{15}	31	2960	356.590	569.450	3.243×10^5
年度污染物无害化处理费用 x_{16}	0	557.600	48.132	114.723	13 161.326

6.4.3 数据处理

（1）标准化处理

在进行评价指标的统计分析时，要消除不同要素的数据因不同单位和量纲所产生的影响，对评价指标的原始数据进行标准化处理。本书采用 Z-score e 标准化（zero-mean normalization），也叫标准差标准化，经过处理的数据符合标准正态分布，即均值为 0，标准差为 1，其转化函数为

$$zx_{ij} = \frac{x_i - \overline{x}}{\sqrt{\dfrac{1}{n}\sum_{i=1}^{n}(x_i - \overline{x})^2}} \ (i=1, 2, \cdots, n) \tag{6-3}$$

式中，zx_{ij} 为经过标准化处理的数值；x_i 为原始统计数值；$\overline{x}$ 为原始数值中的平均值；以 $\sqrt{\dfrac{1}{n}\sum_{i=1}^{n}(x_i - \overline{x})^2}$ 为标准差。评价指标的相关系数矩阵见表 6-5。

表6-5 评价指标的相关系数矩阵

企业名称	x_1	x_2	x_3	x_4	x_5	x_6	x_7	x_8	x_9	x_{10}	x_{11}	x_{12}	x_{13}	x_{14}	x_{15}	x_{16}
FYSY	-0.208	-0.541	-0.069	-0.258	-0.419	-0.008	0.403	2.295	0.794	-0.277	0.312	1.665	0.883	0.749	-0.047	0.133
FHRYQ	-0.245	-0.210	2.811	-0.294	0.598	1.332	-0.243	-0.460	0.202	-0.328	-0.201	0.564	0.003	0.342	-0.446	-0.202
YLRY	-0.027	-0.212	0.328	-0.070	2.649	2.465	3.357	-0.549	0.480	-0.096	3.503	2.096	2.546	1.581	1.693	4.441
QM	-3.543	-0.438	-0.113	-2.809	-0.098	-0.626	-0.623	-0.230	-1.131	-2.457	-0.572	-0.615	-0.389	0.593	-0.564	-0.331
YSLRY	0.504	-0.321	-1.442	0.424	1.894	2.671	0.427	-0.619	1.333	0.479	0.311	1.469	0.687	1.072	-0.221	0.861
FHGN	2.189	-0.258	-1.549	2.946	0.153	2.053	3.482	-0.687	2.377	2.805	3.554	2.150	2.937	1.071	1.868	0.646
GMSH	0.160	-0.371	-0.103	0.113	1.635	1.744	0.861	-0.565	0.763	0.125	0.567	1.469	1.176	-0.273	1.096	-0.211
FYMX	-0.223	-0.646	-0.701	-0.275	0.602	0.301	-0.540	-0.444	0.015	-0.287	-0.519	-0.340	-0.389	0.173	-0.380	-0.151
KSTY	-0.333	0.200	1.038	-0.374	-0.531	-0.523	0.566	-0.302	-0.782	-0.400	0.553	0.662	0.687	0.210	1.569	-0.222
KDFR	-1.452	-0.375	-0.612	-1.437	-0.699	0.713	-0.648	-0.148	-0.591	-1.447	-0.598	-0.855	-0.780	-0.871	-0.559	-0.308
WYMY	0.495	-0.373	-1.817	0.398	-0.699	-0.214	-0.648	-0.608	-0.209	0.360	-0.612	-0.855	-0.878	-0.265	0.938	-0.398
MLRY	-1.842	-0.787	1.266	-1.637	-0.430	0.404	-0.648	-0.108	-1.412	-1.539	-0.584	-0.855	-0.682	-0.768	-0.549	-0.386
MN	0.053	-0.345	-0.313	0.010	2.687	2.362	1.425	-0.549	0.754	0.025	1.390	1.850	1.959	2.276	0.446	1.722
DHNY	-0.005	2.643	0.381	-0.091	0.962	0.095	-0.144	-0.523	-0.206	-0.115	-0.159	0.364	-0.193	1.389	-0.370	-0.249
JLRZP	-0.187	-0.425	1.807	-0.243	-0.481	-0.317	0.953	2.894	-0.056	-0.268	0.733	1.887	0.687	1.254	-0.356	-0.345
HHMY	1.017	-0.141	-0.397	0.999	-0.320	-0.729	-0.648	-0.624	0.660	1.092	-0.612	-0.855	-0.878	0.969	-0.306	-0.308

续表

企业名称	x_1	x_2	x_3	x_4	x_5	x_6	x_7	x_8	x_9	x_{10}	x_{11}	x_{12}	x_{13}	x_{14}	x_{15}	x_{16}
YYRQ	0.213	-0.406	-0.865	0.138	-0.699	-0.111	-0.648	1.519	1.159	0.289	-0.596	-0.855	-0.780	1.559	-0.553	-0.272
GSNM	0.377	-0.311	-0.515	0.325	-0.105	-0.420	-0.267	1.990	1.480	0.446	-0.201	-0.075	-0.487	0.570	-0.572	-0.333
JYYZ	-0.190	-0.019	-0.582	-0.236	-0.405	-0.626	0.121	-0.355	0.545	-0.238	0.221	-0.023	0.687	-0.132	-0.361	-0.373
YSSP	1.012	0.040	0.453	0.807	1.786	-0.626	0.112	1.579	1.511	1.532	0.079	0.101	0.394	2.093	-0.541	-0.170
ZLSH	-0.381	-0.456	0.329	-0.417	1.952	0.198	1.436	-0.317	-0.950	-0.438	1.505	0.943	1.861	-0.270	4.572	3.203
HLSY	-0.316	0.543	0.274	-0.359	-0.699	-0.214	-0.210	-0.606	-0.545	-0.386	-0.201	-0.262	-0.291	-0.075	-0.490	-0.420
DXMY	0.037	-0.617	0.459	-0.028	-0.639	-0.729	-0.648	-0.575	-0.972	-0.130	-0.612	-0.855	-0.878	-0.452	-0.468	-0.401
PCMY	-0.266	5.148	1.549	-0.313	-0.699	-0.626	-0.648	-0.743	-0.751	-0.364	-0.612	-0.855	-0.878	-1.163	-0.381	-0.409
LHMY	0.125	-0.238	-1.881	0.043	-0.699	-0.832	-0.648	-0.601	-0.736	-0.112	-0.612	-0.855	-0.878	-0.618	-0.482	-0.397
BYMY	-0.288	0.271	0.469	-0.331	-0.565	-0.832	-0.533	-0.667	-1.218	-0.369	-0.543	-0.855	-0.389	-1.066	-0.239	-0.401
JCLM	-0.286	-0.053	0.920	-0.332	-0.587	-1.038	-0.648	-0.688	-0.898	-0.363	-0.612	-0.855	-0.878	-1.074	0.103	-0.378
FRMY	-0.348	-0.366	-0.924	-0.387	-0.699	-1.038	-0.648	-0.539	-1.162	-0.405	-0.612	-0.855	-0.878	-0.934	-0.355	-0.420
ZXR	0.305	-0.374	-1.132	0.200	-0.555	-0.214	-0.385	1.013	0.106	0.244	-0.363	-0.240	-0.389	-0.827	-0.568	-0.392
XCMY	-0.047	0.362	0.543	-0.112	-0.699	-0.729	-0.648	-0.610	-1.212	-0.251	-0.612	-0.855	-0.878	-1.399	0.322	-0.399
DQMY	-0.197	-0.196	0.407	-0.251	-0.639	-0.317	-0.328	-0.747	-0.596	-0.290	-0.443	-0.116	0.003	-1.294	-0.511	-0.394
YHNM	0.044	-0.229	-0.630	-0.011	-0.096	-0.317	-0.537	-0.571	-0.072	-0.033	-0.542	-0.641	-0.487	-1.152	-0.561	-0.412

续表

企业名称	x_1	x_2	x_3	x_4	x_5	x_6	x_7	x_8	x_9	x_{10}	x_{11}	x_{12}	x_{13}	x_{14}	x_{15}	x_{16}
XFYZ	-0.091	-0.147	-0.214	-0.159	-0.325	-0.214	-0.446	-0.019	-0.003	-0.224	-0.415	-0.071	0.100	-0.471	-0.547	-0.302
JSMY	-0.203	-0.111	0.928	-0.264	-0.630	-0.729	-0.499	-0.631	-1.508	-0.323	-0.554	-0.855	-0.291	-0.771	-0.510	-0.342
BFLS	-0.021	0.124	0.837	-0.082	-0.471	-0.729	-0.066	-0.587	-1.044	-0.236	-0.034	0.295	-0.095	-1.085	-0.134	-0.396
HYNY	2.865	-0.201	-0.998	3.178	-0.699	-0.317	-0.648	1.950	1.760	3.502	-0.612	-0.855	-0.878	0.470	-0.295	-0.223
BFHY	1.714	0.171	-0.289	1.685	-0.122	-0.317	0.583	1.523	1.495	1.037	0.481	0.544	0.492	-0.319	-0.248	-0.286
CZZY	-0.275	-0.173	-0.198	-0.320	-0.566	-0.420	-0.594	-0.071	0.202	-0.353	-0.597	-0.855	-0.780	-0.331	-0.482	-0.370
DMZY	-0.134	-0.165	0.546	-0.179	-0.641	-0.523	-0.538	-0.016	0.417	-0.206	-0.579	-0.855	-0.780	-0.762	-0.512	-0.408

数据来源: 根据调研资料整理。鉴于企业相关数据的保密性，本书在企业的设定中不会出现企业的名称。

（2）适合性检验

使用统计分析软件 SPSS 21.0 对上述经过无量纲化处理的统计数据进行了 Kaiser-Meyer-Olkin（KMO）检验与 Bartlett 球形假设检验（表 6-6）。检验结果是：KMO 统计数值为 0.749 > 0.6，Bartlett 球形假设检验的结果显著性水平为 0.000，拒绝原假设，相关系数矩阵为单位阵，表明变量之间不存在相关关系。检验结果表明样本量充足，适合并可以使用主成分分析技术对样本原始数据进行统计分析。

表 6-6 相关系数矩阵检验

项目指标	数值
Kaise-Meyer-Olkin Measure of Sampling Adequacy（KMO 检验统计量）	0.749
Bartlett's Test of Approx.Chi-Square（Bartlett 球形检验）	848.871
Sphericity df （自由度）	120
Sig.（P 值）	0.000

6.4.4 数据分析

使用 SPSS 21.0，依据特征值 > 1 原则提取公共因子，并采用最大方差旋转法（varimax）对因子载荷矩阵进行旋转、采用回归法（regression）计算因子得分。经过运行输出结果，得到主成分矩阵特征值及累计方差贡献率（表 6-7）、主成分碎石图（图 6-3）、39 家涉农企业主成分系数矩阵（表 6-8）、39 家涉农企业经旋转的主成分系数矩阵（表 6-9）。

表 6-7 主成分矩阵特征值及累计方差贡献率

初始特征值			提取的平方和载荷			经旋转的提取平方和载荷		
总计	方差贡献率	累计方差贡献率	总计	方差贡献率	累计方差贡献率	总计	方差贡献率	累计方差贡献率
7.027	43.921	43.921	7.027	43.921	43.921	6.344	39.653	39.653
3.438	21.487	65.408	3.438	21.487	65.408	3.649	22.809	62.462
1.425	8.909	74.318	1.425	8.909	74.317	1.787	11.170	73.632
1.220	7.624	81.942	1.220	7.624	81.941	1.330	8.309	81.942
0.921	5.758	87.700						
0.563	3.518	91.217						

初始特征值			提取的平方和载荷			经旋转的提取平方和载荷		
总计	方差 贡献率	累计方差 贡献率	总计	方差 贡献率	累计方差 贡献率	总计	方差 贡献率	累计方差 贡献率
0.490	3.064	94.282						
0.280	1.748	96.030						
0.227	1.416	97.446						
0.172	1.078	98.524						
0.127	0.796	99.321						
0.053	0.333	99.654						
0.031	0.196	99.850						
0.018	0.114	99.964						
0.004	0.028	99.992						
0.001	0.008	100.000						

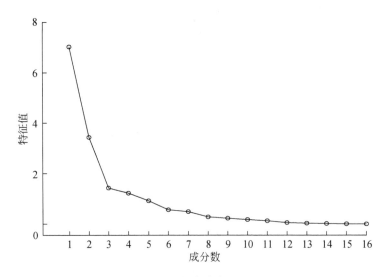

图 6-3　主成分碎石图

表6-8 39家涉农企业主成分系数矩阵

评价指标	F_1	F_2	F_3	F_4
新产品产值 x_7	0.927	−0.207	0.095	0.054
深加工产品产值 x_{11}	0.919	−0.214	0.117	0.039
深加工产品品种数 x_{13}	0.913	−0.274	0.017	0.039
包装物回收率 x_{12}	0.868	−0.208	−0.186	0.164
科技人员数 x_6	0.765	−0.242	−0.098	−0.121
新产品新技术研发费用 x_5	0.753	−0.335	−0.114	0.007
年度污染物无害化处理费用 x_{16}	0.749	−0.433	0.123	−0.097
农业废弃物资源化率 x_{14}	0.664	0.115	−0.521	0.136
投入资源产出率 x_9	0.648	0.619	−0.268	0.006
年度农业废弃物总量 x_{15}	0.613	−0.347	0.440	−0.121
资源投入利润率 x_{10}	0.498	0.814	0.224	0.057
销售利润率 x_1	0.464	0.799	0.299	0.088
成本费用利润率 x_4	0.499	0.798	0.301	0.058
单位产品资源投入量 x_8	0.129	0.479	−0.644	0.208
总资产增长率 x_2	−0.164	−0.022	0.378	0.746
资产负债率 x_3	−0.176	−0.433	−0.081	0.718

方差贡献率表示该主成分所能反映的原有指标的信息量，累计方差贡献率表示相应几个主成分累计所能反映的原指标信息总量。由表6-7可知，F_1、F_2、F_3、F_4四个主成分的方差贡献率分别为43.921%、21.487%、8.909%、7.624%，方差贡献率已经达到81.941%＞80%，即前4个主成分可以反映原指标81.941%的信息量，因此，可以将其确定为所需提取的4个全局主成分（表6-7）。

根据主成分得分的系数矩阵（表6-8）和特征值计算出单位特征向量，得到主成分函数的表达式为

$F_1 = 0.175zx_1 - 0.062zx_2 - 0.066zx_3 + 0.188zx_4 + 0.284zx_5 + 0.289zx_6 + 0.35zx_7 + 0.049zx_8 + 0.244zx_9 + 0.188zx_{10} + 0.347zx_{11} + 0.327zx_{12} + 0.344zx_{13} + 0.25zx_{14} + 0.231zx_{15} + 0.283zx_{16}$

$F_2 = 0.431zx_1 - 0.012zx_2 - 0.234zx_3 + 0.43zx_4 - 0.181zx_5 - 0.131zx_6 - 0.112zx_7 + 0.258zx_8 + 0.334zx_9 + 0.439zx_{10} - 0.115zx_{11} - 0.112zx_{12} - 0.148zx_{13} + 0.062zx_{14} - 0.187zx_{15} - 0.234zx_{16}$

$F_3 = 0.25zx_1 + 0.317zx_2 - 0.068zx_3 + 0.252zx_4 - 0.096zx_5 - 0.282zx_6 + 0.35zx_7 - 0.539zx_8 - 0.225zx_9 + 0.188zx_{10} + 0.098zx_{11} - 0.156zx_{12} + 0.014zx_{13} - 0.436zx_{14} - 0.101zx_{15} + 0.103zx_{16}$

$F_4 = 0.08zx_1 + 0.675zx_2 + 0.65zx_3 + 0.053zx_4 + 0.006zx_5 - 0.11zx_6 + 0.049zx_7 + 0.188zx_8 + 0.005zx_9 + 0.052zx_{10} + 0.035zx_{11} + 0.148zx_{12} + 0.035zx_{13} + 0.123zx_{14} - 0.11zx_{15} - 0.088zx_{16}$

上式中，zx_i 为标准化处理的数据。

最后各涉农企业综合得分为

$$F_{综} = \frac{43.921\%}{81.941\%} \times F_1 + \frac{21.487\%}{81.941\%} \times F_2 + \frac{8.909\%}{81.941\%} \times F_3 + \frac{7.624\%}{81.941\%} \times F_4$$
$$= 53.6\% \times F_1 + 26.22\% \times F_2 + 10.87\% \times F_3 + 9.3\% \times F_4$$

经旋转的主成分系数矩阵见表 6-9。

根据表 6-9 得到：F_1 分别在深加工产品品种数 x_{13}、新产品产值 x_7、深加工产品产值 x_{11}、包装物回收率 x_{12}、年度污染物无害化处理费用 x_{16}、新产品新技术研发费用 x_5、科技人员数 x_6、年度废弃物总量 x_{15} 的系数较高，这 8 个评价指标均能够反映涉农企业的技术水平与能力，因此 F_1 可命名为技术创新因子，其方差贡献率达到 43.921%。

F_2 分别在成本费用利润率 x_4、销售利润率 x_1、资源投入利润率 x_{10} 的系数较高，这 3 个评价指标均能够反映涉农企业的经营绩效情况，因此 F_2 可命名为经营绩效因子，其方差贡献率达到 21.487%。

F_3 分别在投入资源产出率 x_9、单位产品资源投入量 x_8、废弃物资源化率 x_{14} 的系数较高，这 3 个评价指标反映了涉农企业的投入产出情况，因此 F_3 可命名为资源投入因子，其方差贡献率达到 8.909%。

F_4 分别在总资产增长率 x_2、资产负债率 x_3 的系数较高，这 2 个评价指标反映了涉农企业的资产、负债及其增长情况，因此 F_4 可命名为企业成长因子，其方差贡献率达到 7.624%。

表 6-9　39 家涉农企业经旋转的主成分系数矩阵

评价指标	F_1	F_2	F_3	F_4
深加工产品品种数 x_{13}	0.942	0.131	0.077	−0.006
新产品产值 x_7	0.929	0.224	0.034	0.016
深加工产品产值 x_{11}	0.925	0.223	0.008	0.008

续表

评价指标	F_1	F_2	F_3	F_4
包装物回收率 x_{12}	0.867	0.099	0.304	0.062
年度污染物无害化处理费用 x_{16}	0.865	−0.033	−0.135	−0.073
新产品新技术研发费用 x_5	0.818	−0.034	0.137	−0.042
科技人员数 x_6	0.788	0.045	0.118	−0.176
年度废弃物总量 x_{15}	0.717	0.109	−0.421	−0.023
成本费用利润率 x_4	0.115	0.979	0.085	−0.039
销售利润率 x_1	0.084	0.967	0.090	−0.008
资源投入利润率 x_{10}	0.105	0.961	0.159	−0.059
投入资源产出率 x_9	0.305	0.661	0.550	−0.207
单位产品资源投入量 x_8	−0.112	0.212	0.803	−0.030
废弃物资源化率 x_{14}	0.531	0.157	0.658	−0.069
总资产增长率 x_2	−0.113	0.119	−0.166	0.820
资产负债率 x_3	0.037	−0.410	0.105	0.749

根据综合得分评价公式及主成分的计算公式，可以计算出 39 个涉农企业基于循环型农业的行为绩效率得分及排名，表 6-10 所示。影响涉农企业发展循环型农业的行为绩效最重要的主成分是技术创新因子，其影响系数达到 43.921%；其次是经营绩效因子，其影响系数达到 21.487%；再次是资源投入因子，其影响系数达到 8.909%；最后是企业成长因子，其影响系数达到 7.624%。上述 4 个主成分对涉农企业行为绩效累积影响系数达到 81.941%。

6.4.5 综合评价

综合得分高的涉农企业基于循环型农业的行为绩效较好，由此产生的推动循环型农业发展的影响也较好，并且数值越大表明其行为绩效越好，产生的对发展循环型农业的影响也越大。从上述分析结果可以看出：

1）从综合得分上看，居前几位的 FHGN、YLRY、HYNY、MNQ、YSLRY 等涉农企业的得分要远远高于其他涉农企业，产生了较好的行为绩效。相对于其他涉农企业，这 5 家涉农企业规模均较大，期末资产总额均在数亿元以上。而规模较大的其他一些涉农企业（如 GMSH、DHNY 等）的行为绩效也较好，而规模较小的一些涉农企业（如 QM、FRMY 等）的行为绩效相对较低。这说明规模经济对基于循环型农业的涉农企业行为绩效能够产生较大的影响。但也存在少数规模排名靠前的涉农企业行为绩效较低（如 DXMY、JCMY 等）的情况，个别规模小的涉农企业行为绩效却较高（YYRQ、FYMX 等）。由此，可以认定规模经济是影响基于循环型农业视角的涉农企业行为绩效的重要因素，但不是唯一因素。

表 6-10　39 家涉农企业基于循环型农业的行为绩效得分及排名

企业名称	F_1		F_2		F_3		F_4		F	
	得分	排名	得分	排名	得分	排名	得分	排名	得分	排名
FHGN	7.8151	1	2.2199	3	1.2367	3	−0.4590	29	4.8626	1
YLRY	7.5040	2	−3.5862	37	−0.4829	29	0.0133	18	3.0312	2
HYNY	1.0368	11	6.1389	1	0.6365	13	0.0971	15	2.2425	3
MNQ	5.0805	3	−1.7297	35	−1.2627	33	−0.2283	20	2.1111	4
YSLRY	3.4143	5	0.1019	17	−0.5576	30	−1.1020	35	1.6935	5
BFHY	1.6340	8	2.7794	2	0.1537	19	0.6922	7	1.6851	6
YSSP	1.9438	7	2.2002	5	−1.4533	35	1.2783	5	1.5788	7
GMSH	2.7389	6	−0.8864	31	−0.2856	27	−0.3888	26	1.1685	8
ZLSH	4.0114	4	−3.7204	39	−0.1422	25	−0.7298	30	1.0920	9
FYSY	1.3985	9	0.2610	14	−2.2045	38	0.3751	10	0.6126	10
JLRZP	1.2531	10	−0.1418	21	−2.5756	39	2.0229	3	0.5419	11
GSNM	0.1332	15	2.0574	6	−1.4258	34	0.0673	16	0.4613	12
HHMY	−0.4996	18	2.2121	4	0.5578	15	−0.2304	21	0.3512	13
DHNY	0.1355	14	−0.3665	23	0.3131	17	2.1862	2	0.2140	14
YYRQ	−0.4691	17	2.0213	7	−1.5718	36	−0.4279	27	0.0670	15
YYYZ	−0.1361	16	0.1018	18	0.1414	20	−0.3384	24	−0.0623	16
KSTY	0.4029	12	−1.4318	33	−0.0955	24	0.7788	6	−0.0972	17
FHRYQ	0.2040	13	−1.2251	32	−0.6697	31	1.5796	4	−0.1377	18
QQSP	−0.8315	20	1.3344	8	−0.0250	23	−0.8157	31	−0.1747	19
WYMY	−0.9509	22	1.1682	9	0.7452	12	−1.7626	39	−0.2863	20

企业名称	F_1		F_2		F_3		F_4		F	
	得分	排名	得分	排名	得分	排名	得分	排名	得分	排名
XFYZ	−0.8389	21	0.1607	15	0.0891	21	−0.2632	22	−0.4223	21
FYMX	−0.5192	19	−0.0942	20	−0.2811	26	−1.0843	34	−0.4344	22
YHNM	−1.3969	25	0.4330	12	0.8458	9	−0.8384	32	−0.6211	23
BFLS	−1.1407	23	−0.6221	29	0.9587	6	0.5225	8	−0.6213	24
HLSY	−1.2501	24	−0.4110	24	0.4846	16	0.3971	9	−0.6880	25
DMZY	−1.7160	28	0.4506	11	0.1776	18	0.0619	17	−0.7766	26
DQMY	−1.4650	26	−0.4399	25	0.8916	8	−0.1426	19	−0.8166	27
CZZY	−1.6490	27	0.3458	13	−0.0038	22	−0.4322	28	−0.8339	28
LHMY	−1.8986	29	0.8129	10	0.9848	5	−1.6072	38	−0.8468	29
PCMY	−2.7103	38	−0.6032	28	2.5124	1	4.0712	1	−0.9583	30
DXMY	−2.0288	30	0.1063	16	0.6135	14	−0.3417	25	−1.0245	31
XCNY	−2.2796	33	−0.3359	22	1.2647	2	0.1452	13	−1.1585	32
BYNY	−2.1846	32	−0.5616	27	1.0653	4	0.1280	14	−1.1901	33
JSNY	−2.1440	31	−0.6299	30	0.9113	7	0.2398	11	−1.1926	34
JCMY	−2.3309	35	−0.5049	26	0.8396	10	0.1574	12	−1.2755	35
FRMY	−2.3901	36	−0.0643	19	0.7999	11	−1.1658	36	−1.3191	36
KDMY	−2.2938	34	−1.4594	34	−0.4377	28	−1.2567	37	−1.7764	37
MLRY	−2.6833	37	−2.4529	36	−0.7490	32	−0.2997	23	−2.1904	38
QM	−2.8989	39	−3.6390	38	−1.9998	37	−0.8992	33	−2.8088	39

2）从行业上来看，39家涉农企业中种植业涉农企业共计9家、加工业涉农企业共计17家、养殖业涉农企业共计4家、副业涉农企业共计4家、其他涉农企业共计5家。综合得分前五位中，有4家是种植业涉农企业，占前五位的80%，还有其他几家种植业涉农企业在综合得分中分别排第6位、第9位和第13位，排名均较为靠前。由此，在一定程度上能够表明种植业涉农企业比较关注循环型农业的发展，对其他涉农企业在发展循环型农业过程中起到一个很好的引领和示范作用。

3）从科技创新得分与综合得分排名的比较中，科技创新因子得分较高的涉农企业其行为绩效的排名也较靠前，如在科技创新因子得分排名第 1 位和第 2 位的 FHGN 与 YLRY，在综合得分排名也分别是第 1 位和第 2 位；而科技创新因子得分较低的涉农企业其行为绩效得分的排名也较靠后，如在科技创新因子得分中排名第 39 位的 QM 与第 37 位的 MLRY，其综合得分排名分别是第 39 位和第 38 位。由此，可以确定科技创新因了在一定程度上反映了涉农企业发展循环型农业的行为绩效状况，表明科技创新对涉农企业行为绩效影响的重要性。

4）从对科技创新能力的分析中可以发现：不同规模的涉农企业科技创新能力存在较大差异。一般来说，规模较大的涉农企业其科技创新能力也较强，如在科技创新因子得分中排名第 1 位的 FHGN 和第 3 位的 MNQ；规模较小的涉农企业其科技创新能力也较弱，如在科技创新因子得分中排名第 39 位的 QM 与第 38 位的 MLRY。

5）在对涉农企业资源投入因子纵向比较时，可以看出综合得分前 10 名的涉农企业中，有 8 家涉农企业在 F_3 即资源投入因子得分较低，排名较靠后，而这些涉农企业的规模较大。说明这些规模较大的涉农企业存在资源投入粗放问题，在资源投入模式方面还有待改善。

6.5　基于循环型农业的涉农企业行为绩效综合评价评述

本章在分析我国涉农企业发展现状的基础上，明确了基于循环型农业的涉农企业行为绩效的概念，通过问卷调查对黑龙江省 39 家龙头涉农企业基于循环型农业的行为绩效进行实证研究，分析了影响涉农企业行为绩效偏低的因素，包括企业规模、技术创新、资源投入及产业布局等。并得出如下结论：涉农企业的技术创新能力在一定程度上能够反映其发展循环型农业的行为绩效，是影响涉农企业行为绩效的正相关因素；企业规模是影响涉农企业发展循环型农业行为绩效的重要因素，但不是唯一因素；涉农企业的行业和产品差异程度也是考量其行为绩效的影响因素；种植业涉农企业比较关注循环型农业的发展，对其他涉农企业在发展循环型农业过程中起到一个很好的引领和示范作用；较大规模涉农企业在资源投入方面的粗放问题还有待改善。

7　基于循环型农业的涉农企业行为博弈分析

涉农企业、农户、地方政府等都是发展循环型农业的重要行为主体。涉农企业和其他行为主体之间的博弈关系对发展循环型农业有着重要影响。最重要的博弈关系主要是指涉农企业与地方政府之间、涉农企业与农户之间以及涉农企业之间的博弈关系。在涉农企业与地方政府之间的博弈关系中，双方将围绕政策优惠和扶持、资金补贴、技术支持、项目宣传、实施与监督、奖惩等方面展开博弈行为；在涉农企业与和农户之间的博弈关系中，双方将围绕农产品交易、标准化生产、技术推广等展开博弈行为；涉农企业之间的博弈关系，双方将围绕共同投资、争取政府扶持等方面展开博弈行为。理性的涉农企业在做出某一行为决策之前，都能够考虑其他行为主体的影响，权衡利弊，综合评价，在保证利益最大化的前提下发展循环型农业。本章运用博弈理论分析在发展循环型农业过程中，涉农企业与农户、地方政府之间以及涉农企业之间的博弈关系，从而分析各行为主体之间达到均衡解的过程，以及均衡解对发展循环型农业的意义。

7.1　涉农企业与农户之间的博弈关系分析

大多数学者都认为纵向与横向合作是循环型农业发展最主要的两种组织方式。这一观点反映了农产品在生产、流通领域中矛盾的主要方面，即农户与涉农企业之间存在的矛盾。在实践中，涉农企业和农户之间并未形成规范和完善的"风险分担、利益共享"的利益协调机制。订单农业作为一种新型的农业产业化形式，履约率低，客观上放大了双方的损失和矛盾。当前，涉农企业和农户之间的利益关系主要表现为以下三种：①单纯买卖关系，未建立涉农企业保护分散小农户利益的义务和约束机制；②双方主体地位不对等，具有较大实力和竞争力的涉农企业形成明显的买方优势，分散的小农户处于极端弱势地位，契约价格偏离市场交易价格只是一种策略而已；③双方风险不能共同分担，利益不能共同分享。因此，涉农企业与农户之间的行为关系将影响循环型农业的发展。在与农户的联结关系中，加工类涉农企业与其联结最为密切。基于这一考虑，本节主要分析加工类涉农企业与农户的博弈关系。

7.1.1 涉农企业与农户订立契约的博弈分析

在发展循环型农业过程中，涉农企业和农户的行为选择都会受到对方行为的影响。双方在契约关系中，具有明显不对等的主体地位，一方面，农户收集信息将产生成本，另一方面，即使得到信息也不能完全确认，因此，涉农企业和农户间的博弈关系适用于非完全信息条件下的博弈分析。另外，由于双方的合作是反复进行的，因此，也适用于重复博弈分析。

7.1.1.1 基本假定

一方面，在订立契约时，涉农企业与农户都是根据各自所掌握的信息进行决策的。受内在条件和外在条件的限制，双方不可能完全掌握彼此的全部信息。同时，双方作为"理性经济人"，出于各自利益最大化的考虑也会故意隐瞒部分信息，使双方信息表现出不完全和不对称的反映；另一方面，双方订立契约后，将产生委托－代理关系，在这一关系中，涉农企业是委托人，农户是被委托人，也就是说涉农企业占有主动的买方优势，农户处于被动的弱势地位，契约由涉农企业提出，农户只是被动地选择接受还是拒绝该契约。农户行为选择取决于在自身所掌握信息基础上接受与不接受契约所获得收益的大小，这一条件就成为订立约束。

假设 1，涉农企业期望农户种植绿色农产品，发展循环型农业，并且双方均能从中获得效用最大化。

假设 2，设农户是否种植绿色农产品用 e 表示，种植时 $e=1$，不种植时 $e=0$；农户种植绿色农产品时的效用 $I(e=1)=I_1$，不种植时的效用 $I(e=0)=0$；设农户种植绿色农产品时的产量为 Q_1，不种植时的产量为 Q_2；农户种植绿色农产品将提高效用高的概率。绿色农产品的产量概率分布情况见表 7-1。

表 7-1　绿色农产品的产量概率分布情况

产出水平＼努力程度	$e=1$	$e=0$
Q_1	P_1	P_2
Q_2	$1-P_1$	$1-P_2$

在表 7-1 中，$0 < P_2 < P_1 < 1$；$Q_1 > Q_2$。

假设 3，假设涉农企业与农户都追求自身利益最大化，均是"理性经济人"。设效用函数为 $U[\pi - I(e)]$（其中，$U' > 0, U'' < 0$），则农户种植绿色农产品的效用是 $U(\pi - I_1)$，不种植的效用是 $U(\pi)$，保留效用是 U_0，不接受契约的情况下获得

的报酬水平是 π_0。农户种植绿色农产品要比不种植能够获得更多的效用：

$$[P_1Q_1 + (1 - P_1)Q_2 - I_1] > [P_2Q_2 + (1 - P_2)Q_1 - 0] \tag{7-1}$$

$$(P_1 - P_2)(Q_1 - Q_2) > I_1 \tag{7-2}$$

式（7-2）表明，农户在与涉农企业订立契约的条件下，如果 $[P_1Q_1 + (1 - P_1)Q_2 - I_1] > U_0$，则表明农户努力可以获得更高的产出水平和效用，同时，表明与付出的努力相比，获得的产出水平及效用是值得的。

7.1.1.2 完全信息条件下的契约安排

假设涉农企业和农户在订立契约时对彼此信息全部知晓，即知晓双方全部行为策略以及不同行为策略下的收益情况，这种情况称为完全信息条件下的涉农企业与农户之间的博弈。

（1）可行契约

可行契约是指涉农企业与农户双方均能够接受并愿意为之努力的契约。在理想状态的完全信息条件下，涉农企业可以监察到农户是否种植绿色农产品。因此，涉农企业能够对于种植绿色农产品的农户给予奖励，对不种植的给予惩罚。这时，参与约束条件为

$$P_1U(\pi_1 - I_1) + (1 - P_1)U(\pi_2 - I_1) \geqslant U_0 \tag{7-3}$$

（2）最优契约

在理想的完全信息条件下，从涉农企业处所能够获得的收益只要满足参与约束条件，农户就会愿意并接受契约。即

$$\max[P_1(Q_1 - \pi_1) + (1 - P_1)(Q_2 - \pi_2)]$$
$$\text{s.t. } P_1U(\pi_1 - I_1) + (1 - P_1)U(\pi_2 - I_1) = U_0$$

得

$$U'(\pi_1^* - I_1) = \frac{1}{\lambda} \tag{7-4}$$

$$U'(\pi_2^* - I_1) = \frac{1}{\lambda} \tag{7-5}$$

式（7-4）和式（7-5）中，λ 为拉格朗日系数；π_1^* 和 π_2^* 分别为农户种植与不种植绿色农产品下的最优报酬水平。联立式（7-4）和式（7-5），可得

$$U'(\pi_1^* - I_1) = U'(\pi_2^* - I_1) \tag{7-6}$$

$$\pi_1^* = \pi_2^* = \pi^* \tag{7-7}$$

式 (7-7) 表明，涉农企业承担了农户是否种植绿色农产品这一不确定性所带来的全部风险。

7.1.1.3 不完全信息条件下的契约安排

涉农企业与农户之间的博弈是动态博弈，两者之间存在某种不对称性。这种不对称性表现在信息的不完全性，农户处于弱势的地位，形成一种强权博弈。

（1）可行契约

在正常情况下，涉农企业和农户之间的信息具有明显的不对称性，即双方的信息是不完全的。对涉农企业来说，农户的行为大多数情况下不可知。因此，涉农企业只能在实现契约时根据农户提交的农产品产量及质量来确定给予农户的报酬，同时，通过设计合理的收益契约促使农户更加努力地耕作。

$$P_1(\pi_1 - I_1) + (1 - P_1)U(\pi_2 - I_1) \geq P_2(\pi_1) + (1 - P_2)U(\pi_1) \tag{7-8}$$

这时，参与约束仍需满足下列条件：

$$P_1(\pi_1 - I_1) + (1 - P_1)U(\pi_2 - I_1) \geq U_0 \tag{7-9}$$

通常，称式（7-8）为激励相容约束。在不完全信息条件下，使农户种植绿色农产品的可行契约应同时满足式（7-8）和式（7-9）条件。不完全信息条件下的契约安排与完全信息条件相比，约束条件增加了式（7-8）。这是因为涉农企业只有通过激励相容契约的提供才能使农户种植绿色农产品，发展循环型农业。

（2）最优契约

通过对式（7-8）和式（7-9）的整理，可得

$$\pi_1 > \pi_2 \tag{7-10}$$

式（7-10）表明，对农户来讲，种植绿色农产品意味着高报酬。因此，即使在"是否种植绿色农产品"这一信息对于涉农企业而言是不完全信息时，农户为了获得高报酬也要选择种植绿色农产品以获得最大收益。

通过上述分析，可以得出不完全信息条件下可行契约的特征是：

一是在信息对于彼此不完全的条件下，涉农企业为了在发展循环型农业过程中获得较好收益，必须激励农户种植绿色农产品，保证在相同条件下种植绿色农产品的农户能够获得更高的报酬，即 $\pi_1 > \pi_2$。这一点与完全信息条件下的契约安排有所不同，在完全信息条件下，农户的报酬由风险中性的契约来承担风险。

二是无论是完全信息还是不完全信息，农户能够获得的最低效用都是 U_0。

这是由于，无论在上述哪种条件下，农户都是被动地接受涉农企业所给出的契约安排。涉农企业为实现利益最大化，一定会尽可能地压低农户的收益至农户的最低保留效用 U_0。

7.1.2 涉农企业与农户履行契约的博弈分析

涉农企业选择契约农业的主要目的，一是保证原材料的质量及数量，如标准化生产中对于绿色农产品农药残留的规定；二是稳定原材料的价格，从而保证加工原材料的供给。由此可以看出，对于涉农企业和农户履约最大的影响因素就是绿色农产品的价格。而机会主义行为是涉农企业与农户契约履行的主要影响因素，当农产品的市场交易价格与契约价格波动较大时，就会产生机会主义行为。

7.1.2.1 基本假定

在履行契约的博弈中，博弈的参与人是涉农企业和农户，用 $N=\{n_1, n_2\}$ 表示。其中，n_1 为涉农企业，n_2 为农户。涉农企业的纯策略集合是 $S_1=\{S_{11}, S_{12}\}$，其中 S_{11} 为履约，S_{12} 为违约；农户的纯策略集合是 $S_2=\{S_{21}, S_{22}\}$，其中，S_{21} 为履约，S_{22} 为违约。涉农企业的混合策略集合是 $X=\{x, 1-x\}$，农户的混合策略集合是 $Y=\{y, 1-y\}$。

设涉农企业的收益为 I，全部绿色农产品收入为 U，从农户处根据契约收购费用为 C_1，从市场收购费用为 C_2（通常来讲，$C_1 < C_2$），涉农企业的加工成本在这里忽略不计；设农户的收益为 μ，绿色农产品的契约价格为 P，δ 为契约价格与市场价格的浮动范围（可能为正，也可能为负），生产成本为 $C(Q)$（表示 C 是 Q 的函数，Q 为收获农产品的产量），农户根据契约将农产品销售给涉农企业的交易费用为 C_3，直接销售给市场的交易费用为 C_4（通常来讲，$C_3 < C_4$）。根据上述假设，能够得出以下逻辑关系：

$$I_1 = U - PQ - C_1 \tag{7-11}$$

$$I_2 = U - (P + \delta)Q - C_2 \tag{7-12}$$

$$\mu_1 = PQ - C(Q) - C_3 \tag{7-13}$$

$$\mu_2 = (P + \delta)Q - C(Q) - C_4 \tag{7-14}$$

为防止对方违约，在契约安排里，将规定违约责任。表现为如果一方违约，需给予另一方违约金（设为 B）。此时，涉农企业与农户博弈的收益策略矩阵见表 7-2。

表 7-2　涉农企业与农户在契约中规定违约金为 B 情况下的博弈收益矩阵

涉农企业　　　　　农户	农户履约 $S_{21}(y)$	农户违约 $S_{22}(1-y)$
涉农企业履约 $S_{11}(x)$	μ_1, I_1	$\mu_2 - B, I_1 + B$
涉农企业违约 $S_{12}(1-x)$	$\mu_1 + B, I_2 - B$	μ_2, I_2

分别得出混合策略下参与人的期望收益。涉农企业的期望收益是

$$\text{Exp}_1(x, y) = (1 - xy)I_1 + xyI_2 + (x - y)B \tag{7-15}$$

农户的期望收益是

$$\text{Exp}_2(x, y) = (1 - xy)\mu_1 + (x - y)B \tag{7-16}$$

7.1.2.2　涉农企业与农户在违约金 B=0 时的博弈分析

在契约中，如果双方没有约定违约责任，即当违约金 B=0 时，作为"理性经济人"的涉农企业与农户，当违约成本小于违约收益时，就会出现违约行为。这时，双方的博弈收益矩阵见表 7-3。

表 7-3　涉农企业与农户在违约金 B=0 时博弈策略的收益矩阵

涉农企业　　　　　农户	农户履约 $S_{21}(y)$	农户违约 $S_{22}(1-y)$
涉农企业履约 $S_{11}(x)$	μ_1, I_1	μ_2, I_1
涉农企业违约 $S_{12}(1-x)$	μ_1, I_2	μ_2, I_2

此时，涉农企业通过比较履约收益 I_1 与违约收益 I_2 的大小来决定是选择履约还是违约行为。根据式（7-11）和式（7-12），得出：

$$I_1 - I_2 = (U - PQ - C_1) - [U - (P + \delta)Q - C_2] = \delta Q - (C_1 - C_2) \tag{7-17}$$

式中，在 $I_1 < I_2$，即 $\delta Q < C_1 - C_2$ 条件下，涉农企业将选择违约行为。其经济含义是，如果市场交易价格低于契约价格的差额大于履约和违约两种交易费用的差额，涉农企业就会选择违约行为，直接从市场收购绿色农产品；当市场价格低于契约价格的差额小于于两种交易费用的差额时，涉农企业就会选择履约行为，按照契约价格从农户处收购绿色农产品。

如果涉农企业违约，农户可以选择通过比如上诉等法律途径强制涉农企业履约，也可以默认涉农企业违约行为。是否选择上诉行为，取决于上诉成本与收益的大小。上诉成本对于分散的小农户来说，受交易规模的影响和约束，成本会较高，有时还发生其他农户的"搭便车"行为；如果将分散的农户联合起来上诉，

将增加农户上诉成本，降低农户的收益，这对于处于弱势地位的农户来说处于一种两难境地。

同理，农户也通过对履约收益 μ_1 与违约收益 μ_2 之间的大小比较来决定是选择履约还是违约行为。根据式（7-13）和式（7-14），得出：

$$\mu_2 - \mu_1 = [(P + \delta)Q - C(Q) - C_4] - [PQ - C(Q) - C_3] = \delta Q - (C_4 - C_3) \tag{7-18}$$

式中，在 $\mu_2 > \mu_1$，即 $\delta Q > C_4 - C_3$ 条件下，农户将选择违约行为。其经济含义是，如果市场价格高于契约价格的差额大于两种交易费用的差额，农户就会选择违约行为，直接将绿色农产品销售给市场。反之亦然。

如果农户违约，涉农企业也可以通过法律途径（如上诉）强制农户履约，也可默认农户的违约行为。是否选择上诉行为，也同样取决于上诉成本与收益的大小。作为"理性经济人"，如果上诉收益大于成本，涉农企业会选择上诉，强制农户履约；反之则会默认农户的违约行为。

7.1.2.3 涉农企业与农户在完全信息下违约金 $B \neq 0$ 时的博弈分析

根据式（7-15）和式（7-16）双方的期望收益函数，求出双方的最大化收益，根据一阶条件，得出：

$$\frac{\partial \mathrm{Exp}_1}{\partial x} = yI_1 + B - yI_2 \tag{7-19}$$

$$\frac{\partial \mathrm{Exp}_2}{\partial y} = x\mu_1 + B - x\mu_2 \tag{7-20}$$

由式（7-19）得出，涉农企业最优履约的概率是

$$y^* = \frac{B}{I_2 - I_1} \tag{7-21}$$

由式（7-20）得出，农户最优履约的概率是

$$x^* = \frac{B}{\mu_2 - \mu_1} \tag{7-22}$$

根据式（7-21）和式（7-22），得出涉农企业与农户履约的纳什均衡点：

$$(x^*, y^*) = \left(\frac{B}{I_2 - I_1}, \frac{B}{\mu_2 - \mu_1} \right) \tag{7-23}$$

由此得出，涉农企业在纳什均衡点的期望收益是

$$\mathrm{Exp}_1(x^*, y^*) = I_2 - \frac{B^2}{I_2 - I_1} \tag{7-24}$$

农户在纳什均衡点的期望收益是

$$\text{Exp}_2(x^*, y^*) = \mu_2 - \frac{B^2}{\mu_2 - \mu_1} \tag{7-25}$$

将 I_1、I_2、μ_1、μ_2 代入式（7-21）和式（7-22）中，得出：

$$x^* = \frac{B}{\delta Q - (C_4 - C_3)} \tag{7-26}$$

$$y^* = \frac{B}{(C_1 - C_2) - \delta Q} \tag{7-27}$$

由式（7-26）和式（7-27）可以看出，如果提高对违约责任的惩罚，即增加 B 值，则涉农企业和农户的违约率将会下降，履约率将会提高。但同时，违约金 B 值也不宜过大，过高的 B 值将降低涉农企业与农户的签约率。

7.1.2.4　涉农企业与农户在不完全信息下违约金 $B \neq 0$ 时的博弈模型

根据不完全信息与重复博弈的相关理论，双方可能通过对方的行为选择判断对方的类型，从而获取对方的类别信息。

（1）基本假设

设 G 为阶段博弈，以 $G(\infty, \varepsilon)$ 表示 G 将进行无限次的重复博弈；ε 为局中人共同的贴现因子，表示局中人的耐心程度，其值越大，表明耐心程度越高；每个局中人在 $G(\infty, \varepsilon)$ 中的收益为该局中人在无限次博弈中所有阶段收益的贴现值，即 $\sum\limits_{i=1}^{\infty} \delta^{i-1} \pi_i$。影响重复博弈的因素包括重复次数及信息完备性，局中人对于博弈的长期利益和短期利益间的权衡也体现了重复次数的重要性。

（2）博弈模型

在阶段博弈 $G(\infty, \varepsilon)$，涉农企业 (n_1) 的收益是

$$\frac{1}{1 - \varepsilon} \text{Exp}_1(x, y) \tag{7-28}$$

农户 (n_2) 的收益是

$$\frac{1}{1 - \varepsilon} \text{Exp}_2(x, y) \tag{7-29}$$

如果 $x < x^* < 1$ 和 $y < y^* < 1$，则有

$$\frac{1}{1-\varepsilon}\mathrm{Exp}_1(x,y)>\frac{1}{1-\varepsilon}\mathrm{Exp}_2(x^*,y^*)=I_2-\frac{B^2}{I_2-I_1} \tag{7-30}$$

$$\frac{1}{1-\varepsilon}\mathrm{Exp}_2(x,y)>\frac{1}{1-\varepsilon}\mathrm{Exp}_2(x^*,y^*)=\mu_2-\frac{B^2}{\mu_2-\mu_1} \tag{7-31}$$

同时成立。

在无限次重复博弈的策略中，假设其中任何一个局中人的一次违约将永远失去再次合作的机会，即双方均选择"冷酷策略"。在这种策略下，将会营造出一种信誉机制。在第一阶段，涉农企业和农户都选择了混合策略，如果其中的一方调整策略以提高自身收益，则另一方也将调整策略以使自身收益得以保证，直至双方达到纳什均衡点 (x^*,y^*)。

根据上述分析，涉农企业与农户在第一阶段的博弈选择是混合策略。另外，在不完全信息条件下，由于涉农企业只清楚农户"理性"的概率，不能确认农户类型；同时，涉农企业在第二阶段获得的对农户认知依赖于在第一阶段的双方博弈，因此，涉农企业经过前两个阶段的博弈对于农户的认知没有变化。基于涉农企业的视角，如果在前两个阶段的博弈中涉农企业均选择履约行为，则其总收益是

$$\mathrm{Exp}_{11}=[xI_1+(1-x)(I_2+B)]+\varepsilon\left(I_2-\frac{B^2}{I_2-I_1}\right) \tag{7-32}$$

式中，涉农企业收益分为两部分，一部分是经第一阶段博弈获得的收益，另一部分是经第二阶段博弈获得的收益。涉农企业假设在第一阶段选择违约行为，在第二阶段选择履约行为，则其总收益是

$$\mathrm{Exp}_{12}=[xI_2-B)+(1-x)I_2]+\varepsilon\left(I_2-\frac{B^2}{I_2-I_1}\right) \tag{7-33}$$

只要 $\mathrm{Exp}_{11}>\mathrm{Exp}_{12}$，即

$$[xI_1+(1-x)(I_2+B)]+\varepsilon\left(I_2-\frac{B^2}{I_2-I_1}\right)>[x(I_2-B)+(1-x)I_2]+\varepsilon\left(I_2-\frac{B^2}{I_2-I_1}\right)$$

得出：

$$1<x<\frac{B}{I_2-I_1} \tag{7-34}$$

式（7-34）表明涉农企业如果在前两个阶段选择履约行为的总收益大于违约行为的总收益，则将选择履约行为，否则将选择混合策略行为。

现在研究涉农企业与农户在第三阶段重复博弈情况。分两种情况：

第一种情况，当 $x < \dfrac{B}{I_2 - I_1}$ 时，在第一、第二阶段的双方均会选择履约行为。在第三阶段，如果农户以履约行为作为自己的最优选择，此时，涉农企业在第二阶段将会选择履约行为，在第三阶段仍然选择混合战略。

在这种策略选择之下，农户的总收益是

$$\text{Exp}_{21} = \mu_1 + \varepsilon(\mu_2 - B) + \varepsilon^2 \left(\mu_2 - \dfrac{B^2}{\mu_2 - \mu_1} \right) \tag{7-35}$$

式（7-35）分别是农户在这三个阶段博弈的收益之和。

第二种情况，假设农户非"理性"，在第一阶段博弈选择违约行为，此时，涉农企业将在其后的第二、第三阶段均选择混合策略行为。

在这种策略选择之下，农户的总收益是

$$\text{Exp}_{22} = (\mu_2 - B) + \varepsilon \left(\mu_2 - \dfrac{B^2}{\mu_2 - \mu_1} \right) + \varepsilon^2 \left(\mu_2 - \dfrac{B^2}{\mu_2 - \mu_1} \right) \tag{7-36}$$

式（7-36）分别是农户在这三个阶段博弈的收益之和。只要 $\text{Exp}_{21} > \text{Exp}_{22}$，即

$$\left[\mu_1 + \varepsilon(\mu_2 - B) + \varepsilon^2 \left(\mu_2 - \dfrac{B^2}{\mu_2 - \mu_1} \right) \right]$$

$$> \left[(\mu_2 - B) + \varepsilon \left(\mu_2 - \dfrac{B^2}{\mu_2 - \mu_1} \right) + \varepsilon^2 \left(\mu_2 - \dfrac{B^2}{\mu_2 - \mu_1} \right) \right]$$

则得出：

$$\varepsilon < \dfrac{\mu_2 - \mu_1}{B} \tag{7-37}$$

在这种条件下，农户就会在第一阶段的博弈中选择履约行为，即当贴现因子 ε 足够大时，农户也会有足够的耐心，将长期表现出"理性"，选择履约行为。

综上所述，涉农企业与农户在实现契约时，是选择履约行为还是违约行为，与市场价格、契约价格、违约金的大小及承担违约责任的概率等因素密切相关。具体表现在：

在绿色农产品契约价格远远大于或小于市场价格时，双方发生违约行为的概率较大；同理，当两类价格相差较小时，双方发生违约行为的概率也较小。

如果循环型农业契约订单所规定的违约金 B 且履约方获赔的概率越大，则双方履约的概率也越大；反之亦然。假如违约金 B 无限趋于 ∞，履约方获赔的概率为 1，在这种条件下，即便涉农企业和农户都是"有限理性"的经济人，双方也都将选择履约行为。但在实际的农业生产中，过高的违约金规定会降低涉农企业与农户的签约率。因此，为了提高涉农企业与农户参与契约订单的积极性，契约中所规定的违约金一般不会很高。此外，如果涉农企业违约，受多种因素影响，

如力量薄弱、维权意识不足、谈判能力较低等，单个分散农户很难追索到契约规定的全部赔偿金；同时，受农户分散、数量多、规模小等因素的影响，在农户违约的情况下，导致涉农企业较大的追偿成本，也难以得到契约中规定的全部违约金。可以看出，较低的违约金及获赔的概率决定了循环型农业契约订单对于涉农企业与农户约束力的限制。因此，在循环型农业发展过程中，涉农企业与农户在订立契约时，应该合理预测绿色农产品市场价格，尽可能地缩小契约价格与市场价格的差别，以提高双方选择履约行为的概率，促进契约农业更好地发挥在发展循环型农业过程中的作用和功能。

7.2 涉农企业与地方政府之间的博弈关系分析

涉农企业在发展循环型农业过程中起着承上启下的作用。一方面，需要对由农户生产的初级农产品进行加工。生产加工的过程中，如果未遵循循环型农业的理念选择清洁生产方式，则对初级农产品有二次污染的可能；另一方面，涉农企业构成了循环型农业的投资保障体系及传出系统。涉农企业是否选择循环型清洁生产方式受制于地方政府、其他涉农企业及消费者等主体行为原则和行为方式的影响。本节主要根据地方政府对涉农企业所采取的税收、补贴及污染处理等政策建立博弈模型进行分析。

涉农企业和地方政府为追求本部门利益最大化，都希望通过寻求合作带来利益。但双方之间的信息不对称以及地方政府短期利益的追求都将给循环型农业的发展带来不利影响。

7.2.1 基本假设

1) 涉农企业与地方政府之间的博弈关系包括两种，一种是涉农企业与乡镇等基层地方政府之间的博弈，另一种是涉农企业与上级政府（主要是指除乡镇政府以上的各级政府）之间的博弈。一般来讲，涉农企业通常只和乡镇政府打交道，并且基于涉农企业与上级政府的博弈与其和基层政府相类似的考虑，这里我们将与涉农企业博弈的地方政府界定为乡镇政府。

2) 假设涉农企业与地方政府均是"有限理性"的经济人。涉农企业能够准确核算自身的效用，具有权衡利弊得失的基本行为能力。地方政府在选择政府行为时，所关注的是本部门的效用而不是社会的效用，追求本部门利益最大化，将对社会公共利益造成不利影响；同时，由于地方政府所面对的是一个不确定环境，政府的认知能力及其所能获取的信息都是稀缺的经济资源，因而，地方政府在问题求解或者决策时必须要付出一定的成本，地方政府总是在有限理性、有限信息、有限能力的约束下，从各种备选方案中选择"最佳方案"进行决策。

7.2.2　完全信息下涉农企业与地方政府之间的博弈分析

7.2.2.1　博弈行为界定

设在此博弈中有两个参与人（或称局中人），分别是涉农企业和地方政府。是否进行清洁生产是涉农企业的行为选择，是否对涉农企业行为给予监管是地方政府的行为选择。设涉农企业在一般生产模式下收入为 PQ，利润率为 α，进行清洁生产费用率为 β；地方政府给予进行清洁生产的涉农企业资金补贴及税收优惠合计为 MPQ；如果涉农企业不进行清洁生产，地方政府可以对其进行罚款或加征惩罚性税金等合计为 MR；此外，地方政府需对农村的点源污染和面源污染进行治理，设治理投资为 A；如果地方政府不进行治理，则把环境污染和资源浪费折算为上级政府对地方政府评价降低，折算总值为 B。这里，假设两者均为"有限理性"的经济人，即涉农企业的目标是利润最大化，地方政府的目标是成本最小化，见表 7-4。

表 7-4　涉农企业与地方政府的行为博弈效用矩阵

地方政府 ＼ 涉农企业	涉农企业清洁生产方式	涉农企业一般生产方式
地方政府监管	MPQ, $(\alpha - \beta)$PQ + MPQ	A – MR, αPQ – MR
地方政府不监管	0, $(\alpha - \beta)$PQ	B, αPQ

注：这里涉农企业的效用是利润，地方政府的效用是支出。

7.2.2.2　模型分析

1）对涉农企业而言，如果 $[(\alpha - \beta)PQ + MPQ] \leq (\alpha PQ - MR)$，即 $MR \leq (\beta PQ - MPQ)$，则涉农企业存在占优策略——将选择一般生产方式；对地方政府而言，如果 $B \leq A - MR$，则地方政府存在占优策略——将选择不监管涉农企业行为。这时，该博弈模型存在策略纳什均衡，即涉农企业选择一般生产方式，地方政府选择不监管，不给予涉农企业清洁生产补贴也不会去治理污染，导致中央政府发展循环型农业的战略无法推进。

2）对于涉农企业而言，如果 $[(\alpha - \beta)PQ + MPQ] > (\alpha PQ - MR)$，即 $MR > (\beta PQ - MPQ)$，且 $\min(A - B, \alpha PQ) \geq MPQ > (\beta PQ - MR)$，这时，涉农企业将选择清洁生产方式，地方政府将选择监管，给予进行清洁生产的涉农企业补贴。该模型也

存在策略纳什均衡（涉农企业选择清洁生产方式，地方政府监管），这种情况下，能够极大推进中央政府循环型农业发展战略的实施。

3）如果 $\alpha PQ \geqslant MR > A - B$，即地方政府对涉农企业加征的惩罚性税收及罚款小于企业一般生产方式下的利润，则两个参与人博弈达到均衡的结果是：涉农企业选择一般生产方式，而由于 $MR > A - B$，地方政府应该对农村点源和面源污染进行治理。此时，涉农企业的效用是 $(\alpha PQ - MR)$，地方政府的效用是 $(A - MR)$。这种博弈均衡采取的仍旧是农业废弃物末端处理方式，即传统的、非循环型农业的生产模式，不利于循环型农业的推进。

4）虽然 $\alpha PQ > A - B$，但若 $MR > \beta PQ - MPQ$，则涉农企业仍将选择清洁生产方式，使自身利润最大化。此时，不存在纯策略纳什均衡，而存在混合纳什均衡。

设涉农企业的混合战略是 $\delta_1 = (P_1, 1 - P_1)$，即涉农企业以概率 P_1 选择一般生产方式，以概率 $(1 - P_1)$ 选择清洁生产方式；设地方政府的混合战略是 $d_2 = (P_2, 1 - P_2)$，即地方政府选择以概率 P_2 直接给予涉农企业清洁生产补贴，以概率 $(1 - P_2)$ 选择不给予补贴。

设涉农企业的期望收益为 Exp_1。则

$$\mathrm{Exp}_1 = P_1 P_2 (aPQ - MR) + (1 - P_2) P_1 \alpha PQ \tag{7-38}$$

此时，涉农企业期望收益的最优一阶条件是

$$\frac{d\mathrm{Exp}_1}{dP_1} = 0, MPQ + [2(\alpha - \beta)PQ - MR]P_2 = 0, P_2 = \frac{MPQ}{MPQ - 2(\alpha - \beta)PQ} \tag{7-39}$$

设地方政府的期望成本为 Exp_2，则

$$\begin{aligned}\mathrm{Exp}_2 &= P_2(1 - P_1)MPQ + (1 - P_1)(1 - P_2) \times 0 + P_1 P_2 (A - MR) + (1 - P_2)P_1 B \\ &= P_2 MPQ + (A - MR - MPQ - B)P_1 P_2 + BP_1 \end{aligned} \tag{7-40}$$

此时，地方政府期望成本的最优一阶条件是

$$\frac{d\mathrm{Exp}_2}{dP_2} = 0, MPQ + (A - MR - MPQ - B) = 0, P_1 = \frac{MPQ}{A - MR - MPQ - B} \tag{7-41}$$

上述分析表明，在发展循环型农业过程中，涉农企业的行为选择取决于地方政府对于循环型农业的政策支持及给予补贴的概率和大小；反之，地方政府的行为选择也同样取决于涉农企业选择清洁生产方式的概率。两者的概率取决于地方政府给予循环型涉农企业的优惠政策（包括资金补贴、税收优惠）、一般生产方式下导致的环境污染和资源浪费、地方政府对农村点面源污染的治理费用、上级政府对地方政府绩效评价降低折算总额等。长期来看，结合涉农企业生产行为分析，涉农企业不会进行突然的大幅度生产行为的调整。根据美国经济学家 Nerlove 提出的适应性预期和局部均衡分析模型 $P_t^e = P_{t-1} + r(P_{t-1} -$

$P^e_{t-1})(0 \leqslant r \leqslant 1)^{[159]}$，本书认为发展循环型农业的关键在于各级政府必须通过各种手段使涉农企业和农户的净收益 $(\alpha - \beta)PQ$ 数值增加。在发展循环型农业过程中，涉农企业与地方政府之间的博弈是一个十分复杂的过程。这里仅从涉农企业收益与地方政府成本的角度进行了简单的分析，如果考虑自然环境的承载能力、资源稀缺性以及涉农企业由于两者的原因所导致的机会成本损失，博弈分析将更为复杂。

7.2.2.3 涉农企业与追求短期利益的地方政府的博弈分析

如果地方政府为追求短期利益，在信息对称的情况下向发展前景不好的涉农企业提供优惠，也将导致遭受地区利益损失。假设地方政府行为类型分为两种，一种是追求长期利益，另一种是追求短期利益；地方政府的行动策略同上；涉农企业的行动策略也同上所述。

根据博弈分析，可以得到如下效用函数。

地方政府的短期效用函数：

$$U_S = \alpha I \tag{7-42}$$

地方政府的长期效用函数：

$$U_L = \alpha I + \pi_{(l)} - C \tag{7-43}$$

发展前景不好的涉农企业的效用函数：

$$U_B = \pi'_{(l)} + C \text{（其中，} \pi'_{(l)} < 0, \ \pi'_{(l)} + C \geqslant 0\text{）} \tag{7-44}$$

式（7-42）表示地方政府只追求短期内通过优惠政策带动的涉农企业选择清洁生产方式的收益 αI，以追求其任期内的政绩；式（7-43）表示地方政府追求长期效用，不仅追求通过优惠政策带动的涉农企业选择清洁生产方式的收益 αI，还追求优惠政策所产生的生态效益、社会效益以及社会福利 $\pi_{(l)}$ 及优惠政策的成本 C；式（7-44）表示发展前景不好的涉农企业的效用取决于自身投资选择清洁生产方式的投资利润 $\pi'_{(l)}$ 和地方政府给予的优惠政策 C。

追求短期利益的地方政府与发展前景不好的涉农企业的博弈构成了斯塔尔伯格完全信息的动态博弈模型，可采用逆向归纳法对子博弈完美均衡求解。若追求短期利益的地方政府行动策略是提供优惠政策，则发展前景好的涉农企业最优行动策略是选择清洁生产方式，即 $\pi'_{(l)} + C \geqslant 0$；对于发展前景不好的涉农企业，如果给定其选择清洁生产方式的行动策略，则以追求短期利益为目标的地方政府最优行动策略是提供优惠政策，即 $\alpha I \geqslant 0$。因此，得到子博弈的完美均衡博弈结果（追求短期利益的地方政府提供优惠政策，发展前景不好的涉农企业选择清洁生产方式行动策略），收益组合为 $(\alpha I,\ \pi'_{(l)}+C)$。

在这种行为选择下，地方政府的行动策略对本地区循环型农业的发展带来长期不利影响。一方面，地方政府的优惠不能使涉农企业选择清洁生产方式以获得经济效益、环境效益和社会效益；另一方面，实施优惠政策的成本不能得到补偿，将导致本地区农业资金积累能力下降，减弱本地区循环型农业的区域竞争力，同时导致农业剩余劳动力数量的增长，最终产生更为严重的"三农"问题。

7.2.3 不完全信息下涉农企业与地方政府之间的博弈分析

涉农企业与地方政府为了追求自身利益最大化，将寻求合作，通过合作带来利益。但由于双方信息不对称，给循环型农业的发展带来不利影响。

（1）基本假设

假设涉农企业有两种类型，一种发展前景好，另一种发展前景不好；行动策略也分两种，一种是选择循环型清洁生产方式，另一种是选择一般生产方式；地方政府的行动策略也是两种，一种是给予清洁生产的涉农企业免税和补贴等优惠，另一种是对一般生产方式的涉农企业给予惩罚性税金和罚款。现假设涉农企业的类型是私人信息，地方政府并不清楚，仅仅能够确定涉农企业类型的概率分布为 $(\delta, 1-\delta)$。

（2）博弈模型分析

由于涉农企业的类型对于地方政府来说是不完全信息，即地方政府与涉农企业之间存在信息不对称。这时，地方政府对于企业发展前景好坏并不清楚，只知晓概率分而，即发展前景好的概率是 δ，不好的概率是 $1-\delta$。通过博弈分析，能够得出地方政府关于均衡战略的贝叶斯均衡值。即当 $\delta \geqslant$ 均衡值时，视作涉农企业选择清洁生产方式，地方政府选择给予优惠；当 $\delta <$ 均衡值时，视作涉农企业选择一般生产方式，地方政府选择给予处罚。

同理，得出涉农企业的均衡战略结果是：发展前景好的涉农企业选择清洁生产方式；发展前景不好的涉农企业当 $\delta \geqslant$ 均衡值时选择清洁生产方式，当 $\delta <$ 均衡值时选择一般生产方式。博弈分析的结果是：由于地方政府并不清楚涉农企业的类型，只能按照期望值最大的原则选择是提供优惠还是给予惩罚。当他认为涉农企业发展前景好的概率 $\delta \geqslant$ 均衡值时，才愿意给予其税收和补贴的优惠；而发展前景好的涉农企业无论地方政府是否给予优惠，都会选择循环型清洁生产方式；但发展前景不好的涉农企业只有在认为政府对其有误解时，即"政府相信是他是发展前景好的企业概率 $\delta \geqslant$ 均衡值"时，才会选择清洁生产方式。

由于受完全信息的影响，地方政府只会向发展前景好的涉农企业提供优惠政策和资金补贴，并且会实现社会帕累托最优结果。而在不完全信息条件下，即存在双方信息不对等的条件下，这时地方政府不能确认涉农企业的类型，导致地方政府行为产生两种后果，一种是根据均衡值的概率决定向本不该享受优惠政策、发展前景不好的涉农企业提供优惠；另一种是根据 $1-\delta$ 的概率没有向本该享受优惠政策、发展前景好的涉农企业提供优惠政策。这种结果将极大地阻碍本地区循环型农业的发展进程。

7.3　涉农企业之间的博弈分析

本节将涉农企业之间的博弈分析从静态博弈和动态博弈两个方面进行研究。

7.3.1　涉农企业之间的静态博弈分析

在循环型农业的发展过程中，涉农企业之间的静态博弈将会围绕共同投资、争取政府扶持等方面展开博弈行为。

基本假设如下：①博弈中的涉农企业选择的策略只有循环型清洁生产方式和一般生产方式两种，即只存在非此即彼的情况；②博弈的涉农企业双方均不知晓在博弈中可能发生的各种情况及对方可能选择的全部行为决策，即"不完全信息"；同时，双方均是"有限理性"的经济人，以追求利润最大化为企业目标；③涉农企业处于没有地方政府约束的完全市场条件下，涉农企业生产行为的选择可根据企业自身情况自行决定；④决策者的决策时间统一，不分先后或者决策时间虽有先后，但后决策者并不知晓前决策者的行动策略；⑤在传统的均衡分析中，选择清洁生产行为将产生投入成本，在短期内该成本将会远远大于产出。在上述条件下，涉农企业在发展循环型农业的时候通常会陷入以下三种困境。

（1）涉农企业之间的"囚徒困境"

设有两个规模和实力不大的涉农企业 A 和 B，有两种生产方式可供他们选择，一种是选择清洁生产方式，另一种是选择一般生产方式。设两个涉农企业选择一般生产方式的收益分别是 I_A 和 I_B、选择清洁生产方式的收益分别是 I'_A 和 I'_B。选择清洁生产方式需要一定数量的投资，包括技术研发、设备更新改造等，投资需要数年或更长时间才能收回。由于这两个涉农企业的规模不大、实力较弱，一方面短期内收益额一定会小于投资额，另一方面，清洁生产方式下获得的收益也会小于一般生产方式，即 $I'_A < I_A$ 和 $I'_B < I_B$，收益矩阵见表7-5。

表 7-5　涉农企业 A、B 的"囚徒困境"

涉农企业 A 涉农企业 B	涉农企业 A 清洁生产方式	涉农企业 A 一般生产方式
涉农企业 B 清洁生产方式	I_A', I_B'	I_A, I_B'
涉农企业 B 一般生产方式	I_A', I_B	$\underline{I_A}$, $\underline{I_B}$

注：下划线表示博弈双方最终选择的生产方式。

不完全信息静态博弈模型 $G= \ <N, I_A, I_B, I_A', I_B' >$，其中局中人集合 $N= \ <A,$ $B>$，两个局中人具有相同的策略集合。可见，当投入不足时，这种情况与博弈论中的"囚徒困境"十分相似。在这个博弈模型里，涉农企业 A 和 B 都有可能选择清洁生产方式和一般生产方式两种策略，但是能够获取的收益不仅受自身策略选择的影响，还会受到另一企业策略选择的影响。对双方而言，不管对方如何选择，自身都会选择一般生产方式策略，使最终的收益都要大于选择清洁生产方式下获得的收益，达到纳什均衡，即（一般生产方式，一般生产方式），这就是博弈论中所谓的占优策略。

最终博弈的均衡结果必然是双方均选择一般生产方式。由于涉农企业之间存在着深刻的利益冲突，涉农企业为保全自身利益所做出的理性选择使得循环型农业发展停滞，自然环境负担更为沉重。

（2）涉农企业之间的"智猪博弈"

假设两家涉农企业经济状况、规模和实力、文化素质均不同，涉农企业 A 规模较大，实力雄厚，循环经济理念较强；涉农企业 B 规模较小，实力较弱，更注重企业短期收益。如果两涉农企业合作投入，则可以按总收益的比例分担投入成本。但是，基于上述涉农企业 A 所具有的素质，出于维护自然环境和社会利益等方面的考虑，将选择清洁生产方式，短期内会取得较好的收益，则有 $I_A' > I_A$；而对于涉农企业 B 来说，一定还会选择一般生产方式，则有 $I_B > I_B'$。换言之，不管大企业选择何种生产行为，小企业始终会选择一般生产方式，形成纳什均衡，即（清洁生产方式，一般生产方式）。收益矩阵见表 7-6。

表 7-6　涉农企业 A、B 的"智猪博弈"

涉农企业 A 涉农企业 B	涉农企业 A 清洁生产方式	涉农企业 A 一般生产方式
涉农企业 B 清洁生产方式	I_A', I_B'	I_A, I_B'
涉农企业 B 一般生产方式	$\underline{I_A'}$, $\underline{I_B}$	I_A, I_B

注：下划线表示博弈双方最终选择的生产方式。

这种博弈均衡结果是涉农企业 A 承担了全部投入成本,产生很大的资金成本。根据上述分析可以得出,如果没有外界干预,在完全竞争的市场中,在生产方式的选择上,涉农企业均会选择非合作博弈,即涉农企业之间并不共同致力于发展循环型农业。

(3) 涉农企业之间的"斗鸡博弈"

假设两家涉农企业 A 和 B 规模实力均较为雄厚且相当,如果两家涉农企业都选择清洁生产方式,双方的合作策略将受到业绩要求、资源占有、行业发展、社会大环境变化的影响。假设双方决策是相互独立的,这使得双方在清洁生产投入上很容易陷入"斗鸡困境"。当 A 投入、B 不投入时,A 一方面能够获取实际收益,另一方面还能获取一个比如以声誉、影响力等无形资产表示的附加收益 W,而此时 B 只能获得实际收益。这一博弈结果将产生两个纳什均衡,一种涉农企业 A 选择清洁生产方式、B 选择一般生产方式,另一种是涉农企业 A 选择一般生产方式,B 选择清洁生产方式,即(清洁生产方式,一般生产方式)和(一般生产方式,清洁生产方式),此时的收益矩阵见表 7-7。

表 7-7　涉农企业 A、B 的"斗鸡博弈"

涉农企业 A 涉农企业 B	涉农企业 A 清洁生产方式	涉农企业 A 一般生产方式
涉农企业 B 清洁生产方式	$I_A' + W$, $I_B' + W$	$\underline{I_A}$, $\underline{I_B' + W}$
涉农企业 B 一般生产方式	$\underline{I_A' + W}$, $\underline{I_B}$	I_A, I_B

注:下划线表示博弈双方最终选择的生产方式。

具体是哪种均衡结果是由附加收益值 W 所决定的。这种结果造成了清洁生产方式选择的不确定性和不合理性。由于选择清洁生产方式的投入只由某一涉农企业单方承担,从根本上限制了其发展循环型农业的积极性,不利于循环型农业的推进。

7.3.2　涉农企业之间的动态博弈分析

7.3.2.1　加入到当地涉农企业竞争条件下的动态古诺模型分析

古诺模型也被称为"双寡头模型"(cournot duopoly model),是一个只有两个寡头厂商的简单模型。该模型研究了厂商之间存在竞争而没有相互协调,其产量决策相互影响从而形成一个位于竞争及垄断均衡之间的结果。该模型能够很容易地推广到三个或三个以上厂商情况中。

（1）基本假设

假设本地区只有两家选择清洁生产方式的涉农企业，一家是外来直接投资的涉农企业 A，另一家是本地涉农企业 B，双方具有较强的均衡性；两家涉农企业生产农产品相同；他们共同面临线性的市场需求曲线，并且都能准确地了解和掌握市场需求曲线；此外，在对方产量已经确定并知晓的条件下，A、B 两个企业都能据此确定给自身带来利益最大化的产量，即双方都消极地以自身产量去适应另一方已确定产量[160, 161]。因而，这是一个动态博弈问题。

（2）博弈模型构建

市场的反需求函数设为 $p = a - q$。设外来涉农企业 A 的边际成本为 c_A，固定成本为 $SC(SC > 0)$，交易成本为 $C(c_1, c_2, c_3, c_4)$。设本地涉农企业 B 的原边际成本为 c_B，因为涉农企业 A 的进入，逐渐形成了技术扩散(technological diffusion)。此时，涉农企业 B 的边际成本为 ϕc_B（其中，$0 < \phi \leqslant 1$，$0 < c < \phi c_B < c_B < a$），$\phi$ 越小，表明技术扩散越严重（如果 ϕ 为 1，表明不存在技术扩散现象）。然而，即使不存在技术扩散问题，本地涉农企业 B 的边际成本 ϕc_B 仍要高于外来涉农企业 A 的边际成本 c_A，体现外来投资企业所具有的成本优势。如果两涉农企业进行古诺产量竞争，在国家或地方政府给定政策之下，两类涉农企业的利润分别为

$$I_A = [a - (q_A + q_B) - c] \times q_A - C(c_1, c_2, c_3, c_4) - SC \tag{7-45}$$

$$I_B = [a - (q_A + q_B) - \phi c_B] \times q_B - C(c_1, c_2, c_3, c_4) - SC \tag{7-46}$$

对其求极大值，则分别有

$$\frac{\partial I_A}{\partial q_A} = a - 2c_A + \frac{\phi c_B}{3} - q_A = 0 \tag{7-47}$$

$$\frac{\partial I_A}{\partial q_B} = a - 2\phi c_B + \frac{c_A}{3} - q_B = 0 \tag{7-48}$$

可以计算出两类涉农企业最优化的数量反应函数分别为

$$q_A = a - 2c_A + \frac{\phi c_B}{3} \tag{7-49}$$

$$q_B = a - 2\phi c_B + \frac{c_A}{3} \tag{7-50}$$

可见，吸引外地涉农企业投资本地循环型农业，可以通过外地涉农企业与本地涉农企业之间的相互竞争，使各自绿色农产品的产量决策相互作用从而产生一个位于竞争均衡和垄断均衡之间的结果。古诺博弈模型的结论可以很容易地推广

到 3 个或 3 个以上的寡头企业情况中去。因此，对于循环型农业有一定发展、规模及影响范围的地区，要吸引更多的外地涉农企业直接投资本地区发展循环型农业。

（3）根据上述古诺模型的计算可以得出的两个结论

一是地方政府要制订更优惠的循环型农业政策吸引外资或外来涉农企业的直接投资。这是由于本地区的企业将挤掉外来直接投资企业的部分利润空间，在机会成本一定的条件下，直接影响外来企业投资循环型农业的积极性。同时，技术扩散更加抑制了外来涉农企业对本地区循环型农业投资的积极性，加剧了这种竞争。

二是根据双寡头古诺模型的计算，本地区循环型农产品的均衡总产量＝市场总容量 $\times m/(m+1)$（m 为企业数量），也就是说整个行业的产出量高于垄断产出量，说明在生产效率一定的条件下，双寡头或者更多企业竞争更有利于增加就业机会，增加居民收入，提高地方政府支持外资企业和外来企业的积极性。

7.3.2.2　完全且完美信息条件下的动态古诺模型分析

（1）基本假设

假设有两个涉农企业 A 和 B，双方力量不均衡，A 是选择清洁生产方式的龙头涉农企业，B 是一般涉农企业，在市场中将紧随其后，即在 A 做出决策后，B 再根据 A 制订自身的生产行为和产量决策，可见这也是一个动态博弈模型；双方产量的策略空间都是 $[0, Q_{max}]$ 中的所有实数，Q_{max} 可以看作是不能使价格下降至亏本时的最大产量；设价格函数是 $P = P(Q) = aQ(Q = q_A + q_B)$，$A$ 和 B 的边际生产成本分别为 c_A 和 c_B，假设没有固定成本。

（2）博弈模型构建

根据上述假设，分别得出 A 和 B 的效益函数是

$$I_A = q_A P(Q) - c_A q_A = (a - c_A)q_A - q_A q_B - q^2_A \tag{7-51}$$

$$I_B = q_B P(Q) - c_B q_B = (a - c_B)q_B - q_B q_A - q^2_B \tag{7-52}$$

根据逆推归纳法，首先分析在第二阶段涉农企业 B 的决策：
令

$$\frac{\partial I_A}{\partial q_A} = a - c_B - q_A - 2q_B = 0 \tag{7-53}$$

得到：

$$q_B = (a - c_B - q_A)/2 \tag{7-54}$$

$$I_B = (aq_A - 2c_Aq_A + c_Bq_A - q^2_A)/2 \tag{7-55}$$

再令：

$$\frac{\partial I_B}{\partial q_B} = (a - 2c_A + c_B - 2q_A)/2 = 0 \tag{7-56}$$

则

$$q_A = (a - 2c_A + c_B)/2 \tag{7-57}$$

涉农企业 A 在第一阶段选择 $(a - 2c_A + c_B)/2$ 单位的农产品产量，涉农企业 B 在第二阶段选择 $(a - 3c_B + 2c_A)/4$ 单位的农产品产量，这是根据逆推归纳法分析所做出的策略组合，也是这一动态博弈中的唯一子博弈纳什均衡。

(3) 得出的结论

与传统的古诺模型相比，这一动态模型所计算出来的产量更大，农产品价格更低，两个涉农企业的总收益要小于传统古诺模型。但有一点需要引起注意，龙头涉农企业 A 的收益要大于传统古诺模型中两个企业的收益。因此，在生产中，龙头涉农企业 A 具有典范作用，在其做出产量及生产方式决策后，小规模的涉农企业 B 跟随其后，根据 A 制订自身的产量及生产方式决策。在发展循环型农业过程中，选择清洁生产方式的龙头涉农企业 A 可以起到一个很好的引领和示范的作用。

7.4　基于循环型农业的涉农企业行为博弈分析评述

本章运用博弈理论分析了涉农企业与农户、地方政府之间以及涉农企业之间在发展循环型农业过程中的博弈关系，即利益均衡过程。涉农企业与农户之间的博弈，一方面是在订立契约时的博弈，涉农企业必须激励农户种植绿色农产品，保证在同等条件下种植绿色农产品的农户能够获得更高的报酬，但在完全信息条件下，农户获得的报酬由风险中性的契约来承担风险；同时，农户只是被动地接受涉农企业所给出的契约安排，涉农企业一定会尽可能地压低农户的收益至农户的最低保留效用；另一方面，双方在履行契约时的博弈，即订单农业在绿色农产品收获时是选择履约还是违约，结果主要与市场价格、契约价格、违约金大小及承担违约责任的概率等因素密切相关。在涉农企业与地方政府之间，无论是在完全信息还是不完全信息条件下，双方主要是在政策扶持、技术支持、项目宣传、资金补贴、实施与监督、奖励及惩罚等方面展开博弈行为。涉农企业的行为选择取决于地方政府对于清洁生产给予政策支持、减免税收和资金补贴的概率和幅度。涉农企业之间的静态博弈，将围绕共同投资、争取政府扶持等方面展开博弈行为，将出现"囚徒困境""智猪博弈""斗鸡博弈"等困局；动态博弈中，一方面，通过吸引外地涉农企业投资本地循环型农业，与本地涉农企业之间产生竞争，使各自绿色农产品的产量决策相互作用从而产生一个位于竞争均衡和垄断均衡之间的结果；另一方面，由于小规模涉农企业往往根据龙头涉农企业的决策制订自身的产量及生产行为决策，因而选择清洁生产的龙头涉农企业在发展循环型农业过程中，可以起到一个很好的引领和示范作用。上述行为主体之间的博弈分析，进一步阐明了循环型农业的发展程度与效果取决于涉农企业、地方政府与农户等微观行为主体行为方式的选择。

8 基于循环型农业的涉农企业行为激励与约束机制

激励与约束机制是发展循环型农业的驱动力与约束所在，是整个机制有效运行的基础保证。因此，有必要构建一套行之有效的激励与约束机制为发展循环型农业奠定基础。循环型农业发展机制的运转涵盖了各方的利益，包括政府、涉农企业、农户和其他行为主体，必须妥善处理好各方利益相关者的利益，调动其发展循环型农业的积极性及自觉性。根据前述分析得出，发展循环型农业需要政府以全社会福利最大化为目标，利用自身的管理职能激励和引导涉农企业发展循环型农业，激发他们主动或被动履行环境责任，为循环型农业的发展提供持续驱动力。委托－代理理论是构建激励与约束机制的理论基础。

8.1 委托－代理模型构建

委托－代理理论（the principal-agent theory）是新制度经济学契约理论的重要发展，是20世纪60～70年代一些经济学家[如 Wilson（1969年）、Ross（1973年）、Mirrless（1974年）]在深入研究政府与企业信息不对称、激励问题及委托－代理关系发展起来的。其核心问题是研究委托人与代理人在双方利益冲突及信息不对称条件下，怎样设计最优契约以实现委托人对代理人的激励与约束[162]。委托－代理关系是指通过明示或者隐含契约，委托人通过授予代理人一定的权限，指定或雇佣代理人为其服务，根据其提供服务的数量与质量支付相应报酬的关系。该理论主流观点认为，信息不对称以及效用函数不同等原因，委托人和代理人之间可能会产生利益冲突，使代理人选择的行为偏离委托人的利益期望值。此时，如果制度安排不健全（如缺乏激励与约束机制），代理人的行为选择就将损害委托人的期望收益。一些经济学家通过运用各类模型对代理人的行为进行量化描述和分析，主要有：静态模型[Wilson 模型（1969年）、Spence & Zeckhauser 模型（1971年）、Ross 模型（1973年）、Mirrlees 模型（1974年）、Holmstrom 模型（1979年）]，动态模型[Rubbinstain 模型（1979年）、Radner 模型（1981年）]，代理人市场声誉模型[Fama 模型（1980年）、Holmstrom 模型（1982年）]，棘轮效应模型[Weitzman 模型（1980年）、Ricart & Costa 模型（1986年）]

等，分析在不同条件下，委托人如何通过激励与约束机制促使代理人努力工作，实现委托人的期望效用。

8.1.1　激励与约束机制分析

从委托－代理理论的角度分析，在发展循环型农业过程中，政府是委托人，涉农企业是代理人，两者之间存在着委托－代理关系。首先，政府和涉农企业在一定约束条件下都追求效用最大化，涉农企业的报酬及支付方式由委托人即政府规定，涉农企业能够拥有两个以上的备选方案。其次，二者追求的目标不同。政府的目标是追求社会效益、生态效益、经济效益协调发展的综合效益最大化；涉农企业追求的目标是自身利益最大化。最后，二者掌握的信息是非对称的。政府对涉农企业行为的观察和了解有限，并且不能完全监督代理人的行为，涉农企业能够掌握更多、更详细的关于自身发展循环型农业的私人信息，面临着风险和效用的不确定性。同时，代理人行为选择的后果也无法自行控制。因此，政府为了实现发展循环型农业的目标，就应当设计一套激励与约束机制以激励、引导和约束涉农企业的行为选择，该机制应满足以下三个约束条件：一是参与约束（participation constraint），即涉农企业从接受契约中（即发展循环型农业）得到的最大期望效用不能小于不接受契约时得到的最大期望效用；二是激励相容约束（incentive compatibility constraint），如果政府不能全面监督涉农企业的行为选择，则政府效用最大化必须通过涉农企业在发展循环型农业过程中的效用最大化水平来实现；三是为刺激涉农企业发展循环型农业，政府向涉农企业支付报酬后所获得的效用不会小于因为选择任何其他契约所获得的效用。

本书试图构建符合我国涉农企业运行实践的委托－代理理论模型和行为激励模型，并通过该模型分析影响涉农企业发展循环型农业的激励与约束的相关因素，构建相应的激励与约束机制。

8.1.2　基于循环型农业的涉农企业委托－代理模型

（1）基本假设

1）假定涉农企业生产一般农产品和循环型农产品两类农产品，设一般与循环型农产品总经营收入为 ω_i，涉农企业因为发展循环型农业获得的政府补贴为 m_i，涉农企业在生产循环型农产品额外获得的收入为 t_iq，其中 q 为循环型农产品的产出数量，t_i 为从每单位循环型农产品中额外获得的收入。

2）如果涉农企业管理层比较关注循环型农业，注重生态环境的保护，则该企业将获得社会公众偏好，可能更加关注和愿意购买该企业生产的农产品。这里，设涉农企业获得偏好的效用函数为 $k_i = k_i(Y_iQ_{ji})$，其中，Y_i 表示作为代理人的涉农企业对于公众偏好的敏感性系数，Q_{ji} 表示公众对代理人给予的偏好程度。在 $Y_i > 0$ 条件下，表示社会公众对代理人产生偏好，Y_i 值越大，公众对其偏好程度越大；在 $Y_i \leqslant 0$ 条件下，表示社会公众对代理人存在一种厌恶态度。同理，作为委托人的政府获取社会公众偏好的效用函数以 $k_j = k_j(Y_jQ_{ij})$ 表示。

3）设 a 为涉农企业的努力水平，则 $c(a)$ 为努力水平为 a 时的成本。若 $c(a)' > 0$、$c(a)'' > 0$，则表明努力成本是关于努力水平的严格凸函数，努力水平越大，产生的努力成本也越高，并且呈现出边际递增的变化。此外，设 $s(x)$ 为政府（即委托人）的投入成本。

4）设 $\overline{u}$ 为涉农企业的保留效用，表明代理人在不接受契约时（即不发展循环型农业）的最大期望效用；设 $\overline{v}$ 为政府的保留效用，如果政府从发展循环型农业获得的效用小于期望效用时，将选择终止委托–代理关系。

（2）理论模型

根据以上假设，得出在发展循环型农业过程中的涉农企业（代理人）的期望效用函数为

$$U = u(\omega_i + m_i + t_iq) + k_i(Y_iQ_{ji}) - c(a) \tag{8-1}$$

政府（委托人）的期望效用函数为

$$V = v[m_j + (1 - t_i)q] + k_j(Y_jQ_{ij}) - s(x) \tag{8-2}$$

式中，m_j 为政府自身的效益；$(1 - t_i)q$ 为政府从发展循环型农业中获得的效益。因此，在发展循环型农业过程中的这一委托–代理关系须满足以下约束条件：

1）参与约束。涉农企业的参与约束条件为

$$u(\omega_i + m_i + t_iq) + k_i(Y_iQ_{ji}) - c(a) \geqslant \overline{u} \tag{8-3}$$

政府的参与约束条件为

$$v[m_j + (1 - t_i)q] + k_i(Y_iQ_{ji}) - s(x) \geqslant \overline{v} \tag{8-4}$$

2）激励相容约束。根据上述假设，a 为委托人政府希望代理人涉农企业的努力水平，设 a^* 为涉农企业可以选择的任何努力水平（其中：$a^* \in A$）。因此，只有从 a 中获取的效用大于从 a^* 中获取的效用时，涉农企业才会选择努力水平 a。形成的激励相容约束是

$$u(\omega_i + m_i + t_iq) + k_i(Y_iQ_{ji}) - c(a) \geqslant u(\omega_i + m_i + t_iq) + k_i(Y_iQ_{ji}) - c(a^*) \tag{8-5}$$

根据上述研究，得出基于循环型农业视角的政府与涉农企业的委托－代理模型为

$$\text{Max}\{v[m_j + (1 - t_i)q] + k_j(Y_jQ_{ij}) - s(x)\} \tag{8-6}$$

$$\text{s.t.} \begin{cases} u(\omega_i + m_i + t_iq) + k_i(Y_iQ_{ji}) - c(a) > \overline{u} \\ v[(m_j + (1 - t_i)q] + k_j(Y_jQ_{ij}) - s(x) > \overline{v} \end{cases} \tag{8-7}$$

$$u(\omega_i + m_i + t_iq) + k_i(Y_iQ_{ji}) - c(a) \geq u(\omega_i + m_i + t_iq) + k_i(Y_iQ_{ji}) - c(a^*)(a^* \in A) \tag{8-8}$$

8.1.3　基于循环型农业的涉农企业行为激励模型

（1）基本假设

设以努力水平 a 表示涉农企业的受激励程度，a 越大，表明涉农企业受激励程度也越大。结合我国循环型农业发展的实践及上述涉农企业的期望效用函数[式(8-1)]提出如下假设：

1）将式（8-1）中表示的涉农企业效用进行货币化处理。其中，以货币收入 $(w_i + m_i + t_iq)$ 表示货币收入效用 u^*，货币收入越大，u^* 也越大；以 αY_iQ_{ji} 表示涉农企业发展循环型农业获得公众偏好的货币化数值，α 为获得公众偏好的货币化系数；设 $c(a)' > 0$、$c(a)'' > 0$，则以 fa^2 表示成本 $c(a)$ 的货币化数值，f 为努力水平系数（$f > 0$）。成本 $c(a)$ 是努力水平 a 的严格凸函数，a 值越大，成本 $c(a)$ 越大，并呈现边际递增变化。

2）设涉农企业生产农产品的总量为 Q，生产循环型农业农产品的数量为 q（其中，$q < Q$）。努力水平 a 越大，Q 与 q 也会越高。因此，以 $Q = ya$、$q = y'a$ 表示两种产出与 a 的关系，γ 和 γ' 表示两者之间的相关系数；以 φ 表示政府给予的每单位循环型农产品的补贴，则 $m_i = \varphi q = j\gamma'a$，$\varphi$ 为每单位农产品补贴的数额。

3）前述假设涉农企业生产的农产品包括两类，一类是一般农产品，另一类是循环型农产品，即存在不完全的委托－代理关系。简便起见，将涉农企业的努力水平 a 分为 βa 和 $(1 - \beta)a$ 两部分，β 表示涉农企业生产循环农产品受激励程度的系数，$(1 - \beta)$ 表示生产一般农产品受激励程度的系数。设循环型农产品的产量占全部农产品产量 Q 的比例为 λ，则循环型农产品的收入为 λQ 和 $\lambda \gamma \beta a$，一般农产品的收入可以表示为 $(1 - \lambda)Q$ 和 $(1 - \lambda)\gamma(1 - \beta)a$。

4）在偏好效用函数中，Q_{ji} 表示涉农企业因为发展循环型农业获得公众的偏好程度，Q_{ji} 值与涉农企业从中获得的效用成正比。因此，$Q_{ji} = \theta(t_i)q = \theta(t_i)\gamma'a$，$\theta$ 为相关系数。

（2）模型构建

根据上述假设，首先得出涉农企业效用的货币化函数 U^* 是

$$U^* = [\varphi\gamma'a + (1-\lambda)\gamma(1-\beta)a + \lambda\gamma\beta a + t_i\gamma'a] + \alpha Y_i\theta(t_i)\gamma'a - fa^2 \qquad (8-9)$$

根据激励相容约束条件可知，涉农企业首先必须最大化自身效用后才会考虑政府的效用。结合式（8-3）中的参与约束条件，得出涉农企业最大化货币收入的一阶条件是

$$\frac{\partial U^*}{\partial a} = \varphi\gamma' + (1-\lambda)\gamma(1-\beta) + \lambda\gamma\beta + t_i\gamma' + \alpha Y_i\theta(t_i)\gamma' - 2fa = 0 \qquad (8-10)$$

从式（8-10）中得出涉农企业效用最大化时的努力水平为

$$a = \frac{\varphi\gamma' + \gamma(1-\beta) + \lambda\gamma(2\beta-1) + t_i\gamma' + \alpha Y_i\theta(t_i)\gamma'}{2f} \qquad (8-11)$$

式（8-11）即为涉农企业激励相容的一阶等价条件。同理可以得到涉农企业的约束行为模型，由于篇幅有限，本书不再赘述。

（3）模型分析及结论

根据上述模型构建，可以得到如下结论：

1）代理人涉农企业生产循环型农产品占全部农产品产出的比例（λ）与其受激励程度（a）正相关，表明如果涉农企业受激励程度 α 越大，生产循环型农产品的比重 λ 也越大。

2）公众对涉农企业的偏好系数（Y_i）与其努力水平（a）正相关。表明如果公众对涉农企业及其生产的农产品持偏好态度时，涉农企业将会付出更大的努力水平去发展循环型农业。

3）涉农企业受激励程度（a）与接受政府补贴数额（φ）正相关，表明如果 φ 越大，受激励程度也越大，其努力程度也越大。

4）根据式（8-11）可以得到

$$t_i = \frac{2fa - \varphi\gamma' - \gamma(1-\beta) - \lambda\gamma(2\beta-1)}{\gamma'(1+\alpha Y\theta)} \qquad (8-12)$$

根据式（8-12）得出，涉农企业从每单位循环型农产品中额外获得的收入（t_i）与其自身受激励程度（a）正相关，表明涉农企业受激励程度越大，对循环型农产品的偏好程度也越大。

总之，基于循环型农业视角的政府–涉农企业委托–代理关系中，涉农企业努力水平（或称受激励程度）（a）与其自身经营的循环型农产品所占的比例（λ）、

政府给予的发展循环型农业的补贴（φ）、每单位循环型农产品额外获得的收入（t_i）及社会公众对循环型农产品的偏好系数（Y_i）等因素正相关。据此，需要政府构建相应的激励与约束机制以加大对涉农企业发展循环型农业的激励和引导。

8.2 基于循环型农业的涉农企业行为激励机制

发展循环型农业的激励机制设计的基本思路是，要构建一系列切实有效、相互匹配的围绕循环型农业发展的法律法规、政策体系，从制度上要能充分体现发展循环型农业的要求。通过制度和政策的架构，形成有效的激励机制，转变涉农企业的农业生产行为，引导循环型农业健康、快速的发展。涉农企业作为"有限理性"的经济人，其行为态度及行为选择主要取决于发展循环型农业所取得的收益与为此付出成本的比较。因此，在正式制度设计上，必须凸显出市场机制的推动作用。通过制订发展循环型农业的价格、税收、信贷等政策，运用经济杠杆调节涉农企业的行为选择，使涉农企业发展循环型农业的利益得以实现。

8.2.1 税费优惠

为激励涉农企业发展循环型农业，在区域内对发展农业循环经济的涉农企业，包括种植绿色农产品、加工业、绿色农业生产资料企业、生态工程建设等，要给予一定的税收减免优惠。主要包括如下：

（1）调整和完善涉农企业所得税

一是可以规定涉农企业本年度发生的用于清洁生产和节能设备改造、新产品及废弃物处理的研发费用、新技术的培训费用等可以计算进应纳税所得额，还可以按照上述费用的一定比例增列。通过加大这些投资及费用的税前抵扣比例的做法，减少发展农业循环经济的涉农企业所缴纳所得税额。二是对于涉农企业为发展循环型农业产生的技术服务收入，包括为清洁生产产生的技术转让、技术咨询、技术服务、技术培训、技术外包等，可以免征或给予一定比例的所得税优惠。三是对涉农企业为减少废弃物污染而投资的环保设备可以采取加速折旧法计提折旧、对其采购的防治废弃物污染的专利技术等无形资产进行一次摊销，计入应纳税所得额、用于美化环境和环保的捐赠支出可享受比普通捐赠更优惠的待遇（如可以不受应纳税所得额中关于捐赠计入比例的限制）。

（2）调整和完善增值税抵扣链条

将涉农企业从外部低价购入或无偿取得的废弃物作为原材料、循环利用企业内部产生的废弃物纳入增值税进项税额的抵扣，根据经核实的购入量、使用量，按照同类原材料的市场价格进行抵扣，促进废旧资源的循环利用。此外，对使用再生资源和原生资源实行差别税率增值税进项税额的抵扣，再生资源的进项税率抵扣可高些，原生资源的进项税率抵扣可低些，引导涉农企业更多地使用再生资源，实现税收政策对发展农业循环经济的导向作用。

（3）调整和完善消费税

消费税的计征要遵循引导企业生产"环保型、资源节约型、高附加值产业"的原则，在更大范围内将消耗资源量大的（如一次性用品、高档建材、原浆纸等）、污染环境的、不利于循环型农业发展的产品纳入消费税的计征范围，不断拉大循环型农产品与非循环农产品的消费税计征差距。同时，对于资源消耗量小的、能够循环利用的产品以及废弃后对环境不能造成污染的产品，建议免征消费税。

8.2.2 财政扶持

财政部门可以对发展农业循环经济产生的结构调整、农产品深加工、科技成果转化等企业行为给予必要的资金扶持。具体措施包括：

（1）建立循环型农业扶持专项资金

对发展循环型农业的涉农企业及其技术进行评估、审核、确认，对能够产生一定预期收益的清洁生产项目给予资助。可以采用专项资金直接拨款或者通过无息、低息或贴息贷款的方式提供资助。同时，地方政府要加强对专项资金的监督管理，做到专款专用。

（2）加大对农业循环经济的政策研究、技术研发及推广、示范试点的支持力度

安排专项资金支持提高能源和资源效率的技术推广项目，对于区域内的重大项目政府可以全资扶持，其他项目提供一定数额资金拨款或贷款形式推进。依照"综合平衡、突出重点"的原则，对于涉农企业的污染防治项目、技术改造项目给予贴息贷款支持，由各级地方政府确定贴息的标准和利率，分期、分批投入。

（3）加大节能、节水、环保认证产品的政府集中采购力度

首先要做好上述产品的认证工作，逐步扩大节能清单的范围，时时更新和调整，实行动态管理；将节能产品纳入政府集中采购目录，实行集中采购管理，强制推行；由财政机关或审计机关进行定期或不定期的监督检查，对于未按照政府集中采购目录所进行的采购行为，责令纠正，给予相关责任人相应处分并处以罚款，引导各有关单位和机构采购节能产品。

（4）完善排污权交易市场，建立相应的补偿机制

应采取一定的财政政策（如补贴）以减少企业污染成本外溢性问题，促进企业减少生产投入，减少农业废弃物的排放。对环境效益非常明显的回收企业，可以给予一定的经济补偿，以激励其发展循环型农业。

8.2.3　产权制度改革

产权制度是发展农业循环经济的前提和关键。环境与资源的市场价格取决于其产权价格，影响相应的价格、财政、投资和消费等政策的实施效果。循环型农业产权制度包括3个层次，分别是产权界定、交易权安排、产权交易制度等，针对目前这3个层次产权制度所存在的问题，从激励的角度，建议采取以下路径及对策：

（1）实现环境与资源使用权与经营权的市场化

具有相对稳定性的产权安排是推进循环型农业产权市场制度规范化建设的基础。首先由国有涉农企业代表国家作为环境和资源的产权主体，在这一基础上，再明确界定环境与资源的使用权和经营权，最终实现部分所有权的市场化。对于市场化的措施，笔者建议先应按照资源和环境的特征（包括公共性、公益性和外部性等）将使用权与经营权实现技术性分离，明确各自的权利职责，逐步将国有涉农企业从部分环境和资源的经营领域中退出，将民营和外资等非国有性质涉农企业引入环境与资源产权的经营和使用中，形成国有企业、私营企业、外商投资企业等多种所有制结构构成的多元化环境和资源的经营体制。具体措施是：对于不可再生的自然资源，如生态及生活所必需的淡水、耕地、城市土地、大气，以及具有生态保护作用的可再生资源（如珍稀动植物、生态公益林、草原等公共性、公益性和外部性很强的资源），应使这些资源的使用权和经营权合一，由公共事业部门经营管理，或者在政府严格监管下由企业经营；对一些公共性和外部性较弱、排他性和竞争性较强

的自然资源，如生产用水、荒地、经济林、可人工蓄养的非珍稀动物、储量丰富的矿产资源等，应将这些资源的使用权与经营权分离，把经营权引入市场进行交易，激发涉农企业发展农业循环经济的积极性。当然，在这一过程中，首要的关键步骤是国家应出台相关的法规政策以保证经营权与使用权交易的合法性。

(2) 把部分环境和资源的产权私有化，形成公私并轨运营的混合产权市场

根据自然资源多样化的特点建立的多种所有权体系，也是引入健全的市场机制、完善农业循环经济产权市场的基础条件。具体的建议措施是：对于草原、矿山、森林、水域等具有比较清晰产权界限的自然资源，应在权衡公共利益、兼顾所有者和使用者利益的条件下，根据其公益性、公共性及外部性的强弱，将其所有权行政分配或以拍卖方式出售给国家、各级地方政府、企业或个人等不同的产权主体；对于海洋水域、大气、地下水等产权界线比较模糊、公共性及外部性较强的自然资源，应继续维持公共所有权主体，可以通过改变现行政出多头的产权结构，由统一的政府机构组织作为所有者进行统一管理，以提高资源的使用绩效。

(3) 完善环境纳污资源所有权交易制度

具有有限容量的净化纳污能力是自然环境的独特属性。在环境纳污资源产权安排上，一方面需要考虑自然环境的容量大小，另一方面还要考虑其净化能力，有必要建立可"回收"的环境纳污资源产权制度。具体做法是：首先，企业以直接或间接方式获得的排污权可以归企业所有，在规定的一定期限内自行安排，还可出售给其他企业，以此激励企业努力降低排污，努力把排污控制在环境容量与其净化能力的安全范围之内。其次，还可以实行间接纳污资源产权制度，即企业可以投资排污工程和设施的建设领域，以间接方式获取环境纳污产权，单独或集中为各类企业处置污染废弃物。纳污资源产权具有竞争性与排他性、外部性，假设这些可以忽略不计，在一个健全的纳污资源产权交易市场中，如果有多个排污企业参与并能够产生自由交易，则当排污权供需达到一个平衡点时，作为个体的企业其污染治理成本将会降低到最小，最终实现社会总治理成本最小；同时，环境纳污资源产权交易还能够提高市场交易长期收益预期以及降低市场交易不确定性，有效地提高交易双方绩效和剩余。因此，完善我国排污产权市场，最终还是有必要将部分的排污产权私有化，形成产权多元化的纳污资源产权结构。

8.2.4 科技政策创新

政府相关部门要加大科技投入，支持循环型农业共性及关键技术的研发，以

吸引涉农企业投资和发展循环型农业。建议从以下几方面着手：

（1）做好发展循环型农业的技术政策规划

水资源方面，要突破农业节水和水循环利用技术，重点发展节水技术、污水治理技术、海水淡化技术等；环境保护方面，着力发展清洁生产技术、农业废弃物资源化与无害化技术、防止生态功能退化的综合治理技术及其他各项环境保护技术；农业生产方面，重点开发土壤修复技术、节能关键技术、环保化肥农药技术、生物技术、生态农业技术、有机农业技术等；农业制造业方面，攻克节能型农业机械，在机械的研发、设计、制造等环节大力推广绿色技术，以形成节能、高效、循环的新工艺、新技术。

（2）建立循环型农业的科技创新运行机制和市场导向机制

一是培养循环型农业科技创新的环境。依靠技术集成创新，构建物质能源高效转化的农业生态产业链，推动农业相关产业在区域内聚集和组合，进而推动其发展。尤其农产品加工涉农企业要重点研究主要农产品的多层次综合加工利用技术以及加工废弃物"回流"到种植业或畜牧业的再利用技术。二是加大科技研发的投入。政府要对发展循环型农业的涉农企业给予资金和技术上的扶持。在资金上，一方面要加大对涉农企业与高校及科研机构合作性技术与先进设备研发的资金扶持力度，另一方面，还要加大对涉农企业在引进和使用先进性技术和设备等创新成果的资金补贴力度，刺激涉农企业对现有的先进技术和设备积极转化利用。政府同时建立农业循环经济科技资金投入的激励机制，通过吸引其他风险资金投资循环经济技术研发以弥补财政资金投入的不足。三是扩大涉农企业在发展循环型农业中的创新决策话语权。各级地方政府应建立多层次、常态化的涉农企业科技创新的对话及咨询制度。在循环型农业的政策制定、发展规划编制、重大项目论证过程中，注重发挥涉农企业在科技领域与市场信息方面的优势，充分吸纳不同行业、不同规模企业界专家的意见和建议。四是完善涉农企业作为主体的产业科技创新机制。市场导向明确的循环型农业技术项目实施由涉农企业牵头、地方政府引导、联合高校和科研院所实施的模式。鼓励构建以涉农企业为主导、产学研合作的"互联网＋"的产业科技创新战略联盟。促进循环型农业的技术标准产业化，使涉农企业成为技术标准的创新主体，逐步试行涉农企业农牧产品自我公开声明制度，增强涉农企业标准备案自主责任。

（3）构建高效的循环型农业科技创新体系

一是可以推进种子加工涉农企业并购重组与产业整合，引导种子涉农企业与科研院所开展联合攻关，培育具有核心竞争力的"育繁推一体化"种子涉农企业。加大优良品种的引进及选育研究的支持力度，改革育种机制，构建商业化育种体制，重点支持优质种子资源收集及技术研究。二是推动农业科技创新联盟建设，强化科技资源系统整合及协同创新，稳定支持农牧业基础性、公益性科技研究，重点支持资源高效利用技术及农产品精深加工、农产品质量安全等方面的技术攻关。三是强化涉农企业科技领军人才培养，支持农技人员知识更新。支持和鼓励农业科技人员通过自主创业、技术入股等形式开展科技融资及创业。加强公益性与社会化服务相结合的现代农技推广体系建设。

（4）加强循环型农业科技立法

加强循环型农业科技立法包括立法保障农业循环经济技术的研发、投入和资源合作，以激励农业循环经济的技术研发行为，并保护循环型农业技术成果，为其建立确定的产权。以法规的形式，引导私人、民间及社会的闲散资金进入循环经济科技研发领域，为其提供上市、融资、税费优惠、财政扶持等形式的法律保障。此外，还要逐步加强农业循环经济科技的执法。

8.2.5 改善农产品供应链关系管理

供应链关系管理是维持和发展涉农企业与农户共生关系的重要环节。改善供应链关系管理，要求从协调双方的行为出发，寻找一种能够促进循环型农业发展同时增加双方利益的途径。各级地方政府可以通过政策制定与引导、组织规划、协调沟通等多种手段将涉农企业和农户组成一条完整、有效的农产品供应链，以市场驱动农产品供应链的有效运转，让供应链上的各行为主体可以自行选择生产行为，以提高各自的效率与决策行为效果。加强农产品供应链管理，可以从协调人际关系、利益分配、公共关系行为等方面入手。具体来说，可以将涉农企业与农户之间的交易内部化，即通过一定的契约，使双方间的交易活动和涉农企业内部部门间的合作一样，形成整体交易成本最小化、收益最大化。供应链关系管理强调涉农企业和农户要以长期发展与长期利益为着眼点，共同创造价值，特别要求涉农企业要承担起社会责任，通过市场机制引导农户发展循环型农业。因此，供应链关系管理强调通过供应链各节点的行为主体间的合作与协调，建立战略合作伙伴关系，将各行为主体的内部与外部供应链有机地结合起来，达到全局动态最优目标，最终实现发展循环型农业的目的。

8.2.6 加强循环型农业基础设施建设

循环型农业的发展水平在很大程度上依赖于环境的硬件设施,其推广及实施需要诸多为农业生产和流通服务的基础设施。而基础设施的投入属于"沉没成本",即一旦投入、很难收回,具有资产专用性的特征,资产专用性是影响企业行为选择的重要因素。这些投入具有一定的周期性,在短期内无法或很难显现效用,这也是导致涉农企业发展循环型农业积极性不高的一个重要因素。在这种情况下,政府需要引进影响涉农企业行为的外生变量,加强对于循环型农业生产方式公共服务的提供,包括道路、运河、桥梁、码头、仓库、冷藏库、包装材料库、通信设施、植物保护和兽医等专业服务单位、修理和技术保养单位等。而且这些设施的提供要达到一定程度,才能促使涉农企业选择循环型农业生产方式,积极促进本地区循环型农业的发展。

8.3 基于循环型农业的涉农企业行为约束机制

8.3.1 施行环境会计核算体系

发展循环型农业还要求涉农企业转变经营理念,要把环境价值、生态价值纳入生产核算体系中,并以此作为涉农企业生产行为选择以及衡量企业效益的依据。我国现有会计制度还未将环境作为计量和核算要素,仅以经营绩效结果作为考核企业业绩的唯一标准,忽略了企业行为产生的生态社会成本,这也是造成企业单纯注重经济效益、忽略生态效益和社会效益的关键要素。国家应改革现有的涉农企业会计核算体系,构建一个绿色 GDP 核算体系框架,把经营与环境效益同时作为涉农企业核算的内容,施行环境会计核算体系,引导涉农企业发展循环型农业。

(1) 核算目标

通过对涉农企业进行环境会计核算,包括资源价值、资源耗费、环保支出、环境治理等进行确认和计量,强制要求涉农企业发展循环型农业,同时为政府环保部门、行业主管部门、投资者以及社会公众提供涉农企业环境目标、环境政策和规划等有关资料。

(2) 核算内容

涉农企业环境会计的推行基于发展循环型农业的客观背景,要突出核算涉农企业行为产生的环境成本，在提高其经济效益的同时，更要反映环境和社会效益。因此，环境会计核算的内容包括涉农企业全部自然资源与环境。不仅包括涉农企业本身的环境行为所影响的环境空间、环境要素及环境因子（如排放农业废弃物、对土壤或者大气等环境空间进行治理等），还包括一些不是由涉农企业行为本身所能控制和改变的对环境的影响（如农业废弃物进行处理后排放、提高企业管理层循环经济意识等）。

（3）涉农企业环境会计的计量方法

环境会计的确认和计量是按照规定的标准，将涉农企业产生的环境业务作为会计要素加以记录并计入会计报表的确定过程。根据循环型农业发展的核心要求，以"3R"为原则，本书认为涉农企业基于循环型农业的环境会计计量方法应主要以采用直接市场法比较适宜。直接市场法（direct marketing）是研究环境经济学常用的方法，是指对涉农企业由于生产行为产生的、能够观察的环境质量与标准之间的差异进行测算，然后直接以市场价格进行计量的一种方法。具体包括生产率变动法、预防性支出法、人力资本法、重置成本法等方法。

（4）涉农企业环境会计报告

本书认为涉农企业的环境会计资产负债表、损益表与传统会计报告相比，应增加以下内容，见表 8-1 和表 8-2。

表 8-1　涉农企业资产负债表

环境资产	期初数	期末数	环境负债及所有者权益	期初数	期末数
环境资产			其他应付款		
其中：排污权			其中：环境负债		
大气			大气、土地、水等		
土地			其他环境负债		
水			其中：应付环保费用		
放射性			应缴环保税金		
其他环境资产			应缴环保罚款、补偿款等		
待摊费用			预提费用		
其中：			其中：环境污染准备		
待摊环境费用			长期负债		

环境资产	期初数	期末数	环境负债及所有者权益	期初数	期末数
自然资源资产			其中：环境负债		
其中：			所有者权益		
环境工程支出			资源资本金		
资产总计			负债及所有者权益总计		

表8-2 涉农企业损益表

项目	上年度数	本年度数
一、主营业务收入		
减：营业成本		
其中：环境成本		
销售费用		
其中：环境销售费用		
管理费用		
其中：环境管理费用		
财务费用		
营业税金		
二、主营业务环境利润		
加：其他业务利润		
减：环境预防费用		
环境补偿费用		
环境治理费用		
三、环境营业利润		
加：投资收益		
营业外收入		
营业外支出		
其中：环境保护罚款支出		
环保事故非常损失支出		
四、环境营业利润		
加：以前年度损益调整		
减：所得税		
五、环境净利润		

为满足发展循环型农业以及环境会计信息质量的要求，涉农企业还须编制环境会计报表附注以披露下述信息：涉农企业的环境会计政策及目标；涉农企业发展循环型农业的目标、方针及实施措施（包括主要农业废弃物、污染物及其处理措施）；会计期间内涉农企业发展循环型农业的项目投资、费用支出、税收优惠减免、政府给予的补助与拨款、违反有关规定的罚款；会计期间内涉农企业生产行为造成的环境污染及治理情况；涉农企业的农业自然资源管理系统；涉农企业所采用的环境标准以及环境质量发生变化对财务数据造成的影响、环境会计核算采用的方法及方法变更给资产负债等产生的影响；涉农企业制订的关于环境监测制度及监测技术和方法；涉农企业重大环境事故发生和重要环境事项的说明；涉农企业关于委托中介机构开展的环境会计审计的说明；产生的重要或有负债等。

8.3.2　改革资源价格政策

利用价格杠杆推动发展农业循环经济，通过资源性产品与最终产品比价关系的调整，理顺资源价格，建立能够反映资源供求关系的价格机制。资源的价格政策首先要体现自然资源与环境资源的价值，以促进资源合理利用为基本原则。在自然资源定价方面，建议在分析国内自然资源价格与国际市场上同类资源价格基础之上，根据是否可再生制订出自然资源的定价政策，并把自然资源核算纳入国民经济核算体系；在环境资源定价方面，应把环境资源作为一种中间产业，通过对传统产业经济学投入产出模型的改进，计算出环境资源相关产业的环境资源经济贡献率、关联效应等指数，全面核算环境资源的经济价值，建立全面、精确、具有可操作性的环境资源经济价值评价体系。提出的具体措施如下：

（1）水资源价格改革

要完善农业水费计价办法。可以采用按农业用水与非农业用水价格分类计价办法。农业用水包括粮食与经济作物用水及水产养殖等用水；非农业用水是指工业、自来水厂、水力发电及其他用水等。农业用水价格采用以补偿供水成本的原则核定，不计算其利润及税金。非农业用水价格在补偿供水成本及计税的基础上，以供水净资产为基数计提利润，利润率可以按照银行同期贷款利率提高4□～5□确定。通过不同的计价办法促进涉农企业和农户节约水资源。此外，针对当前我国农业生产和发展的特点，还可考虑对供水单位采用差额补贴的办法解决农业用水的价格问题。农业水价可以按照《水利工程供水价格管理办法》中的原则和办法核定，执行水价按照涉农企业和农户的最大承受能力确定，执行价与核定价的差额由财政予以补贴。补贴的办法可以采用拨款、工程建设、基础设施修缮等办法。对于水利工程的供水价格，建议在物价变动的情况下，要保证水利工程能够得到合理的补偿。具体做法是可以以重置成本计提折旧，在物价变动大的年份对水利工程进行资产评估，以评估值作为计提折旧的基础。

（2）土地资源价格改革

土地资源的价格核定应考虑土地的成本投入、合理利润及生态环境保护成本等因素。土地资源的成本构成包括三部分内容，第一部分是当前土地使用者因使用土地资源而支付的直接成本，包括耕地占用税、土壤修复费、污染治理费等内部环境成本；第二部分成本是未来土地使用者由于当前土地使用者的使用而产生的净损失，主要是指土壤质量下降造成的损失；第三部分是土地使用对他人或其他企业造成的损失，包括环境成本等外部不经济损失。根据上述土地资源的成本分析，土地资源价格的改革主要应加强市场化配置。发挥各级政府对地价的导向和控制作用，引导投资方向，加强土地出让规划管理，以影响投资者的经营与投资决策方向，促进公平竞争。同时，把地价管理纳入法制化建设进程，依法树立土地使用规划的权威，严禁随意改变土地用途，根据法律法规科学地指导土地交易，经营性用地实行公开招标、公开拍卖或挂牌出让等方式，培育规范的土地市场，加强土地资源的管理。

（3）生产资源价格改革

改革的基本思路是引入市场竞争机制、充分发挥市场机制的调节作用。一是建立竞争型的市场结构。削弱龙头涉农企业对农业生产资源市场的控制力，鼓励国内其他资本、外资企业进入农业生产资源市场。二是再造基于市场经济的农业生产资源价格监管体系，完善生产资源价格监管的规则体系和利益相关者之间的制衡机制。三是建立农业生产资源价格补偿与限制机制。对于生物质能等可再生资源，政府可以进行补贴，也可按可再生资源的实际成本核定价格，强制经销企业全额收购的办法进行价格改革。

通过上述措施，运用市场决定资源要素价格的机制，从而约束涉农企业选择过度资源消耗、低性能成本竞争行为，逐步向选择依靠创新、差别化竞争行为转变，从而纠正自然资源与环境资源的价格扭曲，节约资源，防止环境恶化。

8.3.3 提高或增设相关税费

（1）扩大资源税征收范围

根据党的十八届三中全会关于将资源税扩展到占用各种自然生态空间的要

求，在现行的资源税征收范围基础上，将水、森林、草场、土地、滩涂等自然资源也列入资源税的征收范围内；将现行的一些如水资源费、渔业资源费、林业补偿费、育林基金等资源性收费改为税金；对从量计征的资源税计税数量，改为按实际开采或生产数量计征；适当提高单位税额或税率，尤其对不可再生的、非替代性的稀缺资源征以高税，以限制资源的开采、开发和使用。

（2）征收焚烧和填埋税

根据循环型农业的减量化原则，对涉农企业按照农业废弃物数量征收废弃物的焚烧和填埋税，可以实行总量多因子叠加收费，即将排污口排放的各种污染物量折合成为当量值，再将各种污染物的当量值合计计算排污费，以限制涉农企业对于原材料的过度使用和投入，促进企业对农业废弃物进行资源化处理。

（3）征收生态税

将征税的基础逐步从劳动力转向能源利用和环境污染治理，这一转换过程可以被看成能产生环境改善与减少税收对经济扭曲的"双赢"结果。实践中，除风能、太阳能等可再生能源之外，对于其他资源的使用都要对企业征收生态或环境税，从而限制涉农企业对农业自然资源的过度使用。

8.3.4 培育健康的市场运行机制

市场经济是优化资源配置的一种基础性手段，以市场机制启动并调节经济运行方式。在市场经济中，所有的经济活动都直接或者间接地处于市场关系体系里，一切劳动产品及生产所需投入的要素都必须通过市场机制进行配置，市场机制通过价格信号和竞争激励调节经济与非经济资源的配置。人类赖以生存资源的稀缺性和社会发展需要最有效地配置资源是经济学的两个基本观点。如果自然资源成为经济发展的内生变量时，则持续的经济增长就将受到资源环境的约束。市场经济理论认为价格取决于资源要素的稀缺程度，如果某一资源要素变得稀缺而导致价格上涨，市场经济的价格机制以及成本效益原则，就将迫使企业尽力提高资源利用效率，将促使企业从成本与效益角度出发而节约资源。当个体理性提升到集体理性时，则实现最大化社会效益。发展循环型农业的理论背景是环境资源逐渐成为制约社会经济发展的关键因素，它所解决的课题是如何在现有资源存量和环境条件下提高资源利用效率，如何构建有效的农产品市场流通体系。循环型农业把资源消耗严格控制在环境和自然资源容许的承载力范围内，根据环境的自净能力及资源的再生能力循环、往复利用自然资源。可见，循环型农业符合市场经济的客观规律，两者都坚持成本效益原则，追求资源的高效利用和优化配置，双方的运行机制具有同一性。因此，培育健康的市场运行机制，通过健康的市场运行机制优化资源配置比使用强制手段具有更高的效率和更少的管理成本。

8.3.5　行政强制

行政强制是指为实现某一行政目的，行政主体对相对人的财产、身体、自由、行为等权利予以强制实施并采取的具体措施。经过 20 多年循环经济的发展，根据实际情况，总结出包括环境评价制度、"三同时"制度、排污收费制度、排污许可制度、污染控制制度、环境目标责任制等一系列环境管理制度，这些制度和规范在保证发展经济的同时也发挥了控制污染、保持生态平衡的重要作用，也是环保部门依法行使环境职能的主要依据、方法和手段。农业循环经济的发展，一方面应该继续加大力气推行已有的先进做法，另一方面还要积极探讨新的有效途径及具体方法。建议尽快制定并实行强制农业废弃物回收再循环的资源化和无害化制度；明确强制采用农产品绿色包装物并由企业回收再利用制度；建筑废弃物由建设单位或施工企业回收或者进行无害化处理制度；农村生活垃圾由政府分类回收等制度。通过一系列的行政手段，强制和约束涉农企业发展循环型农业。

8.4　基于循环型农业的涉农企业行为激励与约束机制评述

制度是人际交往中的规则及社会组织的结构和机制。在制度安排上，地方政府可以按照一定的目的及程序有意识地创造一系列的经济、政治规则及契约等法律法规，以及由这些规则构成的社会等级结构，为涉农企业发展循环型农业在市场环境和法律保障方面提出良好的激励与约束机制。本章基于委托 - 代理理论，构建了基于循环型农业视角的地方政府与涉农企业委托 - 代理模型及涉农企业行为激励模型，由此提出了税费改革、财政扶持、产权制度改革、科技创新、加强循环型农业基础设施建设、加强农产品供应链关系管理等一系列激励机制，以及提出对涉农企业施行环境会计核算体系、改革水、土地、生产等资源价格政策、提高或增设资源税、焚烧和填埋税、生态税等相关税费、培育健康的市场运行机制、通过法律法规进行行政强制等一系列约束机制，以引导涉农企业发展循环型农业。

参 考 文 献

[1] 帅范,范美婷,杨莉莉.资源产业依赖如何影响经济发展效率[J].管理世界,2013,(2):32-63

[2] 伍晓亮,高鑫.可持续发展定义在空间与时间双重维度上的拓展[J].生态经济,2011,(8):24-31

[3] Douglass G. Agricultural Sustainability in Changing World Order[M] . New York: Westview Pr (Short Disc) , 1983

[4] 肖忠海.我国循环农业理论与实践研究进展述评及展望[J].云南财经大学学报,2011,(1):77-83

[5] FAO. Manifesto and Agenda on Sustainable Agriculture and Environment[M]. Ben Burge, Netherlands, 1991

[6] 杨伟民,袁喜禄,张耕田,等.实施主体功能区战略,构建高效、协调、可持续的美好家园 - 主体功能区战略研究总报告[J].管理世界,2012,(10):1-17,30

[7] 胡永明,陆宏伟.企业目标与企业行为——兼论转轨时期企业行为的特征及其对策[J].经济理论与经济管理,1986,(6):17-22

[8] 杨戈,杨玉生.西方经济学"经济人"假设与马克思"经济人"思想比较研究[J].经济纵横,2011,(6):18-23

[9] Coase R H. The nature of the firm[J] . Economics(N.S.), 1937, (4):386-405

[10] 冯·诺伊曼,摩根斯顿.博弈论与经济行为[M].北京:生活.读书.新知三联书店,2004

[11] 吉恩·泰勒尔.产业组织理论[M].北京:人民出版社,1997

[12] Hoffillan A J. Linking organizational and field-level analyses the diffusion of corporate environmental practice[J] . Organization and Environment, 2001, 14 (02): 133-156

[13] Green L, Robinson S N. Rethinking corporate environmental management [J] . The Columbia Journal of World Business, 1992, 27 (3-4): 222- 232

[14] Drobny N L .Strategic environmental management-competitive solutions for the twenty- first century [J] . Cost Engineering, 1994, 36 (08): 19-23

[15] Lafferty B, Goldsmith R E. "Corporate credibility's role in consumers' attitudes and purchase intentions when a high versus a low credibility endorser is used in the Ad" [J] . Journal of Business Research, 1999, 44(February):109-116

[16] Bhattacharya C B, Sen S.Doing better at doing good when, why and how consumers respond to corporate social initiatives[J] . California Management Review, 2004, 47(01):9-24

[17] Mohr L A, Webb D J. The effects of corporate social responsibility and price on consumer responses[J] . Journal of Consumer Affairs, 2005, 39(01):23-36

[18] Delmas M , Michael W. Toffel stakeholders and environmental management practices: an institutional frame-wok[J] . Business Strategy and Environment, 2004, (13):209-232

[19] Goulder L H, Mathai K . Optimal CO_2 abatement in the presence of induced technological change[J] . Journal of Environment Economics and Management, 2000, (09):1-38

[20] López-Gamero M D, Molina-Azorín J F , Claver-Cortés E. The potential of environmental regulation to change managerial perception, environmental management, competitiveness and financial performance[J] . Journal of Cleaner Production, 2010, 18:963-974

[21] Potoski M , Prakash A . Protecting the environment: voluntary regulations in environmental governance[J] . Policy Currents, 2002, 11(04):9-14

[22] Segerson K, Miceli T J . "Voluntary environment agreements: good or bad news for environment protection?" [J] . Journal of Environment Economics and Managemnt, 1998, 2(36):109-130

[23] Zeng S X, Xu X D, Yin H T, et al. Factors that drive Chinese listed companies in voluntary disclosure of environmental information[J] . Journal of Business Ethics, 2012, 109:309-321

[24] Pearce D W, Turner R K. Economics of Natural Re-sources and the Environment[M]. Baltimore: Johns Hopkins University Press, 1990

[25] Worthington A C, Hurley E V. Cost efficiency in australian general insurers: a non-parameters approach [J] . British Accounting Review, 2002, 34: 89-108

[26] Ausubel W J . National materials flows and the environment[J] . Annual Review of Energy and Environment, 1995, (20):463-492

[27] Ree W E. Ecological footprint and appropriated carrying capacity: what urban economics leaves out[J] . Environment and Urbanization, 1992: 42

[28] Hoffrén J. Measuring the Eco-efficiency of Welfare Generation in a National Economy[A] //the Case of Finland[C] . Tilastokeskus, Tutkimuksia, 2001

[29] Masui T, Morita T, Kyogoku J. Analysis of recycling activities using multi-sectoral economic model with material flow[J] . European Journal of Operational Research, 2000, 122:405-415

[30] 曾珍香 , 顾培亮 , 张闽 . 可持续发展的概念及内涵的研究 [J] . 管理世界 , 1998, (2):209-210, 214

[31] 方磊 , 方日强 . 可持续发展内涵再探 [J] . 中国集体经济 , 2007, (1):43-45

[32] 牛文元 . 可持续发展理论的内涵认知 [J] . 中国人口·资源与环境 , 2012, 22(5):9-14

[33] 曾贤刚 , 周海林 . 全球可持续发展面临的挑战与对策 [J] . 中国人口·资源与环境 , 2012, 22(5):32-39

[34] 刘卫先 . 论可持续发展视野下自然资源的非财产性 [J] . 中国人口·资源与环境 , 2013, 23(2):82-87

[35] 陈晓红 , 程鑫 . 可持续发展与企业环境战略研究——以长株潭城市群碳排放对两型产业发展的影响为例 [J] . 南开管理评论 , 2013, 16(6):106-111

[36] 齐晓辉 . 我国可持续农业技术创新模式的选择 [J] . 科技管理研究 , 2010, (6):22-24

[37] 高鹏 , 刘燕妮 . 我国农业可持续发展水平的聚类分析 [J] . 经济学家 , 2012, (3):59-65

[38] 周苏娅 . 我国农业可持续发展的制约因素、动力机制及路径选择 [J] . 学术交流 , 2015, (4):145-149

[39] 段研磊 . 河北省农业可持续发展指标体系分析 [J] . 中国农业资源与区划 , 2016, (6):167-173, 183

[40] 辛岭 , 胡志全 . 中国农业可持续发展水平评价 [J] . 中国农业科技导报 , 2015, 17(4):135-142

[41] 胡永明 , 陆宏伟 . 转轨时期企业行为的合理化 [J] . 中国人民大学学报 , 1987, (2):88-94

[42] 尉安宁,贾莉,余向明.企业行为研究述评[J].天津社会科学,1988,(6):31-35

[43] 孙祁祥.中国企业行为分析[J].经济学家,1991,(5):88-96

[44] 肖周燕.政府调控、市场机制与城市发展[J].中国人口·资源与环境,2016,26(4):40-47

[45] 王玉玲,程瑜.过度与滞后:市场机制作用"超阈"和"堕距"的经济学释析[J].经济问题,2016,(8):9-14

[46] 胡永明,陆宏伟.企业目标与企业行为——兼论转轨时期企业行为的特征及其对策[J].经济理论与经济管理,1986,(6):17-22

[47] 钟茂初,闫文娟.企业行为因应生态环境责任的研究述评与理论归纳[J].经济体制改革,2011,(3):94-99

[48] 赵晓丽,赵越,姚进.环境管制政策与企业行为-来自高耗能企业的证据[J].科研管理,2015,36(10):130-138

[49] 刘勇.制造业集聚区企业循环经济行为的实证分析[J].中国人口·资源与环境,2009,19(4):134-139

[50] 陈勇.基于循环经济的企业与政府行为模式研究[J].经济体制改革,2010,(2):51-54

[51] 王兴琼.国内循环经济背景下的企业行为研究述评及建议[J].四川师范大学学报(社会科学版),2012,(1):34-40

[52] 佘元冠,王蒙.基于粗糙集的企业循环经济发展水平评价-以我国16家钢铁企业为例[J].科技管理研究,2013,(17):59-64

[53] 苗泽华,李香丽.工业企业实施生态工程的循环经济背景探析[J].科技管理研究,2014,(5):100-104

[54] 陈翔,肖序.中国工业产业循环经济效率区域差异动态演化研究与影响因素分析-来自造纸及纸制品业的实证研究[J].中国软科学,2015,(1):160-171

[55] 赵峰.基于循环经济的企业行为转变的动力学研究[J].贵州社会科学,2007,(8):102-105

[56] 严炜.中小企业发展循环经济的技术创新战略研究[J].科技进步与对策,2013,30(8):106-111

[57] 王敏,王普查,邓建高.基于循环经济的资源价值流成本核算方法研究——以钢铁制造企业为例[J].科技管理研究,2015,(12):229-232

[58] 李烨,曹梅,龙梦琦.资源型企业循环经济评价指标体系构建与实例分析[J].中国人口·资源与环境,2016,(5):84-89

[59] 王晶.循环经济条件下企业行为最优化的经济学分析[J].经济经纬,2010,(1):93-96

[60] 王志刚,吕杰,郜凤明,等.循环农业发展中企业与其利益相关者博弈分析[J].江苏农业科学,2015,43(3):410-414

[61] 范瑾.湖北省农业循环经济发展评价及其障碍因素分析[J].湖北农业科学,2016,55(2):527-531

[62] 尹昌斌,周颖.循环农业发展的基本理论及展望[J].中国生态农业学报,2008,16(6):1552-1556

[63] 韩玉,龙攀,陈源泉,等.中国循环农业评价体系研究进展[J].中国生态农业学报,2013,(9):1039-1048

[64] 王志刚,吕杰,郜凤明.循环农业工程:农户认知、行为与决定因素分析-以辽宁省为例[J].生态经济,2015,(6):108-113

[65] 唐华俊.我国循环农业发展模式与战略对策[J].中国农业科技导报,2008,10(1):6-11

[66] 李后建.农户对循环农业技术采纳意愿的影响因素实证分析[J].中国农村观察,2012,

(2):28-36, 66

[67] 袁明宝，朱启臻，赵扬昕.农业文化视角下的循环农业发展变迁及其反思 [J].华中农业大学学报 (社会科学版), 2013, 104(2):24-30

[68] 李波，张俊彪，徐卫涛.我国循环农业发展时空差异及制约因素分析 [J].华中农业大学学报，2010, (4):21-26

[69] 魏百刚，韩洁.都市循环农业影响因素研究 - 以北京地区为例 [J].中国农业资源与区划，2012, 33(1):31-39

[70] 周颖，尹昌斌，邱建军.我国循环农业发展模式分类研究 [J].中国生态农业发展，2008, 6(11):1557-1563

[71] 孙佩元，瞿永前，孙加祥，等.现代循环农业理论与实践综述 [J].江苏农业科学，2013, 41(11):454-461

[72] 王雪.低碳经济视角下我国循环农业发展的创新 [J].农业经济，2013, (12):57-58

[73] 郭晓鸣，廖祖君，张鸣鸣.现代农业循环经济发展的基本态势及对策建议 [J].农业经济问题，2011, (12):10-14

[74] 周文晓，李颖.发展循环农业是保护生态环境的有效途径 [J].农业环境与发展，2011, (2):57-59

[75] 翁伯琦，刘荣章，叶菁，等.现代循环农业发展：机遇·挑战·对策 - 以福建省为例 [J].福建农林大学学报 (哲学社会科学版), 2012, 15(3):17-22

[76] 吴群.高效农业循环经济的发展方向与思路 [J].经济纵横，2014, (9):24-27

[77] 黑龙江省统计局.黑龙江统计年鉴 2015[M].北京：中国统计出版社，2015

[78] Trelogan H C, Davis J M, Goldberg R A. A concept of agribusiness [J]. Journal of Marketing, 1957, 22(2): 221

[79] Henry W S A. Capital structure, business risk and investor returns for agri-businesses[D]. Ohio: The Ohio State University Ph. D Dissertation, 2000

[80] 国家发展改革委宏观院和农经司课题组.推进我国农村一二三产业融合发展问题研究 [J].经济研究参考，2016, (4):3-28

[81] 李业玲，葛颜祥，燕文文.基于生命周期理论的涉农企业发展研究 [J].山东农业大学学报 (社会科学版), 2015, (1):60-64

[82] 马少华，欧晓明.农业企业的内涵研究：一个不可忽视的话题 [J].农村经济，2013, (6):50-53

[83] 查奇芬，张贺胜，庞小欢.我国农业类上市公司竞争力评价实证研究 [J].广东农业科学，2009, (12)

[84] 西尔特，马奇.企业行为理论 [M].北京：中国人民大学出版社，2008

[85] 亚诺什·科尔纳.短缺经济学 [M].北京：经济科学出版社，1986

[86] 李柏洲，徐广玉，苏屹.中小企业合作创新行为形成机理研究——基于计划行为理论的解释架构 [J].科学学研究，2014, (5):777-786, 697

[87] 徐小琴，王菁，马洁.绩优企业会增加企业负面行为吗——基于中国制造业上市公司的数据分析 [J].南开管理评论，2016, (1):137-144

[88] 周震峰.循环农业的发展模式研究 [J].农业现代化研究，2008, (1):61-64

[89] 郭铁民，王永龙.福建发展循环农业的战略规划思路与模式选择 [J].福建论坛·人文社会科学版，2004, (11):83-87

[90] 王树文.发展循环农业的制约因素及主要模式 [J].安徽农学通报，2008, 14(23):25-26

[91] 高旺盛，陈源泉，董文.发展循环农业是低碳经济的重要途径 [J].中国生态农业学报，

2010, (5):1106-1109

[92] 尹昌斌，周颖，刘利花．我国循环农业发展理论与实践 [J]．中国生态农业学报，2013，(1):47-52

[93] 沈江，宋叙言．基于"3R"的生态工业原区环境评价指标体系研究 [J]．东北大学学报（社会科学版），2015, 17(1):51-55

[94] 赵晶薇，赵蕊，何艳芬，等．基于 3R 原则的农村生活垃圾处理模式探讨 [J]．中国人口·资源与环境，2014, 24(5):263-266

[95] 成德宁．我国农业产业链整合模式的比较与选择 [J]．经济学家，2012, (8):52-57

[96] 张利庠，张喜才．外部冲击对我国农产品价格波动的影响研究——基于农业产业链视角 [J]．管理世界，2011, (1):71-81

[97] Lamb R, Beshear M. From the Plains to the Plate: Can the Beef Industry Regain Market Share[C]. Economic Review of the Federal Reserve Bank America:Kansas City, 1998:13-28

[98] Shore B, Venkatachalam A R.Evaluating the information sharing capabilities of supply chain management[J]．International Journal of Physical Distribution & Logistics Managment，2003, 33(9):804-824

[99] David A, Glassner P R.Gruber.Building a Sustainable Agriculture System for Production of Flood and Energy:the Role of Fuel[C]．Ehanol 18th Annual International Fuel Ethanol Workshop & Tradeshow(FEW).Springfield:Illinois, 2002:147-158

[100] 龚勤林．产业链接通的经济动因与区际效应研究 [J]．理论与改革，2004, (3):105-110

[101] 左两军，张丽娟．农产品超市经营对农业产业链的影响分析 [J]．农村经济，2003, (3):31-32

[102] 李鹏，张俊飚，颜廷武．农业废弃物循环利用参与主体的合作博弈及协同创新绩效研究 [J]．管理世界，2014, (1):90-104

[103] 尚杰．农业生态经济学 [M]．北京：中国农业出版社，2011

[104] Thornton P. Ecological economics, an introduction[J]．Agricultural Systems, 2002, 72(2):173-174

[105] Costanza R. What Is Ecological Economics [J]．Ecological Economics, 1989, 1(1):1-7

[106] Costanza R, Daly H E, Bartholomew J A. Goals, Agenda and Policy Recommendations for Ecological Economics[A] //Costanza R. Ecological Economics: the Science and Management of Sustainability[C]．NewYork: Columbia University Press, 1991

[107] Barbier E B, Burgess J C, Folke C. Paradise Lost? The Ecological Economics of Biodiversity[M]．London: Earthscan, 1994

[108] Asafu-Adjaye J. Environmental Economics for Non-economics[M]．Singapore: World Scientific Publishing Co Pte Ltd, 2000

[109] Chen G Q, Jiang M M, Yang Z F, et al. Exergetic assessment for ecological economic system: Chinese agriculture[J]．Ecological Modelling, 2009, 220(3):397-410

[110] Cantlon J E, Koenig H E . Sustainable ecological economics[J]．Ecological Economics, 1999, 31(1):107-121

[111] 胡石清，乌家培．外部性的本质与分类 [J]．当代财经，2011, (10):5-14

[112] 杨永磊．基于外部性理论的农地转用增值收益分配制度 [J]．江苏农业科学，2016, (3):475-479

[113] 龚清华．庇古税理论在环境产业中的评估应用 [J]．统计与决策，2014, (1):81-83

[114] 邹伟进，裴宏伟，王进．基于委托代理模型的企业环境行为研究 [J]．中国人口·资源与环境，

2014, (3):51-54

[115] ConsidineT J , LarsonD F. The Environments a Factor of Production. World Bank Policy Research Working Paper3271, April 2004

[116] 宋文飞，李国平，韩先锋，等．矿产资源开发中的土地流转价格评估机理及环境优化治理 [J]．中国人口·资源与环境，2014，(4):93-99

[117]《资源税、房产税改革及对地方财政影响分析》课题组．资源税、房产税改革及对地方财政影响分析 [J]．财政研究，2013,(7):47-52

[118] 张红伟，周建芳．资源价格改革困局中政府经济职能转变探析 [J]．云南财经大学学报，2012,(5):90-94

[119] 陈勇．基于循环经济的企业与政府行为模式研究 [J]．经济体制改革，2010,(2):51-54

[120] Biorn E, Golombek R, Raknerud A.Environmental regulation and plant exit: a logit analysis based on establishment panel data[J]．Environmental and Resource Economics, 1998, 11:35-39

[121] 袁曙宏．我国《行政强制法》的法律地位、价值取向和制度逻辑 [J].中国法学，2011, (4):5-22

[122] 陈荣卓，陈鹏．现代农业进程中的农民土地权益保障机制建设 - 基于豫中 L 市涉农企业参与农地流转的调查 [J]．华中农业大学学报（社会科学版），2013,(5):55-60

[123] 漆雁斌，江玲．我国农业低碳发展参与主体的博弈行为与困境化解 [J]．农村经济，2013, (10):8-12

[124] Ajzen I. The theory of planned behavior[J]．Organizational Behavior and Human Decision Processes, 1991, (50):179-211

[125] 刘世定，张惠强．组织研究中的博弈论方法 [J]．吉林大学社会科学学报，2013, (6):43-54

[126] 丁利．制度激励、博弈均衡与社会正义 [J]．中国社会科学，2016,(4):135-158

[127] 张维迎．博弈论与信息经济学 [M]．上海：上海人民出版社，2004

[128] 陈治国，李红．制度与技术约束下的农产品物流模式研究与一般政策结论 [J]．石家庄经济学院学报，2014,(5):50-54

[129] Jorge R, Peter D L .Chief executive officers and voluntary environmental performance: costa rica's certification for sustainable tourism [J]．Policy Sciences, 2005, (38):107-127

[130] Decamo S J, Warkins W E. Investment in energy efficiency: do the characteristics of firms matter? [J]．Review of Economics and Statistics, 1998, (80) : 95 - 107

[131] Kassinis G, Vafeas N. Stakeholder pressures and environmental performance [J]．Academy of Management Journal, 2006, 49(1) : 145-159

[132] 秦颖，武春友，徐光．企业行为与环境绩效之间关系的相关性分析与实证研究 [J]．科学学与科学技术管理，2004,(2):129-132

[133] 徐卫涛，张俊飚，李树明．影响农户参与循环农业工程的因素分析 [J]．中国人口·资源与环境，2010,(8):33-37

[134] 陈雨生，房瑞景，尹世久，等．超市参与食品安全追溯体系的意愿及其影响因素—基于有序 Logistic 模型的实证分析 [J]．中国农村经济，2014,(12):41-49, 68

[135] 胡桂华，武洁．人口普查质量评估中 Logistic 回归模型的应用 [J]．数量经济技术经济研究，2015,(4):106-122

[136] 张利庠，张喜才．我国现代农业产业链整合研究 [J]．教学与研究，2007,(10):14-19

[137] 陈文胜．资源环境约束下中国农业发展的多目标转型 [J]．农村经济，2014,(12):3-9

[138] 刘爱军，王楚婷．我国生态循环型农业技术结构及其贡献度测定 [J]．统计与决策，2016, (16):132-134

[139] 刘运材 . 低碳经济背景下绿色包装产业发展对策研究 [J] . 生态经济 , 2012, (1):144-146, 156

[140] 何可 , 张俊飚 , 张露 , 等 . 人际信任、制度信任与农民环境治理参与意愿——以农业废弃物资源化为例 [J] . 管理世界 , 2015, (5):75-88

[141] Mehtaa C M, Palnib U, Franke-Whittlee I H, et al. Compost: its role, mechanism and impact on reducing soil-borne pant diseases[J] . Waste Management, 2014, 34(3): 607-622

[142] Guo X M, Trably E, Latrille E, et al. Hydrogen production from agricultural waste by dark fermentation: a review[J] . International Journal of Hydrogen Energy, 2010, 19(35): 10660-10673

[143] Thelen K D, Fronning B E, Kravchenko A, et al. Integrating livestock manure with a corn-soybean bioenergy cropping system improves short-term carbon sequestration rates and net global warming potential[J] . Biomass and Bioenergy, 2010, 34(7): 960-966

[144] 何可 , 张俊飚 . 农民对资源性农业废弃物循环利用的价值感知及其影响因素 [J] . 中国人口·资源与环境 , 2014, 24(10):150-156

[145] 王舒娟 , 张兵 . 农户出售秸秆决策行为研究：基于江苏省农户数据 [J] . 农村经济问题 , 2012, 32(6):90-96

[146] 何可 , 张俊飚 . 基于农户 WTA 的农业废弃物资源化补偿标准研究：以湖北省为例 [J] . 中国农村观察 , 2013, (5):46-54

[147] Hadda M, Anderson P F. A GLS methodology to identify potential corn stover collection locations[J] . Biomass and Bioenergy, 2008, 32(12): 1097-1098

[148] 傅强 , 马青 . 地方政府竞争与环境规制：基于区域开放的异质性研究 [J] . 中国人口·资源与环境 , 2016, 26(3):69-75

[149] 中华人民共和国农业部 . 2014 中国农业发展报告 [M] . 北京：中国农业出版社 , 2014

[150] 李宁 . 涉农企业全面绩效评价体系及多维动态博弈研究 [D] . 长春：吉林大学博士学位论文 , 2012

[151] 胡铭 . 农业企业社会责任与经营绩效的实证研究 [J] . 农业经济问题 , 2009, (12):56-61

[152] 黄虹 , 宋马林 . 基于组合计量 – 数据包络评价模型的涉农企业生产效率分析 [J] . 华东经济管理 , 2012, (1):156-160

[153] 范黎波 , 马聪聪 , 马晓婕 . 多元化、政府补贴与农业企业绩效——基于 A 股农业上市企业的实证研究 [J] . 农业经济问题 , 2012, (11):83-90

[154] 贾伟 , 秦富 . 农业企业绩效影响因素实证分析 [J] . 西北农林科技大学学报 , 2013, 13(5):92-97

[155] 崔宝玉 , 刘学 . 政府财税扶持提高了农业企业经营效率吗——来自 482 家国家级农业龙头企业的经验证据 [J] . 经济问题 , 2014, (9):20-25

[156] Marcoulides G A, Hershberger S L . Multivariate Statistical Methods: A first Course[M] . New York: Psychology Press, 1997

[157] 吴姗姗 , 张凤成 , 曹可 . 基于集对分析和主成分分析的中国沿海省海洋产业竞争力评价 [J]. 资源科学 , 2014, 36(11):2386-2390

[158] 黑龙江省统计局 . 黑龙江统计年鉴 [M] . 北京：中国统计出版社 , 2015

[159] Nerlove M. Estimates of the elasticities of supply of selected agricultural commodities[J] . Journal of Farm Economics, 1956, 38: 496-590

[160] Agiza H N, Hegazi A S, Elsadany A A.The dynamics of bowley's model with bounded

rationality [J] .Chaos, Solitons & Fractals, 2001, 12(9): 1705-1717

[161] Agiza H N, Hegazi A S, Elsadany A A. Complex dynamics and synchronization of a duopoly game with bounded rationality[J] .Mathematics and Computers in Simulation, 2002, 58(2): 133-146

[162] Sappington D. Incentives in principal-agent relationships[J] .Journal of Economic Perspectives, 1991, 5: 45-66

附　　录

关于涉农企业发展循环型农业调查问卷

贵公司负责同志：

　　您好！

　　我们是 ×× 课题组成员，目前正在进行一项关于涉农企业发展循环型农业的研究。为了完成本项研究工作，我们需要了解和获取相关信息，希望能得到贵公司的帮助，恳请占用您宝贵时间填写一份调查问卷。我们无比真诚地向您保证此份调查问卷信息仅作以完成调研所用，不存在任何商业用途，不会泄露贵公司的任何商业信息，不会给贵公司带来任何负面影响。

　　具体填写要求是：

　　1）如果是选择题，请将您所选择的答案填入横线上。

　　2）如果是填空题，请将您的答案填写在横线上。

　　3）如果您有要补充的内容和事项请填写在空白处。

　　请根据贵公司的实际情况填写，无需署名。贵公司和您的回答将代表许多和贵公司相同的涉农企业，一定会对本项研究提供有效的帮助。衷心感谢贵公司和您的支持和帮助！

　　祝贵公司前程似锦、一展宏图！

　　祝您身体健康、工作顺利！

×× 课题组

2015 年 2 月

种植业涉农企业调查问卷

一、基本情况

1. 涉农企业所在地址：_____

A. 哈尔滨；B. 齐齐哈尔；C. 牡丹江；D. 佳木斯；E. 大庆；F. 绥化；G. 七台河；H. 鹤岗；I. 黑河；J. 双鸭山；K. 鸡西；L. 伊春；M. 大兴安岭；N. 农垦总局；O. 绥芬河；P. 抚远县

2. 涉农企业种植范围：_____

A. 粮食作物；B. 油料作物；C. 麻类；D. 药材；E. 蔬菜瓜果；F. 甜菜；G. 饲料；H. 其他

3. 种植的粮食作物是：_____

A. 水稻；B. 小麦；C. 玉米；D. 大麦；E. 大豆

4. 涉农企业现有职工人数：_____

A.200 人及以下；B.200～500 人；C.500～1000 人；D.1000～2000 人；E.2000 以上

5. 企业现有生产工人：_____

 A.100 人及以下；B.100～300 人；C.300～600 人；D.600～1200 人；E.1200 人以上

6. 企业拥有技术人员：_____

A.5 人及以下；B.5～10 人；C.10～20 人；D.20～30 人；E.30 人及以上

7. 技术人员拥有中级及以上职称人员占全部技术人员的比例：_____

A.10%及以下；B.10%～30%；C.30%～50%；D.50%以上

8. 企业注册成立时间：_____年_____月

9. 企业注册资本：_____

A.500 万元及以下；B.500 万～1000 万元；C.1000 万～5000 万元；D.5000 万～10 000 万元；E.10 000 万元以上

10. 涉农企业的组织形式是：_____

A. 国有农场；B. 公司制涉农企业；C. 家庭农场；D. 农民专业合作组织；E. 股份合作制涉农企业；F. "龙头企业＋基地＋农户"型；G. "市场＋农户"型

二、涉农企业生产经营情况

11. 企业耕地面积_____

A.0.5 万 hm^2 及以下；B.0.5 万～1 万 hm^2；C.1 万～2 万 hm^2；D.2 万～4

万 hm²；E.4 万 hm² 以上

12. 企业带动农户_____

A.500 户及以下；B.500 ～ 1000 户；C.1000 ～ 3000 户；D.3000 ～ 5000 户；E.5000 户以上

13. 企业厂区占地面积_____

A.5000m² 及以下；B.5000 ～ 1000m²；C.10 000 ～ 20 000m²；D.20 000m² 以下

14. 涉农企业的年设计生产能力_____

A.10 万 t 及以下；B.10 万 ～ 20 万 t；C.20 万 ～ 30 万 t；D.30 万 t 以上

15. 企业年实际生产能力_____

A.10 万 t 及以下；B.10 万 ～ 20 万 t；C.20 万 ～ 30 万 t；D.30 万 t 以上

16. 企业 2014 年年末资产总额_____

A.2000 万元及以下；B.2000 万 ～ 5000 万元；C.5000 万 ～ 10 000 万元；D.10 000 万 ～ 20 000 万元；E.20 000 万元以上

17. 负债总额_____

A.1000 万元及以下；B.1000 万 ～ 2000 万元；C.2000 万 ～ 5000 万元；D.5000 万 ～ 10 000 万元；E.10 000 万元以上

18. 净资产总额_____

A.1000 万元及以下；B.1000 万 ～ 2000 万元；C.2000 万 ～ 5000 万元；D.5000 万 ～ 10 000 万元；E.10 000 万元以上

19. 企业的 2014 年总产值_____

A.2000 万元及以下；B.2000 万 ～ 5000 万元；C.5000 万 ～ 10 000 万元；D.10 000 万 ～ 20 000 万元；E.20 000 万元以上

20. 销售收入_____

A.2000 万元及以下；B.2000 万 ～ 5000 万元；C.5000 万 ～ 10000 万元；D.10 000 万 ～ 20 000 万元；E.20 000 万元以上

21. 年利润总额_____

A.0 以下；B.0 ～ 200 万元；C.200 万 ～ 500 万元；D.500 万 ～ 1000 万元；E.1000 万元以上

22. 企业净利润_____

A.0 以下；B.0 ～ 200 万元；C.200 万 ～ 500 万元；D.500 万 ～ 1000 万元；E.1000 万元以上

23.2014 年度成本费用总额为_____

A.2000 万元及以下；B.2000 万 ～ 5000 万元；C.5000 万 ～ 10 000 万元；D.10 000 万 ～ 20 000 万元；E.20 000 万元以上

24. 企业 2014 年度科研经费投入_____

A.10 万元及以下；B.10 万 ~ 50 万元；C.50 万 ~ 100 万元；D.100 万 ~ 500 万元；E.500 万元以上

25. 2014 年度新产品产值_____

A.0；B.0 ~ 200 万元；C.200 万以上

26. 年度新材料投入占全部投入材料之比_____

A.0；B.0 ~ 5%；C.5% ~ 10%；D.10% ~ 20%；E.20% 以上

27. 2014 年度农业用电量_____

A.500 万 kW·h 及以下；B.500 万 ~ 1000 万 kW·h；C.100 万 ~ 1500 万 kW·h；D.1500 万 ~ 2000 万 kW·h；E.2000 万 kW·h 以上

28. 2014 年企业化肥施用量（指折纯量）_____

A.3000t 及以下；B.3000 ~ 5000t；C.5000 ~ 10 000t；D.10 000 ~ 20 000t；E.20 000t 以上

29. 2014 年粮仓仓储能力是_____

A.5 万 t 及以下；B.5 万 ~ 10 万 t；C.10 万 ~ 30 万 t；D.30 万 ~ 50 万 t；E.50 万 t 以上

30. 拥有粮食处理中心_____

A.0；B.1 ~ 2 座；C.2 ~ 5 座；D.5 ~ 10 座；E.10 座以上

31. 拥有农业机械总动力_____

A.1 万 kW 及以下；B.1 万 ~ 5 万 kW；C.5 万 ~ 10 万 kW；D.10 万 ~ 20 万 kW；E.20 万 kW 以上

32. 农作物播种面积_____

A.1 万 hm² 及以下；B.1 万 ~ 5 万 hm²；C.10 万 hm² 以上

33. 2014 年度秸秆生产量量_____

A.0.5 万 t 及以下；B.0.5 万 ~ 1 万 t；C.1 万 ~ 2 万 t；D.2 万 ~ 3 万 t；E.3 万 t 以上

34. 年度废弃物转化成有机肥的比例_____

A.0；B.0 ~ 10%；C.10% ~ 20%；D.20% ~ 30%；E.30% 以上

35. 年度秸秆还田面积比例_____

A.0；B.0 ~ 10%；C.10% ~ 20%；D.20% ~ 30%；E.30% 以上

36. 2014 年度节水灌溉面积占全部耕地面积比例_____

A.0；B.0 ~ 20%；C.20% ~ 30%；D.30% ~ 50%；E.50% 以上

37. 2014 年度秸秆直接废弃_____万 t，秸秆资源化_____万 t，秸秆对外出售_____万 t

38. 企业年度涉农废弃物无害化处理费用为_____

A.0；B.0 ~ 20 万元；C.20 万 ~ 50 万元；D.50 万 ~ 100 万元；E.100 万元以上

39. 本企业的优势产业或主导产业为_____

40. 近 3 年投资额_____

A.0；B.0 ~ 500 万元；C.500 万 ~ 1000 万元；D.1000 万 ~ 2000 万元；E.2000 万元以上

三、关于循环型农业方面

41. 公司管理层对于循环型农业及其相关知识：_____

A. 不清楚；B. 知道；C. 了解；D. 非常清楚

42. 企业管理层对当地资源的资源状况：_____

A. 不满意；B. 满意

43. 企业管理层认为企业采购资源价格的情况：_____

A. 过高；B. 适中；C. 很低

44. 企业所用生产原材料的采购是：_____

A. 当地采购；B. 省内采购；C. 省外采购

45. 企业对地方政府循环型农业政策的满意程度：_____

A. 不满意；B. 一般满意；C. 非常满意

46. 当地政府近三年对企业相关人员进行循环型农业知识及政策的培训的次数_____

A. 没有；B. 一次；C. 两次；D. 三次；E. 四次及以上

47. 近三年企业参加培训当地政府举办的循环型农业知识培训的人次是_____

A. 没有；B.5 人次以下；C.5 ~ 10 人次；D.10 ~ 20 人次；E.20 人次以上

48. 企业对生产产生的农业废弃物的处理方式是：_____

A. 自然处置；B. 焚烧处置；C. 分选、分离、回收；D. 堆肥还田；E. 填埋处置

49. 公司发展循环型农业是否获得当地地方政府的支持？_____

A. 是；B. 否

50. 贵公司了解循环型农业知识和政策的途径是：_____（可多选）

A. 政府宣传；B. 网络；C. 电视、报纸、广播等媒体；D. 其他公司；E. 其他

51. 企业从当地循环型农业政策中获得过收益吗？_____

A. 未获得过；B. 获得过

52. 企业所在地的基础设施建设情况：道路里程_____km、水利工程项目_____个。

53. 近三年所在地基础设施累计投入_____万元，其中企业自筹_____元，

占_____%；政府补助_____万元，占_____%。

54. 近些年土地整理情况_____。

55. 企业实现土地流转面积达到_____亩。

56. 企业实现土地规模化经营面积达到_____亩。

感谢贵公司参与此次调查，如果您对于发展循环农业有建设性意见，请写在下面：

_____

最后，祝您身体健康！万事如意！

加工业涉农企业调查问卷

一、基本情况

1. 涉农企业所在地址：_____市

A. 哈尔滨；B. 齐齐哈尔；C. 牡丹江；D. 佳木斯；E. 大庆；F. 绥化；G. 七台河；H. 鹤岗；I. 黑河；J. 双鸭山；K. 鸡西；L. 伊春；M. 大兴安岭；N. 农垦总局；O. 绥芬河；P. 抚远县

2. 涉农企业加工范围：_____（可多选）

A. 谷物磨制；B. 饲料加工；C. 植物油加工；D. 制糖业；E. 屠宰及肉类加工；F. 水产品加工；G.. 蔬菜水果坚果加工；H. 其他加工

3. 谷物磨制加工企业加工的范围是：_____（可多选）

A. 水稻；B. 小麦；C. 玉米；D. 大麦；E. 其他

4. 涉农企业现有职工人数：_____

A.10 人及以下；B.10 ~ 30 人；C.30 ~ 60 人；D.60 ~ 100 人；E.100 人以上

5. 企业现有生产工人：_____

A.10 人及以下；B.10 ~ 30 人；C.30 ~ 60 人；D.60 ~ 100 人；E.100 人以上

6. 企业拥有技术人员：_____

A.5 人及以下；B.5 ~ 10 人；C.10 ~ 20 人；D.20 ~ 30 人；E.30 人及以上

7. 技术人员拥有中级及以上职称人员占全部技术人员的比例：_____

A.10% 及以下；B.10% ~ 30%；C.30% ~ 50%；D.50% 以上

8. 企业注册成立时间：_____年_____月

9. 企业注册资本：_____

A.50 万元及以下；B.50 万 ~ 100 万元；C.100 万 ~ 500 万元；D.500 万 ~

1000 万元；E.1000 万元以上

二、涉农企业生产经营情况

10. 企业带动基地面积＿＿＿＿

A.1 万亩及以下；B.1 万～2 万亩；C.2 万～4 万亩；D.4 万～6 万亩；E.6 万亩以上

11. 企业带动农户＿＿＿＿

A.500 户及以下；B.500～1000 户；C.1000～3000 户；D.3000～5000 户；E.5000 户以上

12. 企业厂区占地面积＿＿＿＿

A.5000 以下；B.5000～1000m²；C.10 000～20 000m²；D.20 000m² 以下

13. 企业所有制类型：＿＿＿＿

A. 国有涉农企业；B. 集体涉农企业；C. 民营涉农企业；D. 个体涉农企业

14. 涉农企业的年设计生产能力＿＿＿＿

A.1 万 t 及以下；B.1 万～5 万 t；C.5 万～10 万 t；D.10 万～20 万 t；E.20 万 t 以下

15. 企业年实际生产能力＿＿＿＿

A.1 万 t 及以下；B.1 万～5 万 t；C.5 万～10 万 t；D.10 万～20 万 t；E.20 万 t 以下

16. 企业 2014 年年末资产总额＿＿＿＿

A.2000 万元及以下；B.2000 万～5000 万元；C.5000 万～10 000 万元；D.10 000 万～20 000 万元；E.20 000 万元以上

17. 负债总额＿＿＿＿

A.1000 万元及以下；B.1000 万～2000 万元；C.2000 万～5000 万元；D.5000 万～10 000 万元；E.10 000 万元以上

18. 净资产总额＿＿＿＿

A.1000 万元及以下；B.1000 万～2000 万元；C.2000 万～5000 万元；D.5000 万～10 000 万元；E.10 000 万元以上

19. 企业的 2014 年总产值＿＿＿＿

A.2000 万元及以下；B.2000 万～5000 万元；C.5000 万～10 000 万元；D.10 000 万～20 000 万元；E.20 000 万元以上

20. 销售收入＿＿＿＿

A.2000 万元及以下；B.2000 万～5000 万元；C.5000 万～10 000 万元；D.10 000 万～20 000 万元；E.20 000 万元以上

21. 年利润总额_____

A.0 以下；B.0 ～ 200 万元；C.200 万 ～ 500 万元；D.500 万 ～ 1000 万元；E.1000万元以上

22. 企业净利润_____

A.0 以下；B.0 ～ 200 万元；C.200 万 ～ 500 万元；D.500 万 ～ 1000 万元；E.1000万元以上

23.2014 年度成本费用总额为_____

A.2000 万元及以下；B.2000 万 ～ 5000 万元；C.5000 万 ～ 10 000 万元；D.10 000 万 ～ 20 000 万元；E.20 000 万元以上

24. 企业 2014 年度科研经费投入_____

A.10 万元及以下；B.10 万 ～ 50 万元；C.50 万 ～ 100 万元；D.100 万 ～ 500 万元；E.500 万元以上

25.2014 年度新产品产值_____

A.0；B.0 ～ 200 万元；C.200 万以上

26. 年度新材料投入占全部投入材料之比_____

A.0；B.0 ～ 5%；C.5% ～ 10%；D.10% ～ 20%；E.20%以上

27.2014 年度农业废弃物数量_____

A.0.5 万 t 及以下；B.0.5 万 ～ 1 万 t；C.1 万 ～ 2 万 t；D.2 万 ～ 3 万 t；E.3万 t 以上

28.2014 年度废弃物资源化比例_____

A.0；B.0 ～ 10%；C.10% ～ 20%；D.20% ～ 30%；E.30%以上

29. 企业 2014 年度废弃物无害化处理费用为_____

A.0；B.0 ～ 20 万元；C.20 万 ～ 50 万元；D.50 万 ～ 100 万元；E.100 万元以上；

30. 企业深加工农产品品种数_____个

A.0；B.0 ～ 10 个；C.10 ～ 20 个；D.20 个以上

31. 企业深加工产品产值占全部产值之比_____

A.0；B.0 ～ 30%；C.30%以上

32. 企业包装物是否回收_____

A. 是；B. 否

33. 企业是否使用绿色包装物_____

A. 是；B. 否

34. 企业包装物回收的方式_____

A. 包装物经营单位回收的；B. 周转回收；C. 对口回收；D. 柜台回收；E 其他方式

35. 近 3 年投资额_____

A.0；B.0 ~ 500 万元；C.500 万 ~ 1000 万元；D.1000 万 ~ 2000 万元；E.2000 万元以上

三、关于循环型农业方面

36. 公司管理层对于循环型农业及 其相关知识：_____

A. 不清楚；B. 知道；C. 了解；D. 非常清楚

37. 企业对当地资源的资源状况：_____

A. 不满意；B. 满意

38. 企业生产原材料的采购是：_____

A. 当地采购；B. 省内采购；C. 省外采购

39. 企业对地方政府循环型农业政策的满意程度：_____

A. 不满意；B. 一般满意；C. 非常满意

40. 当地政府近三年对企业相关人员进行循环型农业知识及政策的培训的次数_____次，参加培训的人次是_____人次

41. 企业对生产产生的农业废弃物的处理方式是：_____

A. 自然处置；B. 焚烧处置；C. 分选、分离、回收；D. 堆肥还田；E. 填埋处置

42. 公司发展循环型农业是否获得当地地方政府的支持？_____

A. 是；B. 否

43. 贵公司了解循环型农业知识和政策的途径是：_____（可多选）

A. 政府宣传；B. 网络；C. 电视、报纸、广播等媒体；D. 其他公司；E. 其他

44. 企业所在地的基础设施建设情况：道路里程_____km、水利工程项目_____个。

45. 近五年所在地基础设施累计投入_____万元，其中企业自筹_____元，占_____%；政府补助_____万元，占_____%。

感谢贵公司参与此次调查，如果您对于发展循环农业有建设性意见，请写在下面：

_____

最后，祝您身体健康！万事如意！